# 自閉スペクトラム症を抱える子どもたち

受身性研究と心理療法が拓く新たな理解

松本拓真 著

金剛出版

# 推薦の辞

平井正三（御池心理療法センター代表）

　「発達障害」という言葉は今や一般社会でも普通に用いられ，精神科臨床や心理臨床などにとどまらず，学校や職場，そして家庭においても話題にされてきています。その中でも自閉症は，スペクトラム概念の導入に伴い，より緩やかで幅広い特性を指し示すようになったこともあり，以前考えられなかった頻度でその特性に「気づかれる」ようになってきたように思われます。それが過剰診断なのか，それとも以前の精神医学的診断体系が不十分であったのか，あるいは本当に自閉スペクトラム症を抱える子どもや大人が増えているのか，議論は今後も続くでしょう。確かなことは，現に，自閉スペクトラム症を抱える子どもを持つ親御さんたちだけでなく，保育園や幼稚園，小中学校，高校，大学など，子どもと関わる現場の人たちは，ほとんどと言ってよいほどこのような子どもをどう捉え，関わって言ったらいいか悩ませられているという状況があるということです。

　自閉スペクトラム症を抱える子どもに関しては，その認知特性や彼らをどのように「適応」的な行動に導くのかということを主眼にした本がこれまで多く書かれてきています。それらがこうした子どもを持つ親御さんたちにとって役立つ知識を与えてくれるのは確かであろうと思います。また臨床心理士や療育指導員，精神科医など，このような子どもや親御さんの援助者もそうした視点で援助を行っている方が多いのも確かです。本書は，こうした流れの重要性は否定しないものの，そこに抜け落ちている大切なことを指摘する試みです。

　これはどの親も，また援助者も陥ることですが，子どもの養育や発達に関わる人は，特にその子どもが大変であると感じられれば感じられるほど目先の問題に対処し，自分たちが思う「適応」的な状態になればそれでよしと思いがちです。ところが大抵の親も，そして教育者もよくわかっていることは子どもの将来にとって一番大切なことは子どもの自主性や積極性であり，大人の思うように育つ子どもは受身的で従順なだけになり，大人になった時に必要な自立性が損なわれてしまう危険性があるということです。こうした常識ともいえる認識は，こと自閉スペクトラム症が関わると忘れ去られてしまいます。しかし，自閉スペクト

ラム症を抱える子どもも，定型発達の子どもと同じように，将来，大人として社会の一員になる際に，自分が何をしたくて，何が好きで，何が嫌で，何をしたくないか主体的に明確に表現できる必要があるのです。それが欠如していればそうした人を手助けしたい人たちも何をすればいいかわからず途方に暮れてしまいます。

本書の著者松本拓真氏は，療育施設勤務経験をもち，自閉スペクトラム症を抱える子どもや大人との精神分析的心理療法の豊かな臨床経験を通じて，自閉スペクトラム症の子どもたちに対するこれまでの理解やアプローチに十分なかった視点として受身性の視点を取り上げ，その重要性を論じています。本書で松本氏は自閉スペクトラム症についての概説をし，科学的知見も踏まえながら，自ら行ったインタビューや質問紙法による調査を踏まえてとてもわかりやすく受身性の問題の重要性について読者に語りかけます。そして本書の後半では，自閉スペクトラム症を持つ子どもと青年との心理療法の詳細が書かれており，彼らがどのような心の世界に住んでいるか，生き生きと描き出しています。

本書は，自閉スペクトラム症の子どもたちに関する従来の考えやアプローチを批判するものではなく，むしろ補完するものです。このような子どもたちに定型発達者の社会に「適応」することだけを求めるのではなく，彼らが何を考え，どんな気持ちを抱いているか共に考え，人として成長することを手助けしたいと願う親御さんや臨床心理士や学校教員などの援助者は，本書を是非読んでいただきたいと思います。

著者の松本氏は「ニューロダイバーシティ」という考えに触れていますが，進化心理学などでも自閉スペクトラム症は私たち人類の進化の歴史の中で重要な役割を果たしてきたのではないかと論じられています。自閉スペクトラム症と「私たち」定型発達者がどのように共存し共栄していくかということは今私たちが直面している，とても大切な社会的課題かもしれません。定型発達者の社会への適応だけを語るのではなく，自閉スペクトラムを抱える子どもの心の世界を理解し，彼らの主体的な生き方を模索する本書は，そうしたニューロダイバーシティ志向社会への歩みに寄与する重要な試みではないかと思います。

## はじめに

　この本は，自閉スペクトラム症を抱える子どもと青年，およびその家族が生きていく中で何を体験しているのかを伝える目的で書いています。主に自閉スペクトラム症を抱える子どもの親や，それを取り巻く方々を想定して書いています。読みやすさを重視するために，これまでの理論的な積み重ねや私が行った研究の詳細をかなり省きましたので，精神医学や心理の専門家には物足りなく感じるかもしれません（専門家は元の論文にアクセスしてもらえれば幸いです）。
　自閉スペクトラム症の解説本は多く出回っており，どの本を手に取っていいのか悩ましいと思いますが，この本の特色は，自閉スペクトラム症の特徴を解説しようとしているのではなく，その人たちが何を感じ，思っているかを中心に描き出そうとしているところにあります。心理療法という方法を通して，子どもと家族の表には出てきにくい心の中の声を聞かせてもらえたことが，この本に豊かさをもたらしてくれました。
　さらに，「受身性」の問題に焦点を当てていることも大きな特徴です。自閉スペクトラム症のイメージは「マイペース」「空気が読めない」などが中心であり，受身性の問題があるなどとは思われない場合が多いかもしれません。しかし，本書に掲載される子どもや保護者と同様に，多くの方が受身性の問題に悩んでいると思います。現在は受身的ではなくても，今後悩むようになる人もいるでしょう。
　この本は心を発見していくという性質があるため，読者によって全く異なった体験を提供することになるでしょう。自閉スペクトラム症を抱える人やその保護者といった読者の方は，これまで気付いていなかったけれども，確かに自分の心のうちにあった気持ちを発見するかもしれません（この発見のメリットは第1章で述べます）。この本は小学生頃から青年期にかけての記述が中心であるため，幼児を持つ親はこれから起こりうることを，小学生・中学生を持つ親は今まさに生じている気持ちを，青年・成人の子どもを持つ親はこれまでの育児における気持ちを振り返るような体験になるでしょう。

## 自閉スペクトラム症の受身性という特色

　原因や治療法などが明らかになっていない自閉スペクトラム症は，今は「療育」によってハンディキャップを抱えながらも，それを特徴として活かして，他者の協力を得ながら社会の中で生きていけるようにする支援の方向性が一般的です。しかし，療育は「望ましい行動を教える」「不適切な振る舞いを減らす」「能力を高める」などが目的のように思われ，その子どもが生きていてよかった，幸せだったと感じられるようにすることが無視される恐れがあります。

　特に自閉スペクトラム症を人間社会を豊かにしてくれる特徴の1つ（脳の多様性・ニューロダイバーシティという考えです）と考えず，取り除くべき異物と考えるならば，受身的にさせることこそ良い支援になるでしょう。「あなたはこうするのがいいのよ」「こうするのはやめようね」といった普通の指導が彼らに理解されることは，子どもと大人両者にとって喜びに満ちた瞬間ですが，その裏で彼らの意志や自発性はいつの間にか犠牲になっていることがあることを，私は出会った子どもたちから教わりました。はっと気付いた時には，子どもが自分から動き出さなくなったり，生きていても意味がないと感じるほどの絶望に悩んでいたりするのです。

　また，このような子どもと最も行動を共にする親が，本人が何を求めているのかわからない（子どもが求めていることを提供できない），本人の気持ちがわからない（子どもに対して行ったことが良かったのかわからない）など，漠然としているが強い不安を抱えていることもわかりました。親が子に対して何かをさせようとすればするほど，子は言われたこと以外はしなくなるという悪循環のため，八方ふさがりのように体験して深く傷ついていたのです。さらに，その親の不安は，子どもの問題行動の少なさゆえに学校の教師などから「心配し過ぎの親」と片づけられ，孤立していることもわかりました。研究中に協力者から「私たちのことをもっと周囲の人に理解してもらえるように頑張ってください」といただいた激励がこの本をまとめる大きな推進力になりました。

　私は受身性の問題に注目することで，彼らの目立たない意志を取り戻し，自分が自分の人生を生きていると感じられるよう支えることができると考えるようになりました。この本を通して，自閉スペクトラム症の支援が，当面の目標はこちらの指示や状況を理解できるようになっていくことであっても，それをゴールとして設定してはいけないということがよくわかっていただけるのではないかと思います。

## 子どもを支えるために必要なこと

　しかし，これには果てしないほどの根気が必要です。「幸せ」という明確な答えが出ない問題にああだこうだと悩んでいる余裕がない最近の社会では，特に難しくなっています。自分の子育てに悩む親は，自身をだめな親だと思っているかもしれませんが，悩んで，考えることに時間と労力を費やしている点で私は心から尊敬しています。その人たちの力になりたいとの願いをこの本に含めていますが，その子どもが幸せかどうかは子どもから教えてもらうしかないのです。子どもの行動をなくすべき困った問題行動としか見なさないとすれば，子どもの心には永遠にたどり着けません。

　自閉スペクトラム症の子どもに限らず，現代の子どもは場面ごとにさまざまな姿を見せるため，理解しにくいといわれることがあります。家族に見せる姿，授業中に見せる姿，習い事の時に見せる姿，仲良くなりたい人に見せる姿，見下している人に見せる姿などが全く異なるかもしれません。LINEやTwitterなどのSNSのように，別の顔を見せやすいツールも蔓延しています。そのようなさまざまな姿をまとめあげて「自分とはこうだ」という像を築こうとしないことが，周囲の大人からすると落ち着かない気持ちにさせることがあるでしょう。

　これは大人側の余裕のなさを反映しているのかもしれません。現代の日本社会は子どもと子育て（保育・教育も含む）に十分なエネルギー（税金や寄付金なども含む）を投入していないことも影響し，子どものあれこれを見る余裕がなくなっています。そこへの問題意識から，多様なものを多様だと認めながら理解することのニーズの高まりも生じつつあるように思います。そうだとすると，本書は自閉スペクトラム症の子どもとその家族の心を主に扱っているようで，現代の子どもに広く関わる内容になっているといえそうです。

## 自閉スペクトラム症を抱える子どもに心理療法を提供する意義

　自閉スペクトラム症を抱える人が意志や自分を見失った状態にいる場合には心理療法が貢献できるという実感を私は持っています。その一番の利点が，その人たちの主観的な体験を浮かび上がらせ，またその人たちが自分自身は何を感じているのかを知る機会を提供することです。親や支援をする人にとっても，自閉スペクトラム症を抱える人が何を感じ，何を考えているのかを知ることができるのは役に立つだけでなく，大きな喜びをもたらすものでしょう。私はこの理解の方法を，心理療法を行うセラピストのみが持っていることはもったいないことだと

思います。

　もちろん，心理療法での対応の仕方は心理療法以外の場では難しいことも多いのですが，それがなぜなのかを知っていくことで，実際の生活の中でも活かせることがあるように思います。また，それによって，どうしても必要な時には心理療法を受けようと思えるようになってもらえると思います。それは自閉スペクトラム症を抱える子どもを対象にする心理療法だけでなく，さまざまな問題を抱える子どもの心理療法についても同様です。

　多くの人に子どもの心理療法がいつどのような場合に役に立つかについて知ってもらえると幸いです。この本は「心理療法なんか全く知らない」という読者にも理解していただけるように心がけています。「心理療法？　何それ？」と思う人にこそ手に取っていただきたいと思います。

### プライバシーの問題

　この本の性質上，インタビューや心理療法にて個々の事例の詳細な情報を公開することになります。出版により，守秘義務を有する専門家以外にも公開することから，プライバシーの保護により慎重にならざるを得ません。そのため，個人の特定を避けるため，本書の内容と関連しないと考えられる内容については可能な限り変更を加えたり，複数の事例をミックスして提示したりしています。名前も，アルファベットの仮名として表記していますが，出現順に割り当てただけであり，実際の名前のイニシャルとは無関係です。

# 目　次

推薦の辞　3

はじめに　5

第1章　自閉スペクトラム症の子どもに必要なこと　13

第2章　自閉スペクトラム症の一般的な理解：「相手が見えない状態」　27

## 第1部　自閉スペクトラム症の受身性の研究から　37

第3章　なぜ自閉スペクトラム症の受身性に注目するのか？　39

第4章　受身性が発達していく過程：ある家族の物語から　51

第5章　「うちの子に受身性など関係ない」といえるのか？　63

第6章　受身性の3水準モデルと「自分」の生まれ方　79

## 第2部　自閉スペクトラム症を抱える人に心理療法ができること　97

第7章　健全なコミュニケーションと自分と他者のバランス：
　　　　精神分析的心理療法の考えから　99

第8章　身体がまとまりを得ることとその利点：赤ちゃんの観察から　115

第9章　子どもの心理療法はどう始まって，どう進むの？　131

第10章　子どもの意志に居場所を与える：Aとの心理療法1年目　145

第11章　出てきた意志を消さないために：Aとの心理療法の小学校卒業まで　159

第12章　自分に知らんふりをするのをやめる：Aとの心理療法の中学校時　177

第13章　子どもの障害受容って簡単にできるの？　195

第14章　家出・放浪をした青年期男性の心理療法：
　　　　他者からの操作か社会性の発達か？　205

おわりに　225

引用文献　229

# 自閉スペクトラム症を抱える子どもたち
## 受身性研究と心理療法が拓く新たな理解

# 第 1 章
# 自閉スペクトラム症の子どもに必要なこと

## 第 1 節　問題のない子どもに育てたいか，幸せな子どもに育てたいか？

　「良い子とはどういう子どもか？」という問いは意外に奥深いものがあります。まず思い浮かぶのは，勉強が良くできる子，スポーツができる子など，ある 1 つの領域に秀でた子が挙げられそうです。ただ，秀でたところがあったとしても，他の人を馬鹿にしたり，いじめたり，わがままであったり，いつも不機嫌であったりするなら，むしろ困った子どもと見なされます。一方で，穏やかで，人の言うことを良く聞いて，他人を困らせることがない子どもが良い子だといえるのでしょうか。

　「幸せって何？」という問いについて，身体の痛みや心の悩みの渦中にいる人たちは，それらの苦痛がないことを答えとして思い浮かべるかもしれません。子どもが他の子どもを引っかく，噛みつくといった問題行動に悩む親からすれば，その問題行動がなくなることが幸せとなるでしょう。しかし，苦痛のない人が，必ずしも幸せを感じるとは限りません。苦痛や不快さがないことが，良さや幸福感に直結するわけではないということを私たちはどこかで知っていながらも，それを短絡的に望んでしまう傾向があるようです。そのため自閉スペクトラム症を抱える子どもが，人に従順で，わがままでなかったならば，問題ない良い子どもだと思ってしまっても無理はありません。

　ここに潜んでいる落とし穴に気付かせてくれたのは，ある子どもとその親との心理療法による出会いでした。その落とし穴こそが自閉スペクトラム症のある特徴を私に意識させてくれたのです。ここでまずその家族との出会いを紹介したいと思います。

　この節のポイント
・親の言うことを聞く，問題行動をしない子は良い子どものように見えるけど，本人が幸せかはわからない。自閉スペクトラム症の支援でもこの視点を忘れない必要がある。

## 第2節　ある出会いから私に生じた疑問

### 1　物を噛むという主訴によって出会うまで

　私が働く心理相談機関に小学校3年の男児Aのことで相談したいと母親から連絡がありました。Aは幼稚園の頃に広汎性発達障害[注1]の診断を受け，軽度の知的障害を伴っていたため小学校では特別支援学級に入級していました。まず母親のみと面接をすると，母親はAが1学期間にわたって鉛筆をボロボロになるまで噛むことへの心配を話しました。「もう鉛筆は噛まないでね」と何度注意しても，家に帰ってきてAの筆箱を確認すると，鉛筆の先ではない側が噛まれていて，母親はびっくりします。ちょっと噛み跡がついているだけでは済まず，芯がむき出しになるほどでした。Aは幼少期に指吸いや爪噛みもあったそうでしたが，しばらくは見られなくなっていたし，これほど長く続かなかったようです。

　さて，この訴えをどのように考えることができるでしょうか。物を噛むのは，知的な発達の遅れにより，手先による物の操作が制限されていて，最も刺激を受け取ることができるチャンネルが口である可能性があります。赤ちゃんが何でも口に入れるのと同様の理由です。ただ，Aは軽度の遅れが見られるのみで，字を書くことにも不自由がないぐらい手の操作は可能であることから，知的な遅れの影響のみで考えることはできなさそうです。それでは，以前に身に着いてしまった癖が現在も抜けないのでしょうか。これも母親の話からすれば，指吸いや爪噛みはあったとはいえ，顕著に多かったわけでもなさそうですし，「その延長だろう」と片付けられなかったからこそ，母親が来談に至ったと考えるのが自然です。

　では，心理療法の考え方ではどのように考えるでしょうか。よくある考え方は，Aが鉛筆を友達・親・教師などの代用物として扱い，本来その人たちに向けるべき怒りや攻撃性を鉛筆に向け変えているというものです。八つ当たりですね。専門的には象徴化と呼ばれる作用で，人に直接的に感情をぶつけず，代用物である象徴（シンボル）にぶつけることで，抵抗感なく感情を出すことが可能になります。「殺したいぐらい憎い」感情や，「一瞬でも離れたくないほど好き」という感情などは，それを対象となる人との間で実際に叶えてしまってはとんでもないことになります。そのため，この象徴化は叶わぬ願いの適応的な代用方法でもあるのです。もし，この考えが当てはまるとしたら，Aは怒りや攻撃性を誰に対して，

---

注1）　現在の診断基準でいうところの自閉スペクトラム症です。詳細は第2章で解説します。

なぜ抱いているのかということが次の疑問です。その疑問が晴れることを期待して，実際にAと会うことになります。

## 2　初回の面接

　私は試しに3回Aに会って，Aの気持ちについて私とAで考えてみることを母親に提案しました。これは「心理療法のためのアセスメント」と呼ばれるもので，第9章で詳しく述べますが（特に136ページ），継続的な心理療法を始めることが適切かどうかを見極めると同時に，子どもについてのセラピストの理解と家族の理解をすりあわせていく役割があります。母親は私の提案に喜んで同意し，Aを同じ曜日の同じ時間に3週続けて連れてきてくれました（1回の面接は45分）。当時の私の面接室は靴を脱いで座布団に座る8畳ほどの部屋で，A専用の箱と筆記用具，備え付けの簡単な箱庭セットと人形，オセロやジェンガなどのおもちゃがありました[注2]。

　　初対面のAは，輝いた目と笑顔が私を引きつけるところがあるものの，猫背で動きもぎこちなく弱々しい印象でした。私が時間や回数などの面接の見通しを説明すると，それをしっかり聞いてうなずきはしますが，それについて質問をすることもありませんでした。私が説明を終えたということを理解したAは，部屋の中で一番目立つ箱庭の机の前に座り，指示を待っているようでした。

　セラピストとの最初の接触というのは，その子がどのような子どもで，何を思って面接室にやってきたかを知る上で貴重な瞬間です。例えば，セラピストに救世主的な期待を向けている子どもは会える回数の少なさに不平を述べ，「もっとたくさんここにいたい」と求めます。逆に，大人に言うことを聞かせられることに耐え難い怒りを抱えている子どもは，セラピストの説明に対して，「だから何？」と自分には関係ないという敵対的な態度を示したり，無視して外に出て行こうとします。あまりにも不安が強いために優等生のように振る舞って，時間が過ぎるまでじっとやり過ごそうとする子どももいます。Aの反応はどれとも異なっていました。Aはそうなっているのだったら，自分が言うべきことは何もないと

---

注2）　心理療法の部屋をどのような設定にして，どのようなおもちゃを用意するのが良いかに関しては，Klein（1955）の「精神分析的遊戯技法─その歴史と意義」や，鵜飼（2010）の『子どもの精神分析的心理療法の基本』をご参照ください。

いうような様子でした。さらにいえば，他者が自分にさせようとすることに対して疑問を抱いたことすらないように私には見えました。私はスムーズに面接が始まったように感じて，楽だなという思いがある一方で，いつもなら最初の反応に神経を研ぎ澄ませて子どもの体験を探っていたのに，Aについては何もわかっていないという違和感も生じていました。パニックになったり，暴力的な行動に出たり，部屋を飛び出したりする子どもは確かに大変ですが，この状況に不快なところがあるのだということを手掛かりに子どもが何を体験しているのかを探る道があります。しかし，Aの心に通じる道をどこに発見すればよいのでしょうか。

　私はAが何か遊びの中で自分の心を表現するかもしれないという期待を持ち，「自由に使っていいよ」と伝えました。なにせ子どもの心理療法の真骨頂は，子どもの遊びに含まれている意味を読み取ることにあるわけですから。Aは私の発言を受け，恐る恐るミニカーを手にして，箱庭の中に持っていきました。箱庭は内枠を青に塗られていて，水をイメージさせられるようになっており，その上に砂が敷き詰めてあります。Aは1台のミニカーを砂の上に置いて，私の顔を見ました。私はAが何を求めているかわからず，微笑みながらうなずいていると，Aは同じように1台ずつミニカーを置いては私の顔を見ました。その後も私の顔をチラチラ見ながら，砂に埋めたり，ぶつけ合わせたりすることを作業のように続けました。ぶつかったときに「何が起きたの？」と私が聞くと「突っ込んだ」と小声で答えることはありましたが，自発的に発言することはありませんでした。机に用意したすべてのフィギュアなどを順番に箱庭に入れて，混沌となったところで時間終了となりました。Aは終始笑顔を崩さないまま面接時間を過ごし，母親の元に帰っていきました。

　この初回のAの物を埋める，ぶつけるといった遊びから，Aは身動きが取れないような閉塞感と，怒りが潜在していると考えることも可能でしょう。しかし，それはこじつけのような印象があります。当時の私もAに攻撃的な面があるなど全く感じませんでしたし，何がしたいのかわからないというのが正直な印象でした。Aのすべての行動は私が承認を与えたからこそ起こったことのような感じがしました。この怒り・憎しみ・攻撃性のように見えるものは私が表現させたようにも思えます。Aの行動として現れた心の状態は，一体誰のもので，何に対してなのでしょうか。

> この節のポイント
> ・伝統的な心理療法では，鉛筆を噛むという主訴もミニカーをぶつける遊びも，怒りや攻撃性の現れと考えられがちだが，Aの様子はそう見えず，大きな疑問を私に残した。

## 第3節　なぜ子どもの問題は母親のせいと思われてしまうのか？

### 1　母親面接で聞きとったAの生育歴

　Aとの面接と並行して，私は母親との面接を行いました。セラピストが複数いる場合は親を担当するセラピストと子どもを担当するセラピストは分けた方が良いのですが（これも第9章で詳述します），この職場ではセラピストは私1人しかいませんでしたので，両方を私が担当することにしました。

　母親によればAは幼少時より言葉の遅れに加えて意志を表に出さない子で，何を考えているのかわからず，人と関わりたいとすら思っていないようでした。Aは泣くことがあっても，椅子や机の下に隠れてしくしく泣くのでした。赤ちゃんの頃はぐずったり，親から離れられなかったりすることは少なく，育てやすい子という印象でした。ただ，掃除機の音や外を通る車の音などには敏感でよく泣いていました。Aの家族は父親，母親，A，妹の4人家族で，父親は穏やかで子育てに対して自分の意見を言わず，母親の求めに応じて協力するような人でした。そのため母親は，Aが診断を受け，小学校で特別支援学級に入級するという経過を，自分1人で決めたと感じていました。Aは身体を壊しやすく，幼稚園の頃から下痢や嘔吐などになることが多かったこともあり，母親は小学校に上がった後もAが困らないように配慮をし続け，毎日の昼寝を欠かさないようにしていました。一方で毎日のように習い事を入れ，少しでもAに刺激となるものを提供しようとしていました。Aは何をしたらいいか母親に逐一確認しないと動き出せず，「遊んできな」と母親が言っても，何で遊んでいいかわからないかのようにぼんやりとしていました。

　ある時に私はAが通う小学校の担任の先生と話す機会を持つことができました。先生は学校ではAは自分の思いを話すことに困難はあるが，いつも笑顔で集団行動にも従うことができるため問題ないという考えでした。私も「笑顔が多くて，可愛い子ですよね」と伝えましたが，自分が面接で会っているはずのAについて，それ以上何も言えることがないことに私は戸惑いました。そして，先

生の対応が母親にはよく思われていないという先生の心配に話は移りました。先生は学校での取り組みについてＡが苦労しながらも頑張っていたと伝えたつもりでも,「苦労していたということは家で母親がさせていないからだと責めている」と母親には受け取られていると感じると話していました。

## 2　母親を責めればいいという誘惑

　ここまでの生育歴を読むと,あるストーリーが浮かんできます。それは,父親を従えて動かすような母親なのだから,子どもに対してもかなり強く言い聞かせて従わせており,Ａは母親から怒られないようにするために受身的になっているというストーリーです。これは筋が通っているようにも思えます。すると,怒り・憎しみ・攻撃性は,Ａに対して厳しく服従させようとする母親に対するものだという答えらしきものが出てきます。私もこのストーリーで理解したと思い込みたい誘惑にほとんど負けかかっていました。

　驚いたことに,母親自身もこのストーリーを全く信じきっているようでした。私との面接で,母親はＡがやりたくないことまで自分がさせているのではないか,自分が怒りすぎるからＡは気持ちを言えない子どもになったのではないかと話しました。鉛筆を嚙むということも母親は自分の子育てが間違っている証拠と考えていました。母親は私からもきっとそう責められると感じているようでした。

　私は自分が何か大きなことを見落としているような違和感を持ちました。ここで起こっているのは,クラスの中でインフルエンザが流行し始めたときに,最初になった人を探して責めるようなものでした。誰かのせいにすると一時的に納得できてすっきりできますが,実際のところは確かめようがありません。頭では無意味とわかっていても,人はどうしても犯人探しをしてしまうのです。インフルエンザは処置を間違えなければ,その後に痕跡を残さずに治ります。しかし,この家族に生じている犯人探しは,Ａが自閉スペクトラム症という発達の過程の中でさまざまな困難を持ち続ける性質を抱えている以上,母親がそこから解放されることはありません。実際に母親の訴えには,「どうせみんな私が悪いって言うんですよね。私だってそう思っていますよ」というような絶望的な諦めのニュアンスが含まれているようでした。

　この節のポイント

　　・私たちは,わからない状況が落ち着かないため,原因探し・犯人探しをして「答

え」らしきものを探そうとする傾向があり，子育ての場合は母親が犯人に仕立て上げられやすい。

## 第4節　子どもの意志や感情が見えなくなるという問題

### 1　改めてAとその家族の抱えている困難

　子どもの行動の原因がすべて母親だとする考え方には，子どもに母親と独立した自分自身の心がないと認めてしまう点でも大きな問題があります。Aにだって母親からの影響だけでは説明できないA自身の心があるはずなのです。私たちは生まれたての赤ちゃんでも「恥ずかしがり屋」「人懐っこい」などとその子の性格があるように考えるのが自然です。

　しかし，Aの心を大切にすることが難しいのは，私たちが子どもの問題を親のせいにしがちだからということだけではないかもしれません。面接室でのAの振る舞いは，Aが自分の好きなように遊んでいるようには見えにくく，ただ私の求めに応じて取り組んでいるだけのようでした。「Aがやろうと思ってそれをしている」こと，つまりAの意志というものが見えないといった特徴を私自身も感じていました。

　母親も生育歴の中でAが意志を出さないと感じてきたと述べています。どうやらここら辺に問題の中核，解決の糸口がありそうです。Aの意志が隠れているというものとも少し違うように思えました。そういう子どもは，隠れた何かがあるという印象をセラピストに与えます。ところが，Aの意志は存在を忘れられるぐらい遥か遠くに行きすぎているようでした。ちょうど私たちが海を見ても，深海の生活を思い描くことがないように，Aの行動を見てもAの心を思い描くことはできなかったのです。また，怒りという感情は，「こうしたかったのに，させてくれなかったから腹が立つ」という図式があることが想定されますが，Aの中の「こうしたい」の部分は大きく損なわれてしまっているようでした。

### 2　子どもがしていることは本当にやりたいからやっているのか？

　「Aがやっていることなのだから，Aの意志でしているのだろう」という反論が聞こえてきそうです。ここで私たちが取り組もうとしている問題は，その当たり前が成り立たないようなところにあります。これはAだけに限られることではありません。例えば，自閉スペクトラム症を抱える子どもの中には，蛇口から

流れる水や天井や床の模様を見続ける子どもがいます。その子は見たいと思ってしているのでしょうか。誰が声をかけても，1分，2分，10分と同じものを見続けている子の姿は，見ているというよりも視線が吸い込まれてそらすことができないように見えます。また，他の子どもを叩いてしまったり，髪の毛を引っ張ったりしてしまう子どももいます。そのような子どもは本当にそうしたいからしているのでしょうか。人と視線を合わせない子どもは，合わせないようにしたいのでしょうか。Ａも部屋にあるものすべてを箱庭の中に入れたいと望んでしていたのでしょうか。自閉スペクトラム症を抱える子どものこれらの行動は自分がやりたいからやっているというよりも，自分の意志では止められず起こしてしまう行動のように思えるのです。

　一般的に自閉スペクトラム症を抱える子どもは，周りの空気を読めず一方的に自分のやり方を相手に求めてくるような子どもや，車や鉄道などに並外れた興味を示し没頭するような子どもがイメージされるでしょう。他の人からの働きかけを拒絶する「硬い壁」のようなものがあり，好き嫌いも明確であり，「この子はこれを求めているのだ」という「その子どもらしさ」を感じることができます。人が他者に印象を残すにはそのような手ごたえとなる硬い部分が必要なようです。逆にＡは周りの求めることに従順であり柔軟性のある子どもともいえますが，手ごたえが残らない柔らか過ぎる心だということができそうです。この柔らかさ，硬さがそれぞれ良いのか悪いのかは，後の章で詳しく考えていきたいと思います。

## 3　「自分がない」という問題にどう取り組むか？

　このＡの見えにくい意志，いわば「自分のなさ」が，従順で受身的な特徴と関わっているようです。私は，従来よく知られている自閉スペクトラム症の特徴と一見矛盾するかのように見える受身的な特徴を理解することが，自閉スペクトラム症を抱える子どもと関わる際に生じる「なぜ？」を大幅に少なくすると感じるようになりました。しかし，この受身性が従来の自閉スペクトラム症の理解とどのような関係にあるかを知ることがまずは大切です。そこで私は過去の文献を検討する研究から始めました。その後，自閉スペクトラム症を抱える子どもの成長過程を詳細に知ることが可能なインタビュー調査，多くの人から回答を回収し統計的な分析が可能となる質問紙調査などを通して，集中的に研究を行いました。そして，心理療法の中で受身的な特徴がある人と実際に会って関わることで，さ

まざまなことを教えてもらうことができました。この本はそれらの知見の蓄積から成り立っています。

「自分がない」子どもというテーマは，自閉スペクトラム症だけに限らず，最近の小学生，中学生，高校生，大学生などの子ども全般の問題として指摘されることがあります。宿題や塾の勉強など言われたことについては取り組むけれども，自分から成績を上げたい，こういう学校に進学したいという意志があるのか疑問になるような子どもたちです。彼らは趣味や部活動などについても，寸暇を惜しんで没頭することはありません。欲しいものを聞いても出てこずに，周りがあれこれ提案しているうちに「それでいいよ」と言い，周りは「でいいって何？」と腹が立つのです。この本で明らかになることは，自閉スペクトラム症の特徴というよりも，現代を生きる子どもの体験かもしれません。

> **この節のポイント**
> ・自閉スペクトラム症は好き嫌いのはっきりした極端なマイペースさがよく知られるが，それとは対極のように見える受身性が顕著になる場合もある。その意志がはっきりしない「自分がない」という問題にこの本ではアプローチしていく。

## 第5節　心理療法が自分を知るための取り組みだとして，何の意味がある？

このような問題意識のもとで，この本の第1部は自閉スペクトラム症と「自分がない」という問題の関わりについてさまざまな証拠を挙げて検討していくことになります。そして第2部は「自分がない」という問題についてどのように対応をしていくことができるのかを心理療法の理論と私の実践の経験から述べていきたいと思っています。私は心理療法が以上のような問題の解明に役に立つと思っています。それは，私が専門とする精神分析的心理療法が，治療というよりも，「自分を知ること」に特化されて発展してきたという歴史があるからです。

精神分析的心理療法と他の心理療法との違いは，週1回以上の面接頻度で長期間に渡って面接を行う点にあります。お互いに時間とエネルギーが必要な点はデメリットのようでもありますが，それが「スリーパーエフェクト」と呼ばれる面接終了後にも状態が改善され続けるという独特な効果を生むのです。心理療法が現在の問題を解決するものだとすれば，その後に再び大きな出来事が起これば再

発してしまいます。未来に起こりうる傷まで治すことはできないからです。しかし，精神分析的心理療法は問題を解決するのではなく，問題の解決に向かいうる力とそれを難しくさせてしまう力が自分の中でどのように折り重なっているかを理解することに重点が置かれます。ゆっくり時間をかけて得られた理解こそが面接終了後にもその人の中に残り，眠っているように見えるけれども，新しい状況にも対応する力をじわじわと高める贈り物となるのです。

　自分のことがわかることに本当にメリットはあるのでしょうか。ここで私が発達相談を担当したある母親の話をしたいと思います。その母親の子どもは保育園において発達の遅れが心配されていました。その男の子は先生の言ったことに応えようとする意欲はあるのですが，細部まで理解できないため間違えてしまいます。特にその母親は年長になって周りの子が字を書けるようになっていることに焦っていました。「できないはずがない」「字を書かせたい」と思い，市販のワークなどをさせては，子どもが嫌がり，関係が悪くなることで途方に暮れていました。小学校進学を機に特別支援学級に入級することを勧められたショックから，私のところに相談に来ました。

　母親は，「この子は特別じゃない」「支援なんか受けたら，怠けて何もしなくなる」と訴えていました。私は母親の言っていることを否定せずに，少し話を変えて，母親が男の子にさせたいと思っていた字を書くことをテーマに話し合いました。「字を書く前に字を読めているか」「形を見比べたりすることはできるのか」など書字の前提となる力がどの程度あるかを考えてもらうと，今は「形のマッチング（同じ形の図形を探す）」から始めた方が良さそうだということに気付きました。そして数カ月の面接を続ける中で，母親は粘り強く段階的に子どもに書字に向けた課題に取り組ませて，男の子は少しずつ字を書けるようになりました。

　ある回の面接で母親は「先生，実は私も小さい頃，この子と同じだったんじゃないかなって思い出したんです」と話し始めました。小さい頃に自分が宿題をわからずに友達の答えを写していたこと，それが父親にばれて，ひどく叱られて怖かったこと，父親は「やるべきことはやれ」の一点張りで，わからないけど適当に答えだけ埋めて乗り切っていたことなどを泣きながら話してくれました。自分が子どもに対してやっていることを，母親は自分が子どもの頃にはしてもらえなかったと悲しみを伴って思い出したのです。しかし，この母親は最近まで自分がそのような子どもだったことを思い出すこともなかったのです。その学年で求め

られることがわからない中でも弱音を吐けなかったという自分自身の傷つきを，子どもに再び経験させてしまうところでした。しかし，この無意識的な反復に気付けたことで，子どもに必要な支援をすることに前向きになっていったのでした。

　この母親が思い出した自分についての記憶は決して気分の良いものではありません。辛いことは忘れることだって大切です。しかし，思い出せないまま，できないことを認めない在り方を続けていたとしたら，どうなっていたでしょうか。男の子への厳し過ぎる対応は続いたかもしれませんし，この男の子も親になった時に子どもに必要以上に厳しく当たるかもしれません。それは世代を超えて反復され続けるかもしれません。自分について気付くこと，自分の気持ちについて気付くことは，ある種の悪循環を断ち切り，その後の自分を肯定的に変えていく原動力になるものだと考えられます。精神分析的心理療法はこのように子どもだけでなく家族全体も支えようとするアプローチなのです。

> この節のポイント
> ・精神分析的心理療法は，問題の解決よりも自分を知ることに特化された営みであり，自閉スペクトラム症と「自分がない」問題へのヒントをもたらす。
> ・自分を知っていくことは，子育てなどの人間関係の悪循環を断ち切る可能性がある。

## 第6節　心理療法は自閉スペクトラム症を治すわけではない

　セラピスト側が心理療法は自分を知る営みだと考えていようとも，利用する側からすれば，心の傷つきを癒す方法や悩みを解決する方法として求められます。保護者は自閉スペクトラム症を治して欲しいと心理療法に期待するかもしれません。この期待に対する一般的な応答は，「自閉症は，脳の機能障害であって，心の病ではない。だから心理療法で治せない」というものです。私も基本的に同じ意見なのですが，この考えは「自閉スペクトラム症を抱える人の心は傷つかない。だから心理療法は意味がない」という極論にすりかわりやすいことを不思議に思います。同じ人間であるわけですから，ある状況に置かれたときに深刻に心の傷を抱える場合があるでしょう。心理療法は，自閉スペクトラム症に対してではなく，それを抱える人の心の傷に役に立つのです[注3]。

　人はどのように心の傷を抱えるのでしょう。井上雄彦による車椅子バスケット

を中心に扱った漫画『リアル』の中で，主人公である「戸川清春」が骨肉腫により義足になった場面では，その傷つきが人との関係の傷として体験されている場面が描かれています。戸川は，中学校から始めた短距離走で頭角を現し，努力を重ね全国大会にまで出場するほどになります。しかし，その決勝のレースで激痛が走り，骨肉腫であることがわかり，誰よりも早く走ることを目標にしてきた戸川は片足を切断し，歩くことすらままならなくなります。

　誰にも会いたくないと引きこもっていた戸川は，あるきっかけから車いすバスケットの存在を知ります。そのチームのエースで，戸川と同様の義足の手術を受けた「虎」と話す中で自分の思いを吐露する戸川は「父さんは，脚がこうなった僕のことを見ようとしないんだ」と泣きながら話すのです。虎の「父ちゃんがどう思うかは父ちゃん次第だ。お前にできるのは父ちゃんを信じるかどうかだ。じたばたすんな」という言葉に，戸川の心は霧が晴れたように吹っ切れます。骨肉腫による足の切断という戸川の障害の傷は，誰かに見てもらえないという関係の形での心の傷となっていたのです。また，それが誰かに理解される，見てもらえるという関係によって癒されることになったのです。足を失うというわかりやすい身体の傷でも，人の心には「関係の傷」として体験されることがよくわかります。

　自閉スペクトラム症を抱える子どもの多くは，マイペースで，人からどう思われるかなど気にしていないように見える場合が多いため，関係の傷など生じないと考えるのは悲しい誤解です。多くの子どもに「友達が欲しい」「自分は一人ぼっちだ」と感じる瞬間が訪れます。その時に孤独な状況だったとすると，周囲は自閉スペクトラム症の特性によるものと理解するでしょうが，本人たちは「誰も自分のことを聞いてくれない」「自分を必要としない人に囲まれている」と感じるかもしれません。1つのやり方を変えられない融通の利かなさも，「他人は自分のやり方を認めない」「自分をおかしいと思う人がいる」と感じるかもしれません。

　よく言われるように障害というのは相対的なものであり，手話で会話している2人の目の前では，耳は聞こえても手話がわからない人の方が障害を抱えていることになるのです。本人は障害特性などと教科書で説明されるような形では自分を認識せず，無理解な人に囲まれているなどの関係の傷としてまずは体験される

---

注3)　私が「自閉スペクトラム症児」より「自閉スペクトラム症を抱える子」という表現を好むのはこの理由からです。それぞれの人は自閉スペクトラム症だけで説明できない個別の豊かなパーソナリティがあり，それを忘れないための戒めでもあります。

ことを知らなければ，実際の彼らの苦しみに耳を傾けることはできません。その視点がこの本で提供したいことであり，心理療法ができることなのです。

この節のポイント
・心理療法は自閉スペクトラム症を治すわけではなく，その人が障害特性を抱える中で生じた他者との関係の傷を癒していく営みであると同時に，その人の体験を知ることにもつながる。

第2章

# 自閉スペクトラム症の一般的な理解：
## 「相手が見えない状態」

　そもそも子どもが自閉スペクトラム症かと親が初めて疑うのはどのような時でしょうか。3歳頃に同じ年ぐらいの子どもと遊ばせようとしても，全然興味を示さずに近寄っていかないし，他の子が近寄ってくると嫌がって押しのけてしまうことが続いたから？もしくは，幼稚園や保育園といった初めての集団生活の中で，自分のやりたいことに集中して，園の流れに従わないから？耳を裂くようなかんしゃくに長時間さらされ続けることによって親がまいってしまい，わらにもすがる思いでサポートを求めるからかもしれません。このような特徴があると今では自閉スペクトラム症が疑われ，児童精神科を受診したり，療育を受けたりする必要があることは広く知られるようになりました。この章では自閉スペクトラム症が発見された時から最近までの見解を，基礎知識を中心に見ていきたいと思います。

## 第1節　自閉症概念の歴史と変遷

　初めて自閉症という診断が出てきたのは1943年のレオ・カナーによる報告で，実はまだ70年程度しか経っていません。今でこそ自閉症の存在が当然かのように思われていますが，さらに50年経った時には，全く違った説明をされている可能性のある流動的なものだということは重要です。私たちにはまだわかっていないことがたくさんあるのです。
　カナー（Kanner, 1943）は自身が診察をしていた11人の子どもたちの詳細な記述とともに「早期幼児自閉症（early infantile autism）」という診断概念を初めてまとまった形で報告しました。人生早期からはじまる極端な孤立を中心に，孤立を乱されないようにするために決まった物や手順にしがみつくこと（同一性に対する強い願望，反復的な行動）などが詳細に記されています。その同時期にアスペルガー（Asperger, 1944）も知的な能力や言語能力がカナーの報告した子どもよりも若干高いと推測される類似の問題を抱える子どもを報告しています。ここから言葉の遅れのない自閉症は特にアスペルガー障害と呼ばれるようになりました。

自閉スペクトラム症に関連して親や教師などを悩ませるのは，この診断名の多様さです。自閉性障害，アスペルガー障害，高機能自閉症，広汎性発達障害などさまざまな呼称で呼ばれています。それらが同じものか，別々なのかで混乱するのです。実際には，カナーとアスペルガーの発見の後に，多くの子どもが特徴の強さや性質にさまざまな違いはありながらも，他者との情緒的な関係を築くことに困難があるという点で一致していることが指摘されました（Wing, 1996）。そこから，それらの特徴の違いは別々の障害ではなく，共通した根っこを持ち，幅広い連続体のいずれかに位置付けられるという考えを元に，最新の診断基準DSM-5 では，「自閉スペクトラム症（autism spectrum disorder）」という診断名が提唱されています（APA, 2013）。その診断基準の詳細を表2-1 に示しますが，カナーが孤立とそれを乱されないためのこだわりという2本軸で考えたことがほとんど引き継がれています。B-4 の「感覚過敏」と呼ばれるものだけは新たな知見から追加されました。

　この節のポイント

- 自閉症は①孤立（対人関係・コミュニケーションの障害），②孤立を維持するための反復的行動・こだわりの2つを特徴とする障害としてカナーにより報告されたが，歴史は浅く，現在もカナーの考えが踏襲されているものの今後もさまざまな変遷の可能性がある。

## 第2節　自閉スペクトラム症に共通する特徴

スペクトラムとは「虹」のことであり，ある色と別の色との間の境界線があいまいであることを強調するための言葉です。言葉を話せない子どもや勉強が苦手な子どももいれば，勉強の成績はむしろ良いような子どもも同じ自閉スペクトラム症と呼ばれます。そのような多様な子どもを同じ自閉スペクトラム症として，1つの診断分類の中に入れるからには，共通する特徴があるはずです。診断基準の表2-1 よりも，ウタフリス（Uta Frith, 1989／2003）が3つの理論としてまとめたものが，共通点を最も明快に説明するように思えますので，ここに紹介します。自閉スペクトラム症についてはさまざまな特徴が指摘され過ぎていて複雑ですので，とりあえずこの3つの特徴を抑えておくのがよいでしょう。

## 表 2-1　DSM-5 による自閉症スペクトラム症の診断基準

A. 複数の状況で社会的コミュニケーションおよび対人的相互反応における持続的な欠陥があり，現時点または病歴によって，以下により明らかになる（以下の例は一例）

1. 相互の対人的－情緒的関係の欠落で，例えば，対人的に異常な近づき方や通常の会話のやりとりのできないことといったものから，興味，情動，または感情を共有することの少なさ，社会的相互反応を開始したり応じたりすることができないことに及ぶ。
2. 対人的相互反応で非言語的コミュニケーション行動を用いることの欠陥，例えばまとまりのわるい言語的，非言語的コミュニケーションから，アイコンタクトと身振りの異常，または身振りの理解やその使用の欠陥，顔の表情や非言語的コミュニケーションの完全な欠陥に及ぶ。
3. 人間関係を発展させ，維持し，それを理解することの欠陥で，例えば，さまざまな社会的状況に合った行動に調整することの困難から，想像上の遊びを他者と一緒にしたり友人を作ることの困難さ，または仲間に対する興味の欠如に及ぶ。

B. 行動，興味，または活動の限定された反復的な様式で，現在または病歴によって，以下の少なくとも 2 つにより明らかになる（以下の例は一例）

1. 常同的または反復的な身体の運動，物の使用，または会話（例：おもちゃを一列に並べたり物を叩いたりするなどの単調な常同運動，反響言語，独特な言い回し）。
2. 同一性への固執，習慣への頑ななこだわり，または言語的，非言語的な儀式的行動様式（例：小さな変化に対する極度の苦痛，移行することの困難さ，柔軟性に欠ける思考様式，儀式のようなあいさつの習慣，毎日同じ道順をたどったり，同じ食物を食べたりすることへの要求）。
3. 強度または対象において異常なほど，きわめて限定された執着する興味（例：一般的でない対象への強い愛着または没頭，過度に限局したまたは固執した興味）。
4. 感覚刺激に対する過敏さまたは鈍感さ，または環境の感覚的側面に対する並外れた興味（例：痛みや体温に無関心のように見える，特定の音または触感に逆の反応をする，対象を過度に嗅いだり触れたりする，光または動きを見ることに熱中する）。

C. 症状は発達早期に存在していなければならない（しかし社会的要求が能力の限界を超えるまでは症状が完全に明らかにならないかもしれないし，その後の生活で学んだ対応の仕方によって隠されている場合もある）。

D. その症状は，社会的，職業的，または他の重要な領域における現在の機能に臨床的に意味のある障害を引き起こしている

E. これらの障害は，知的能力障害（知的発達症）または全般的発達遅滞では上手く説明されない。知的能力障害と自閉スペクトラム症はしばしば同時に起こり，自閉スペクトラム症と知的能力障害の併存の診断を下すためには，社会的コミュニケーションが全般的な発達の水準から期待されるものより下回っていなければならない。

注：DSM-Ⅳで自閉性障害，アスペルガー障害，または特定不能の広汎性発達障害の診断が十分確定しているものには，自閉スペクトラム症の診断が下される。社会的コミュニケーションの著しい欠陥を認めるが，それ以外は自閉スペクトラム症の診断基準を満たさないものは，社会的（語用論的）コミュニケーション症として評価されるべきである。

## 1　心の盲目－心理化の困難

　人は，相手の行動の裏にある心の存在に気付き，その状態を読み取って相手の行動を予測することを自然と行っています。例えば，相手が自分の話を聞いてくれないのは，その人が不機嫌だったり，焦っていたりするからだと考えます。正解かどうかは別として，考えることにあまり苦労はしません。しかし，自閉スペクトラム症を抱える人は，この行動の奥にある心というものを読み取ることが困難であるといわれます。バロンコーエン（Baron-Cohen, 1995）は「心の理論」が欠けている，または心の盲目と呼び，これが社会性の障害やコミュニケーションの障害を説明すると考えました。「心の理論」という言葉は，まるで心を哲学者のように考え込んで答えをひねり出すというニュアンスがあるため，フリスは「心理化」と言い換えています。人が心を理解するのは，頭で仮説－検証を繰り返し推理するかのように導かれるのではなく，自動的に無意識のレベルで得られるのです。

　サリーとアンの課題[注4]を聞いたことがあるでしょうか。心の理論の欠落，心理化の困難を実験的に明らかにしようとしたものです。定型発達の子どもは言語発達年齢が4歳程度になると正答できるようになるのに対して，自閉スペクトラム症の子どもは言語発達年齢が4歳を超えても正答できないことがわかっています。他人が自分の考えとは違う考えを持っていると理解することに困難を抱えているのです。自分が新幹線を好きであっても，他の人は別のことが好きかもしれないと思えればよいのですが，それが難しいと相手が好きではない新幹線の話を延々と続けて，空気が読めないと思われてしまいます。

　ここから自閉スペクトラム症を抱える人は相手の心を全く理解できないのだという誤解をされることがあります。サリーとアンの課題でも，自閉スペクトラム症を持つ子どもが永遠にわからないわけではありません。言語発達年齢が9歳を超えるようになれば正答できるようになるという調査結果もあります（Happé,

---

注4）　サリーとアンという2体の人形を使い，子どもに以下のようなお話を伝えます。サリーが自分のビー玉をかごにしまって，外に出ていきます。アンはサリーがいない間にアンのビー玉を自分の箱に移します。サリーは外から戻ってきて，自分のビー玉で遊ぼうとします。そこで，子どもに「サリーはビー玉を探すのはどこでしょう？」と質問します。もちろんサリーはアンが動かしたことを知らないわけですから，「かご」が正解です。しかし，子どもはビー玉が本当は箱にあることを知ってしまっています。自分が箱に入っているのを知っているのだから，サリーも同じように知っていると考えてしまわずに，サリーの立場に立って考えることが必要になります。

1995)。ただ，自閉スペクトラム症を抱える子どもは，定型発達[注5]の子どもとは心の理解の方法が異なっていることが示されています。別府・野村（2005）はサリーとアンの課題を普通に試行するのと同時に，なぜそう思ったのかを言葉で説明するよう求めました。定型発達の子どもは理由を説明できないけれども正答できる子どもがいるのに対して，自閉スペクトラム症の子どもの中で正答できる子どもはすべて言葉で理由を説明できていました。定型発達の子どもは言葉では説明できなくても，パッと理解するような直感的な心の理解ができるのに対して，自閉スペクトラム症の子どもが心を理解する方法は言葉によって理由づけるという時間のかかる形なのです。実験のようにゆっくり冷静に考えることができる状況では心を理解できるけれども，日常生活のような複雑で迅速に判断を求められる状況では人は待ってはくれないので困難が続いてしまうのです。

## 2　弱い全体的統合

　自閉スペクトラム症を抱える人は，ある限られた領域において並外れて優れた能力を持っていることがあります（サヴァンと呼ばれます。詳しくは93ページ）。フリスはこれを説明するための理論として，「弱い全体的統合」という考えを提起しました。私たちはジグソーパズルをするときに，完成する図をイメージして，ある部分にはまりそうなピースを集めて組み合わせていくという方法を取ることが多いでしょう。どれほど細部に注目しようとも，全体のまとまりを意識しています。しかし，自閉スペクトラム症を抱える子どもには，絵のない真っ白なジグソーパズルでも完成できる人がいます。微妙な切り口の違いだけでピースをつなげられるのです。彼らにとっては完成させるべき全体の図というのは重要ではなく，ピースの切れ目の違いという細部のみが重要ということになります。この全体を見ずに細部に没頭する力の高い状態が弱い全体的統合です。自閉スペクトラム症を抱える人の中に，時刻表の内容を全て暗記している人がいます。写真で撮ったかのような正確さで精密な絵を描く人がいることもよく知られています。このような機械的な記憶力は，例えば「電車が走っている風景」として大まかな把握で済ませず，細部まで詳細に記憶することで初めて可能になります。これは素晴らしく，感動的な力ですが，全体の流れや文脈といったものを犠牲にして成り立っ

---

注5）　自閉スペクトラム症を抱えていない子どものことを「定型発達の子ども」と呼びます。多くの人と共通する発達のプロセスを辿る子どもがいるだけであり，「普通の子ども」などはいないということを強調するための呼び方です。

ていることを忘れてはいけません。日常生活の中で，「そんなところに目を向けなくてもいいのに」というところに目を向けてしまい時間がかかってしまうという弊害もあります。床の木目の数が気になって数えるまで動けないとしたら，その部屋から出るのにどれだけの時間がかかるでしょうか。

## 3　実行機能の障害

　実行機能は目標に向けて適切な解決方法を維持する力，脳の機能を指しています（Welsh & Pennington, 1988）。「実行」という言葉は，英語の executive, つまり「管理職」に当たります。実行機能の障害は，社長のいない会社のようなイメージなのです。社長がいなくても，社員たちが目の前の与えられた仕事をこなしていれば，会社は動き続けることができます。しかし，社長がいなければ，どの領域に力を集中させればいいのかがわかりませんし，何より難しいのは利益にならない，方針と合わない仕事から手を引くという決定ができません。このように実行機能という中枢の監督者がいることで，人間はさまざまな行動をコントロールしているのです。それによって自分がやるべき行動に移り，優先順位が高くないことを脇に置いておくことができます。

　この実行機能が障害しているという仮説によって，自閉スペクトラム症を抱える人の感覚の異常や反復的な行動が説明されます。感覚の異常は，例えば降ってくる雨が針のように痛いと感じられたり，会話の最中でも遠くを飛ぶ飛行機の小さい音に気付いたりするなどでよく知られています。これは感覚が強すぎる弱すぎるという水準の異常ではなく，感覚の注意を振り分けることの問題と考えられています。実行機能が上手く働くと，慣れている感覚刺激は知っているから無視していいという命令が下され，会話の際には会話に関係する情報だけに選択的に注意を向けるよう命令が下されます。自閉スペクトラム症を抱える人の感覚の異常は，この振り分けや無視することの困難から引き起こされていると考えるわけです。私たちも予期せず頭にしずくがぽたっと落ちると，「ヒャッ」と飛び上がるぐらい驚きます。ただ，自分でシャワーを浴びる時には驚かないわけですから，予測できているかが感覚にとっていかに大切なことかがわかるでしょう。

　実行機能の働きが特に必要なのは，習慣的な行動ではなく，プランの変更を起こすときです。課題に取り組み始めると上手くやるが，前の課題から次の課題に切り替えるのが苦手な自閉スペクトラム症を抱える子どもはたくさんいます。注意された時には「わかった」といって理解していそうなのに，道路に出れば飛び

出してしまう子どもは，歩くという自動的な行動を止める実行機能の弱さを持っている可能性があります。同じことばかり繰り返すのは，好きだからではなく，それをすることを止められないからだと考えられます。

> この節のポイント
> ・自閉スペクトラム症は，①相手の行動の奥に心があるとパッと理解できない心理化の困難，②部分に目が引かれ全体が見られない全体的統合の弱さ，③やっている行動を止めて別の行動に移すことができない実行機能の障害の3特徴があると広く共有されている。

## 第3節　自閉スペクトラム症を抱える人にもさまざまな性格がある

　これまで自閉スペクトラム症の診断基準やフリスの3つの理論による説明を紹介してきました。大まかに言えば自閉スペクトラム症は「相手が見えない状態」が問題の中心といえそうです。相手の意図や感情が彼らには見えないようですし，自分の興味に熱中しているときに相手そのものが見れないのです。これらの説明はとても役に立つのですが，実際の子どもに出会うと頭を悩ますことがあります。例えば，ある親は「うちの子どもは，私が疲れているとお茶を入れてくれたりもするし，全く人の心が読めないってことはないなあ」と話します。また，最近は掃除機の音で耳をふさぐことはなくなったという変化が報告されることもあります。すべての特徴が当てはまるわけではなかったり，歳を重ねるにつれて特徴が弱くなったりするのです。それは自閉スペクトラム症ではなかったということなのでしょうか。すっきりしない気持ちにさせられます。

　ここで強調しなければならないのは，自閉スペクトラム症を抱える子どもにも性格，パーソナリティがあるということです。「何を今さら当たり前のことを言っているんだ」と思われるかもしれません。しかし，初めて診断を伝えられるときには，「自閉スペクトラム症は風邪が治るように完全に治るということはありません。一生涯続く発達の障害です。子どもの特性に合わせた対応をしていく必要があります」などという説明を受けることがあります。この説明は間違いではありませんが，親が子どもは変化しないと言われたと感じてしまっても無理はないのです。

　子どもの性格を考える上で，一次障害と二次障害を区別することは役に立ちま

す。特性をもっているがゆえに生じたいじめや不登校などで，二次障害という言葉は最近よく知られるようになりました。例えば，「自閉スペクトラム症は犯罪者になるんでしょ」とひどい誤解を受けることがあります。自閉スペクトラム症の特性，つまり一次障害が犯罪傾向として誤解されているのです。確かに，心の盲目があり，相手が何を考えているのかに気付きにくい傾向があれば，自分が理解されず，他人を理解できない腹立ちを抱えることはあるでしょう。例えば，3人で話をしていて，他の2人が自分にわからない話を説明もないままずっと続けていたら，自分の悪口ではなかったとしても「もういい加減にしてよ」とイライラするでしょう。また，自分は良かれと思ってしているのに，それがいつも怒られるといった経験が積み重なったとしたら，「みんな自分勝手だ」「自分を守るためには暴力に訴えるしかない」と感じるようになるかもしれません。しかし，そこで暴力に訴えるかはその人次第であり，生じる犯罪傾向はあくまで二次的に引き起こされたものなのです。

　自閉スペクトラム症を抱える人は優しく思いやりのある人が多いですが，怒りっぽく攻撃的な人もいます。その違いは，第1章で「関係の傷」と述べたように，彼らが自分の持っている特性を他者との関係でどう体験してきたか次第なのです。どのような生まれつきの特性も，取り囲まれた環境や積み重ねた経験によって大きく変わります。「これって自閉症のせいなの？それともこの子の性格なの？」というよくある問いに，答えはありません。私たちが変えることができるのは環境と経験だけなのです。これを認めることは辛いことですが，受け入れる必要があります。

> この節のポイント
> ・自閉スペクトラム症は「相手が見えない」特性を持つが，それがその人の性格や人生を決定づけるわけではないため，その人たちが環境をどう体験しているか知る必要がある。

## 第4節　人との関わり方の3つのパターン

　「あなたの性格ってどんなの？」「世界をどう体験してきたの？」といきなり質問されても，皆さんも答えるのに困るのではないでしょうか。「人見知りはするほう？」とか，「家と学校で見せる姿って違ったりする？」とか，考えるきっか

けになる具体的な質問が欲しくなりますよね。自閉スペクトラム症を抱える人の性格というものを考えるにあたって参考になる，人との関わり方の3パターンがよく知られています。ウィングとグールド（Wing & Gould, 1979）は，自閉症とそれ以外の疾患との差などを検討するために大規模な疫学調査を行いました。疫学調査とは，実験室に来てくれた人だけを対象にするのではなく，その地域に住んでいる子どもをすべて調査するのです。すると，ある3つの対人的相互反応のパターンが見えてきました。「タイプとかパターンに頼っていたら，その子どものことが見えないよ」という批判もあるでしょうし，「私は血液型A型だけど几帳面でも何でもない」などと例外はいくらでも見つかるでしょう。しかし，パターンやタイプ分けがあるからこそ見えてくるものがあるのです。タイプ分けが悪者なのではありません。あくまでその子どもを理解しようとするきっかけなのだと思っていれば，決めつけや単純化といったことは起こらないのです。

　ウィングらの自閉スペクトラム症を抱える人の他者との関わり方は孤立（aloof），積極奇異（active but odd），受身（passive）[注6]の3つのグループに分かれます。それぞれに関するウィングらの説明を表2-2に示します。ここでウィングらが後にこの相互作用のパターンの流動性を明確に指摘したことを知っておくことは重要でしょう（Wing & Attwood, 1987）。例えば，幼少期には孤立グループに近いと考えられていた子どもが受身グループや積極奇異グループの特徴を多く持つようになることがあります。また，相手や場面などによって，その出方が違うということもあります。家では積極奇異グループに近いような振る舞いをしている子どもでも，慣れていない人たちの中では孤立グループに近いような振る舞いをすることもあるでしょう。つまり，この3つのパターンは生まれつき決まっているわけではなく，成長の過程の中で変化していくものなのです。これはあくまでその子どもらしさを考えていくための素材として使うのが一番です。次章はここから深めていきたいと思います。

#### この節のポイント

・自閉スペクトラム症を抱える人の他者との関わり方は，①他者に関心がない孤立，②誘われれば言われた通りにする受身，③自分から関わろうとするけ

---

注6）この本では"passive"を「受身」と訳していますが，「受動」と訳して，ウィングの3分類では「受動グループ」と呼ぶ人も多くいます。私は日本語としてのなじみやすさから「受身」と訳していますが，受動と別の意味を持たせているわけではありません。

> ## 表2-2 自閉症スペクトラム症の対人関係の3パターン
> （Wing & Gould, 1979）
>
> 孤立グループ
> 　社会的な相互反応が深刻に制限されている。この子どもたちは孤立していて，どんな状況にも無関心である。欲しいものを取ってくれるならば他者は近づくことができるが，必要性が満足してしまえば再び孤立に戻る。大人との身体接触（例えば抱っこ，くすぐり，追いかけっこなど）を好む子もいるが，その接触の社会的な側面については関心が無い。社会的な無関心さは，大人に比べると特に他の子どもに対して顕著である。
>
> 受身（受動）グループ
> 　自発的に社会的な接触をしようとしないが，他の子どもが近づいてくることを愛想よく受け入れ，他の子が遊びに引き入れようとしても抵抗しないような子どもの振る舞いである。この子どもたちは，クラスメートから好かれている場合も多い。なぜなら，おままごと遊びでは赤ちゃんの役割を取れるし，お医者さんごっこでは患者の役割を取れるからである。子どもは他の子が遊ぼうとする限りは割り当てられた役割を続けるが，その遊びが終わりを迎えれば，友達が再び誘ってくれるまで途方に暮れているだろう。
>
> 積極奇異グループ
> 　この子どもたちは，多くは大人に対してであるが，他の子どもに対しても自発的に社会的な接近をしようとする。これらの振る舞いは，ほとんどが反復的で独特なこだわりを満たすために行われるので，不適切である。他者のニーズや考えには関心が無いし，何も感じない。彼らは話や振る舞いを他者に合わせて修正しようとしないし，はっきり断られたとしても自分の話題や好きな活動を続けようとする。彼らは独特の振る舞いのために他の人たちをうんざりさせがちであるし，同年齢の子どもたちから拒絶されることもある。この意味で受身グループよりも社会的に受け入れられることは少ない。

ど少し変な方法の積極奇異の3パターンが言われているが，あくまでその人らしさを知るきっかけと考えるべきである。

# 第1部

# 自閉スペクトラム症の受身性の研究から

# 第3章
# なぜ自閉スペクトラム症の受身性に注目するのか？

## 第1節　療育や特別支援では手が届きにくいという性質

　さて，前章で自閉スペクトラム症の一般的な解説を紹介しました。そこでは「相手が見えない状態」が問題の中心であって，周囲から求められることができないために診断や支援を求めるようになることが明らかになりました。自閉スペクトラム症を抱える子どもの親や支援者は，まずそのような問題についての対策が知りたいと思うでしょう。

　ウィングの3パターンでいうならば，孤立グループに近い子どもへの対応は，子どもが他者に関心を向けたくなるような楽しい経験を増やす中で，こちらが何を求めているのかを子どもにわかるように伝えていき，お互いが満足のいく関係を築いていくということが中心となるでしょう。子どもが自分で築き上げる生活パターン（こだわり）と，家族や集団生活のパターンとをお互いに妥協しながらすり合わせていくことも必要になってきます。場合によっては，子どもが泣いて嫌がっても，生活する上では思い通りにならないこともあるのだと理解させなければならない状況も出てくるかもしれません。積極奇異グループの子どもであれば，子どもの振る舞いを相手がどのように感じているのかをわかりやすく伝えることや，ある状況ではこう振る舞うのが望ましいということ（ソーシャルスキルとも言われます）を伝えていくことが対応の中心になっていくことでしょう。

　この本では，そのような対応方法について触れることはあっても，正面から取り上げることはしません。だからといって私がそのような方法を意味がないとか，簡単にできるとか思っているわけではありません。私がそれを取り上げないのは，この本で伝えたいテーマと少しずれるからでもありますが，最も大きな理由は，そのような対応方法について，わかりやすく，ためになる本が他にたくさんあるからです。子どもにわかりやすいようにこちらが求めていることを伝えていく方法については，TEACCH（佐々木ら，2001）や応用行動分析（藤坂ら，2015）が役に立つでしょう。相手がどう感じるかを意識させ，どう振舞うべきかを子どもが学んでいくには，コミック会話（Gray, 1994）やソーシャルストーリー

ズ（Gray, 2000）などが役に立ちます。

　では，なぜこの本では受身グループの問題を中心に取り上げるのか。それは他の方法で対応しにくい問題だと私が考えているからです。第1章で私が出会った男児Aの「自分がない」という問題と母親の苦悩を思い出してください。一生懸命療育などに取り組んだ結果，親が求めていることを子どもができるようになっていました。しかし，子どもが人から何か言われるまで動かず，自分の好きなこともなさそうで，何を考えているかわからないという受身性の問題には通常の療育のアプローチでは対応することが難しいのです。さらにいえば，親が一生懸命やればやるほど，子どもが受身的になっていくという落とし穴にはまってしまう皮肉な問題がここにはあります。

　この章では，まずは受身性の問題は，本当に自閉スペクトラム症の一種なのかを検討します。そして，受身性が軽く見られてきた理由に触れ，受身を放っておいた場合に，その子どもが思春期以降どのような深刻な事態が生じると考えられるかを紹介していきます。

> この節のポイント
> ・自閉スペクトラム症にはさまざまな療育や特別支援の方法が紹介されているが，受身性の問題にはその対応では困難が生じやすく，その理解と対応の方法を模索することがこの本の目的である。

## 第2節　受身グループは自閉スペクトラム症といえるのか？

　カナーが初めて自閉症について記述した内容は，他者からの侵入を嫌がり孤立を維持しようとする特徴が中心でした。心の盲目という仮説を用いれば，ウィングのいう対人関係の3パターンのうちの，「孤立」と「積極奇異」がなぜ生じるのかは理解しやすいでしょう。私たちも何を考えているかわからない人とは距離を置きがちなように，相手の心が読み取りにくいという特徴があるとすれば，人と関わろうとは思いにくくなります。また，相手が嫌がっているかに気付くことが難しかったとしたら，自分のやりたいようにし続けてしまうのも無理はありません。一方で，受身グループは従順なわけですから，相手の心が読めているかのように考えられます。受身グループの人には心の盲目はないのでしょうか。

　少しだけ自閉症の歴史に話を戻してみると，カナーは確かに孤立した特徴を持

つ子どもを中心に報告し，アスペルガーも同様の傾向はあったのですが，そのアスペルガーの論文の中に「受身性」と関連する記述があることはあまり知られていません。「自閉症を持つ人は拒絶的な傾向と同時に，被暗示性が高く，命令に対して自動的に従うような傾向も並存している」と書かれています（Asperger, 1944）。そして，極端な拒絶的な傾向と従属的な傾向という2つの意志障害は内的に極めて近縁であるに違いないと述べています。つまり，他者を受けつけず避けることと，他者に自分を合わせてしまうことは根っこが同じ問題であり，現れ方が違うだけだと考えたようです。この考えを持つことによって，孤立した子どもが急に受身的になったり，その逆の変化をしたりするときに慌てることなく理解することが可能になります。

　他者を極端に拒絶する傾向と他者に極端に合わせてしまう傾向が同じ根っこから生じるといわれても，納得しにくいかもしれません。アスペルガーはこの論文では詳細に解説をしていませんが，「意志障害」と言っているところがポイントと考えられそうです。孤立が強い状態というのは，自分の意志が強すぎて他者の意志に気付き尊重することが難しいといえますし，受身的な状態というのは，他者の意志を尊重すると，自分の意志がなくなってしまうと考えられます。受身的な状態の人が心の盲目を抱えているとすれば，それは自分自身の心が見えない状態なのかもしれません。自分と他者のどちらの意志も尊重される状態を持つことの困難が自閉スペクトラム症の共通する問題と考えるとすっきりします。自分と他者の意志をシーソーのように，時と場合によってどちらを重視するか切り替えることが，建設的な人間関係には必要なのでしょう。しかし，これは自閉スペクトラム症の人だけに限らず，多くの人にとって悩むことですが。

> **この節のポイント**
> ・アスペルガー論文を参考に，自閉スペクトラム症の困難を自分の意志と他者の意志とをバランスよく尊重することの難しさと考えれば，受身グループも共通の障害を抱えていると考えられる。

## 第3節　なぜ受身性は問題ないと軽く見られてきたのか？

　第2章に挙げたウィングの3グループの説明文を読むと，受身グループが他の2グループに比べて好ましい特徴のようにどうしても感じられます。ウィングら

自身も受身グループは最も問題行動が少なく，集団適応が良いと見なしてきました。杉山・辻井（1999）も受身グループの人は対人関係の良好さ，親とのアタッチメント関係の築きやすさ，学童期以後の精神科合併症の少なさ，就労の維持のしやすさなどの点で肯定的に記述しています。さらに，きちんと早期療育を受けたものは，心の理論を獲得し，受身グループに至るといった記述もあり，まるで受身性が望ましい特質や療育の目標であるかのような位置づけをされているようにも読めます。実際に学校の中で多動やかんしゃくなどの派手な問題行動への対処に追われている教師などからみれば，言うことを聞き，周囲とも問題を起こさない受身的な子どもは適応的と見なされることが多いのでしょう。

　ウィングの3グループを，質問紙による尺度を用いて，いくつかの質問項目に答えてもらうことで分類を可能にしようという試みがあります。その1つがWSQ（Wing Subgroups Questionnaire）という尺度です（Castelloe & Dawson, 1993）。これによって分類されたウィングの3下位分類は，支援者が観察や聞き取りなどの臨床的な判断によって3グループに分けた分類と一致する結果が導かれました。36名の自閉スペクトラム症の人のうち12名が「受身グループ」に入っていました。しかし，この尺度の興味深い点は，「孤立」グループと「積極奇異」グループの中間に「受身」グループがあると考えたことです。これは名古屋の人の性格は，東京の人の性格と大阪の人の性格の中間だといっているようなものです。名古屋の人は，東京の人とも大阪の人とも違う独自の特性があるかもしれないのに，それはあまり考慮されていないのです（この問題から私は自閉スペクトラム症の受身性に特化したPASASという尺度を作成しましたが，それはまた後で紹介します）。

　このような尺度の不足は，受身的な子どもの特徴が把握しにくいということを意味しているのかもしれません。また，自閉スペクトラム症の受身性が，適応的であり好ましい特徴と見なされがちで，研究上の関心が向けられてこなかった可能性もあります。私がインタビューを行った親は，周囲の親から「あなたの子どもは大人しくていいわね」とうらやましがられることが多く，自分が悩んでいることが言い出せなかったと話していました。一般的に知られている自閉スペクトラム症の問題行動とは異なるために，親が困り感を訴えにくいという特徴もあるのでしょう。しかし，本当に問題が少ないと軽視して良いのでしょうか。ウィングらは，受身的な人は青年期にストレスや圧力にさらされると困難を生じることもあると指摘し，控えめながらも問題となる側面を認めています（Wing & Attwood, 1987）。では，青年期以後の自閉スペクトラム症を抱える人にとって

受身性が問題となるのはどのような状態でしょうか。

> **この節のポイント**
> ・受身的な子どもは一般的に想定される自閉スペクトラム症の問題行動が少ないため，それが好ましい特徴と考えられがちで，問題視されないために注目を集めてこなかった。

## 第4節　受身性は放っておくと思春期以降の精神疾患につながる？

　定型発達の人がさまざまな精神疾患にかかることがあるように，青年期の自閉スペクトラム症の人もさまざまな精神疾患を抱える可能性があります。私はその中で「うつ」と「緊張病（カタトニア）」に注目したいと思います。「うつ」は自閉スペクトラム症と最も併発しやすい精神疾患の1つといわれます（Wing, 1996）。「緊張病」はあまり知られていないかもしれませんが，これも自閉スペクトラム症との併発が注目を集めている疾患です。私はこの2つの精神疾患が受身性の問題に対処できなかった結果生じる可能性を考えるようになりました。もちろんすべての「うつ」と「緊張病」が受身的な特徴から生じると考えているわけではありません。しかし，「うつ」も「緊張病」も原因が明らかになっていないわけですから，受身性の問題に焦点を当てる価値はあると思っています。それぞれの疾患について受身性との関連を見ていきましょう。

### 1　うつ

　「うつ」はすでに日常語でもある，よく知られた精神疾患ですが，深刻な精神疾患として認められる「大うつ病」と，大うつ病の診断は満たさないものの抑うつが目立って日常生活が困難になっている「うつ状態」の2つに大きく分類することができます。大うつ病では「活動における興味，喜びの著しい減退」や「精神運動性の焦燥または制止」などがあるとされます（APA, 2000）。何かをやりたいという意欲や好奇心が低下し，何をしても楽しい，嬉しいというポジティブな気持ちになれません。そして，焦ってあれもこれもしようとするけど失敗ばかりになり自己嫌悪に陥ったり，やらなければならないことが手につかなくなり，周囲からの評価を失っていくというのが，よくあるパターンでしょう。「うつ状態」についても似たような傾向が見られます。

これは自閉スペクトラム症を抱える人が受身的になり，自発的な活動をしなくなった状態と重なります。どんな活動をしても楽しくなさそうで自分からやろうとしない，人から促されれば何とか行動に移すことができるが，放っておいたら何分でも同じ状態でいることはまさに「うつ」の症状のようです。杉山・辻井（1999）も，受身的な人は就労して非常によく働いている中で身体症状が出たり，抑うつが生じたりという挫折の仕方が多いと述べています。
　しかし，自閉スペクトラム症を抱える人が「うつ」を患っているということはしばしば見過ごされます。なぜなら，その人たちが悲しみや空虚感などの抑うつ気分を自身の言葉で報告することができないからです。自閉スペクトラム症はコミュニケーションの障害ですから，自分のことを伝えることに苦手さがあるのは当然なのです。また，誰かに伝える以前に，心の盲目ゆえに相手の感情だけでなく，自分の感情などの心の状態を察知すること自体も苦手な人が多いです。自分が疲れていることややりたくない気持ちがあることなどに目を向けない傾向があるとしたら，自分の辛さなどを伝えられるわけがありません。すると，「ただ気持ちがのらないだけだろう」と片づけられてしまい，「うつ」が見過ごされるのでしょう。

　横山ら（2009）は，言葉で自分の状態を伝えることが困難な中等度以上の知的障害を伴う自閉スペクトラム症者の「指示待ち」を抑うつの症状と考えることで早期診断につなげることを提唱しています。「指示待ち」とは，自分から行動を始めることができず，動き出すためには周囲の指示を必要とする状態であり，受身性の一種と考えることができます。この研究では，「指示待ち」が見られた自閉スペクトラム症の男性の9例（13歳～17歳）を診察したところ，全員が気分障害（うつ）と診断することが妥当だったと報告しています。そのため，抗うつ薬の中の選択的セロトニン再取り込み阻害薬（SSRI）を投薬すると，8例に「指示待ち」の軽快が見られたと報告されています。
　結果がここまでであれば，自閉スペクトラム症の受身性の問題は，うつの症状であり，意欲の問題と結論付けることができます。しかし，横山ら（2009）の研究は，全例において投薬治療を始めた後に，何らかの儀式行動や常同行動などの新たなこだわりが出現したことを報告しています。投薬により行動に移せるようになってはいるものの，そこで増えたのが新たなこだわりだったというのは何とも皮肉な結末です。投薬が行動に移すことを妨げていた要因のすべてを除去するわけではないのです。気分障害（うつ）として受身性を考える視点は投薬などの

選択肢を広げる点で有用ではありますが，適切な介入のためには，この自閉スペクトラム症に特有の行動を妨げている要因を考えることが必要です。

## 2　緊張病（カタトニア）

緊張病とは，身体を動かせない障害などを抱えていないにも関わらず，全く動かなくなったり，不自然な姿勢のまま止まっていたり，同じ動作を何度も繰り返したりするようになる状態を指す精神疾患名です。もともとは何らかの身体の病気の影響で見られるか，統合失調症やうつ病から生じる病状と考えられていました。しかし，近年では自閉スペクトラム症を抱える人が思春期青年期以降に，自分から動けなくなったり，人からの助けがなければ行動を完遂することができなくなったりする現象が注目され，緊張病の症状として理解されるようになっています。例えば，座った姿勢から全く動けなくなる，床にある線や段差をまたげずにそこで固まってしまうなどがあります。これも人からの助けが必要という点で受身性が問題となった状態といえそうです。

ウィングらはある病院に紹介されてきた506名の自閉スペクトラム症の子どもと成人に緊張病が見られるかどうかを調査しました（Wing & Shah, 2000）。自閉スペクトラム症のための緊張病の診断基準がないことから，下記の基準を作成しました（表3-1参照）。その調査では10歳以下には基準を満たす子どもはいなかったものの，15歳以上では17％の人が基準を満たしたと報告されています。別の研究者も自閉スペクトラム症を抱える人が成人した際に6.5％程度の割合で

---

**表3-1．Wing & Shah（2000）による自閉スペクトラム症の緊張病の基準**

・不可欠な基準（4項目）
　①動作と言語表現の緩慢化
　②行動を始めたり完遂したりすることの困難
　③他者からの身体的・言語的な促しへの依存性の増加
　④受身性の増加と動機の明らかな不足

・関連する行動特徴（4項目）
　①昼夜逆転
　②パーキンソン病様の特徴（振戦，目を回す，ジストニア，奇妙な姿勢，姿勢の凍りつきなど）
　③興奮や動揺
　④反復的，儀式的行動の増加

緊張病が出現すると述べています（Gillberg & Steffenburg, 1987）。

　青年全体の緊張病の有病率が0.6％程度と考えられてきたのに比べると，自閉スペクトラム症を抱える青年の出現率はかなり高いといえます。ここから定型発達の人に見られる緊張病と自閉スペクトラム症を抱える人に見られる緊張病は別物なのではないかという意見もあり，「自閉症の緊張病（autistic catatonia）」と呼ぶことも提唱されています（Hare & Malone, 2004）。日本でも，太田（2009）は20歳以上の自閉スペクトラム症と診断されている外来患者69名のうち8例（11.6％）が自閉症の緊張病の基準を満たしたと報告しています。このような関心の高まりから，最新の診断基準DSM-5の自閉スペクトラム症の記述の中には，知的障害・言語障害を伴うかどうかの特定と並んで，緊張病の有無の特定が求められるようになっています（APA, 2013）。

　しかし，関心の高まりとは裏腹に，自閉スペクトラム症を抱える人に緊張病を出現させる要因については統一した見解は得られていません。ウィングらは非緊張病群との比較によって，知的な能力の差は有意ではなく，緊張病群にはウィングの3分類でいう受身グループと言語表出の困難を抱えている人の割合が有意に多かったと報告しています（Wing & Shah, 2000）。また，発症の原因は青年期に関連した身体的・心理的なストレスが関連していると推測されましたが，本人が言葉で報告することが少ないため明確にはなっていません。ただ，緊張病と自閉スペクトラム症は共通する行動上の特徴があり，2つの障害間の関連があると考えられています。ハルら（Hare et al., 2004）も，緊張病と自閉症の特徴として想定されているさまざまな概念との関連を想定しています。例えば，フリスのいう「全体的統合の欠陥」により，ばらばらの感覚データや動作の断片を統合することの難しさが緊張病にも影響していると説明しています。

　まだわかっていない緊張病の原因を考えるにあたって，私はウィングの受身グループの人が有意に多いという結果を無視することはできないように思います。10歳以前に緊張病の診断を満たす人はいないという結果ではありましたが，緊張病とまではいえなくても，受身性はあったかもしれません。精神疾患を発症する思春期以前の状態を受身性という視点でとらえなおすことで，緊張病の予兆が発見される可能性があると私は考えるようになりました。青年期の精神疾患を予防するという点からも受身性に焦点を合わせながら自閉スペクトラム症の特徴を探ることは有意義なのです。

### この節のポイント

- 「うつ」や「緊張病（カタトニア）」といった精神疾患は自閉スペクトラム症の受身的な状態との関連が強い。思春期以前の受身性をこのような精神疾患が生じる予兆として見つめ直すことで，精神疾患の理解と予防のための知見が得られる可能性がある。

## 第5節　子どもの頃の受身性の現れ方：指示待ち

　子どもの頃の受身性の問題については青年期以降に比べると研究は多くありません。この年齢の子どもが他者（親や教師など）による指示に応じて動けることは望ましいことだと考えられがちだからでしょう。ましてや，それ以前には他者の言うことの意味や集団生活での活動の意味をわからなかった子どもだったとすれば，そこに応じられるようになったことを親は喜び，成長と感じることはあっても，否定的には捉えないと思います。

　ただ，「指示待ち」という用語によって，受身性の問題を扱っているものはいくつか見つかります。自閉スペクトラム症を抱える子どもの特性に合った指導法として広がりを見せているTEACCHプログラムは，「指示待ち」「促さないと行動しない」「なまけているように見える」といった受身的と記述できそうな行動に着目しています。佐々木ら（2001）は氷山をモデルとして，そのような行動が氷山の一角として表に現れるけれども，実は見えない水面下に自閉スペクトラム症の文化があると考えています。そして，氷山の一角だけを見るのではなく，その奥の特性に注目し，その特性を活かしやすい視覚的な構造化などを用いて，自分から動き出せるようにすることを目指しています。ここでは受身的な行動は，指示がわからないという認知発達上の能力の難しさを主な要因として考えていると推測されます。

　別府（2001）は，誰に対しても笑いながら叩いて逃げるという挑発行動を頻発した自閉症男児の通園施設や家庭での振る舞いを縦断的に調査しました。挑発行為が出てくるのと同時期に「いいよ」と言われないとご飯を食べない，自由遊びの時間に指示がないと遊び出さないという受身的な行動が見られたと報告されています。この男児は他者からの働きかけや指示が理解できていない時の方がむしろ自由に動き回れていたようです。これはTEACCHの考えとは対照的に，能力上の困難のみが受身性につながるとはいえない可能性を示しています。別府は，

それらの行動を他者理解の水準との関連から検討しています。他者がわけのわからない存在から，自分がちょっかいをかければ動いてくれる存在だと理解でき始めたことで，他者が求めていることに反応しようと縛られるようになったと考えられています。成人が対象の研究ですが，赤木（2007）は指示待ち行動を示す自閉スペクトラム症を持つ20代女性が1人でいるときには指示待ちが起こらないこと，自分よりも発達的に高い他者がいるときに起こることを確認しており，他者との関係性によって指示待ちの頻度が変化することを見出しました。そして，指示待ちが「状況がわかっておらず見通しが持てないから」でも「指示を待っていた方が楽だから」でもないと結論付けています。指示待ちであることは苦痛なことで，心理的に安定しないことが見出されています。

ここでわかるのは「指示待ち」という行動1つとってみても，それが指示理解の問題なのか，相手の指示の意図が分かるようになってきたゆえに生じてきた問題なのかという異なった捉え方があるということです。私たちはこの領域について，まだまだわかっていないことばかりだということを認める必要があるのでしょう。

### この節のポイント

- 思春期以前の子どもの受身性に関する研究は乏しいが，「指示待ち」という側面からの検討は存在する。しかし，指示待ちになるのも指示が理解できないからなのか，理解できるようになったからなのかという一致しないものであり，十分な理解は得られていない。

## 第6節　受身性の定義と他者との関係の影響

白石（1996）は，自閉症の学童期前半を「光り輝く時期」と呼んでいます。それまで多動や問題行動で悩まされていた時期だったのが，親や教師が求めることに子どもが応じられるようになることで周囲が喜ぶ時期だからです。しかし，その結果，周囲がさまざまなことをさせようとし過ぎることで，自発的に動けなくなった事例があったことが報告されています。他者とのつながりに困難がある自閉スペクトラム症を抱える子どもの養育者にとって，子どもがこちらの言うことを理解し応じてくれるということに喜び，さらに期待したい気持ちになるのはよくわかります。このような点を考えると，受身性の問題を子どもの特性だけのせいだとすることには無理があるようです。私が「受身」という言葉を用いるのも[注7]，

受身が「他から働きかけられること」を意味し，その人に働きかける他者の存在抜きには考えられないという理由があります。子どもがわかっていることなのに合っているか何度も親に聞くことは，子どもだけに注目すれば反復的行動，固執性の問題と考えられる傾向があります。しかし，その度に親が合っているかどうかの判断を代行し続けなければ子どもが前に進んでいかないとしたら，二者関係的には受身的といえるのです。

　私たちは子どもに普通であってほしいと思う一方で，特別な個性を持ってほしいという矛盾した期待を持っているのではないでしょうか。そのため，親は子どもと接する時に，必要な場面においては指示を出し子どもが従うことを期待しますが，その一方では子どもが個性を持って伸び伸びと生活して欲しいとも期待しています。自閉スペクトラム症を抱える子どもは他者の指示する言葉は理解できたとしても，それとは別に，個性を築いてほしいという別の意図があることに気付けない可能性があります。すると，見えない意図よりは，表面的で理解しやすい他者の指示の方に関心が奪われ，受身的になってしまうこともあるでしょう。

　このように書くと受身性は親のせいだと私が考えていると思われるかもしれません。定型発達の子どもの受身（指示待ち）に関しても親の過剰な働きかけが原因であるかのように非難されることがあり（児玉，1997），親のせいにされやすい傾向があります。この傾向は，上述してきたように受身性がこれまでに研究上の関心を得ておらず，把握しにくい特徴であることが影響していると考えられます。そのため，わからないものだから親のせいだと片付けることで，その曖昧さから解放されようとしているのです。受身的な子への対応方法の示唆が得られるだけでなく，自閉スペクトラム症を抱える子どもを持つ親が短絡的で心無い非難を受けなくなるためにも，この本が果たす役割は大きいと考えられます。

### この節のポイント

- 受身性は子ども側だけの要因ではなく，関わる側の要因の影響も考えられるが，「親のせいだ」という短絡的な解決ではなく，相互作用をしっかり見据えていく必要がある。

---

注7）「指示待ち」ではなく「受身性」という用語を用いるのは，「聞き分けがよくなった」などの肯定的な状態も含む定義の広さとウィングの3分類の受身グループとのつながりを明確にする意図があります。

# 第4章

# 受身性が発達していく過程：ある家族の物語から

## 第1節　受身性がどう発達するか知るための最初のステップ

　さて，ここまで自閉スペクトラム症の歴史と特徴を挙げ，受身性も同じ障害の現れ方の1つであると示してきました。そして，受身的な特徴がどのように発達するかを知ることは，青年期に精神疾患を併発する危険性に対する予防策を考える上で重要だと論じました。しかし，全体的に理論的な話が中心であり，いまひとつイメージが湧かないと感じられた人もいたでしょう。知っている子どもと重なるのだろうかと疑問に思われたかもしれません。

　この章では，自閉スペクトラム症の受身性が実際にどのように現れて，問題になるのかのイメージを持ちやすいように具体的に記述します。そのためには，実際のケースを示すことが一番の近道だと思います。それも専門家目線で語られるより，子どもと一番近くで生活を共にしてきた親の視点で語られる方が良いでしょう。そこで私が行った自閉スペクトラム症の子どもを持つ親へのインタビューから1つの成長の過程を紹介したいと思います。

　私は受身性の発達について理解するために親を対象としたインタビューを計画しました。自分の子どもが受身的だと感じている保護者に協力してもらいました。当初，協力者がなかなか集まらないのではないかと懸念していましたが，思ったよりも短期間で11名の方に協力をいただけました。「周りにこの悩みを共有できる人がいなかった」とインタビューで語った母親もいて，潜在的に高いニーズがあったことがうかがえます。

　インタビューの内容は修正版グランデッドセオリーアプローチという方法で分析しました。その結果は後で触れますが〈詳細を知りたい方は松本（2015）をご覧ください〉，ここでは一人の子どもの誕生から成長のプロセスを系列的な流れに沿って記述していきます。仮に「B」と名付けますが，出版によるプライバシーの保護のため，何人かのインタビューを組み合わせたもので，内容にも若干の改変を加えています。学問的な厳密性の点で批判があるかと思いますが，ここで目的としているのは私が書いている子どものイメージを皆さんと共有することなのです。

> この節のポイント
> ・この本で扱う受身性について具体的なイメージをもってもらうため，親を対象にしたインタビューで得られた情報を，プライバシーに配慮して組み合わせ，架空の事例として報告する。

## 第2節　Bと家族の物語：出産，診断，療育，就学まで

　Bは妊娠中に問題は見られず，満期出産で生まれた男の子です。小さい頃から身体が弱く，気管支炎やRSウィルスなどで高熱を出しては，たびたび小児科を受診していました。3日間程度の入院で様子を見守る時もありました。母親はこんな小さい子どもがこれほどの高熱を出したら死んでしまうのではないかという不安でいっぱいでした。1歳半を過ぎた頃にかかりつけの小児科医より，Bが人に対する反応が鈍いこと，母親に対する後追いや分離不安が見えないことなど精神発達上の懸念を伝えられます。母親は元気に生きてくれていればいいと思って過ごしていたので，寝耳に水でした。しかし，確かに小児科で見る年齢の近い他児に比べて大人し過ぎると感じていたことが思い当たりました。そして，Bのことを注意深く見てみると，その頃のBは定期的に揺れ動くおもちゃに引き寄せられるように眺めるだけで，他のおもちゃなどに自分から手を伸ばしたり近づいていったりすることが無いことに気付きました。

　そして，Bが2歳になると病院から紹介を受けた療育機関で行われる週1回のグループ療育に通うことになります。母親はBがようやく体調を崩すことが減り，生活が落ち着き始めてきた時期でもあったため，乗り気にはなれませんでした。しかし，療育のスタッフは良い意味で強引であり，3歳から毎日療育を受けられるようにBと家族を引っ張っていきました。母親は連れてこられたという思いがまだ強かったのですが，新しい療育の初日に，「ここは障害児施設です。ここにくるということがどういうことかわかりますね」という趣旨の挨拶を聞き，ショックを受けました。それははっきりBには障害があるということを認識することでもあり，Bには特別な配慮が必要なのだ，やれることはやっていこうという覚悟が固まります。しかし，療育の効果は目に見えては現れず，母親は「意味のない頑張りをしているのではないか」という無力感に疲弊しながらも，Bのためなのだと自分を奮い立たせて必死で継続させました。母親は自分一人でBを支え続けることが難しいということに気付いていたため，児童精神科の受診や

療育相談の際など，なるべく父親も同席できるように調整しました。父親はその同席を嫌がったり，療育を受けさせることに反対をしたりはしませんでしたが，マイペースなところがあり，自分が積極的に療育に取り組むというような態度の変化は見られませんでした。

　幼稚園は一学年で20人もいない，こじんまりしていて，のびのびした教育方針のところで，小学校までの3年間を過ごしました。その時も週2回の療育を受けていましたが，物に対する興味・関心が乏しいことは続いていて，手先の不器用さも顕著でした。療育は箸や鉛筆を目的通りに動かす段階というよりも，まずはそれらを持ち続けておくことから取り組む必要がありました。そのため服のボタンを留めることもできず，一人でご飯を食べ終えることもできず，何をするにも母親をはじめとする周囲の手助けが必要でした。このように助けが必要な状態というのは，どのような子どもにも一定の期間は見られて当然でしょう。ただ，一般的には，2歳過ぎ頃から「反抗期」と呼ばれる時期が来て，人からやってもらうことを嫌がり，拙いながらも自分でやりたがるようになっていきます。ところが，Bは5歳を過ぎても自分でやりたいと思うことが少ないままでした。

　小学校進学まで残り1年になると，母親は学校に備えて，Bを椅子に座っていられるようにする必要があると考えるようになります。そこで，Bと共に1日10分〜20分間，椅子に座って可能な勉強を行います。まだ字を書くことは難しかったので，線つなぎや色塗りなど，鉛筆を使って何らかの作業をするという経験をさせていきました。母親はBがパターンの変化に弱いことはわかっていて，休む日を入れてしまうと混乱すると予想したので，お盆も正月も休むことなく根気強く続けていました。Bはそれに対して嫌だと言うことなく取り組み続けました。

> この節のポイント

- 乳児期のBは身体の弱さが親の不安の中心だったが，それにより人や物への関心の乏しさが気付かれにくかった。自分では身の回りのことができないこともあり，療育の助けを借りて母親は少しずつBができることを増やそうと奮闘し，それにBも応えた。

## 第3節　小学校入学から低学年：能力の伸びから固定化した習慣へ

　Bは地域の小学校に進学し，特別支援学級に入級します。母親との1年間毎日

続けた練習のおかげで，Bは授業時間の間ずっと座っていることができるようになっていました。そこで特別支援教室で過ごさずに，すべての時間を交流学級で過ごすことになりました。交流学級の担任の先生はベテランの先生で「支援が必要なお子さんのことはわかっていますから，大丈夫ですよ」と話し，母親は安心できると感じていたそうです。1学期はBも学校にいる間ずっとニコニコしていて，Bが困りそうな時には担任が手助けすることで上手くいっていました。夏休みに入る直前にBに妹が生まれますが，特に何かが変わった様子はありませんでした。

夏休み明けから，授業の内容が少しずつ複雑になってくると担任の手が回らなくなります。その頃のBはクラスの他の子どもと同じことをさせようと思うと，言葉での指示だけではほとんど動けず，見本などを示したり，実際に手を添えたりすることでようやく取り組むことができる状態だったからです。しかし，何をするかわからずに困っていたとしても，じっと座っていることはできたので，どうしても後回しにされることが多くなっていました。

ある日，担任が他の子どもに対応しているときに，自分の机の近くに転がってきた他の子どもの鉛筆をBが笑顔で手に取りました。なかなか返さないBに取られた子どもが怒ったため，担任教師はBを注意します。Bは注意されても，ニコニコして笑顔を崩さないため，教師は強く叱責しました。しかし，その後もBが他の子どもの鉛筆を取ることが続き，そのたびに担任は叱責していました。Bからすれば，他の子の鉛筆を取れば，担任の先生が自分のところにやってくるという理解があったのかもしれません。もしかしたら，妹ができて，自分の母親がとられるように感じていたために，自分がとる側に回った可能性もあります。ただ，その時にはそのような理解をしてもらうことはできませんでした。Bは表情は笑顔のまま崩れないし，何を聞いても理由らしいものを答えることはできなかったので，仕方がないことでもあったかもしれません。

隣の子の物を手にすることは考えようによっては，珍しくBが自分から行動に移したことだとも考えられます。そこには自分から動き出す積極性が芽生え始めた可能性がありました。しかし，それは担任には「困った行動」であり，やめさせる必要がありました。これを隠れていた自発性の芽生えと考えられない担任を責めることはできないでしょう。また，母親にとっても妹の育児に手が取られていた時期であり，「困った子ども」と担任から言い続けられることに抗うことはできず，ただ謝ることしかできませんでした。この状況で誰が「Bの気持ちも

考えてみましょうよ」と言うことができるでしょうか。
　このようにBにも母親にとっても辛い小学校生活のスタートになったこともあり，2年生からは特別支援学級に抽出して授業をしてもらいたいと母親は考えるようになりました。その年にタイミングよく転勤してきた経験豊富で熱心な先生に特別支援学級の担任をしてもらうことができました。その担任は，まず自分でできることを増やそうと考え，勉強よりも，手先の操作が上手くなるような課題を中心にしていきます。書字の練習も，大きなマスから始めて，Bが何度も修正されるのではなく，自分だけで書けたという体験ができるようにしました。その後，Bは勉強にも関心を持つようになり，小学校3年生になる頃には他の子どもと同様の教科学習と宿題を特別支援学級の中で取り組んでいけるようになります。この頃にはBは，先生や親から出される課題をこなすことに心地よさすら感じるようになっていました。そして，少しずつ交流学級で勉強に取り組む時間も増えていきました。
　しかし，わからないことがあっても，Bはニコニコしながら何も手につかなくなっているだけなので，困っているサインだと周りに理解してもらうことは難しいままでした。何を食べたいかなど日常的に頻繁に聞かれるような内容については要求も言えるようにはなってきていましたが，興味のあるものや好きな教科などを聞かれても，どう答えていいかわからないようでニコニコしていました。休み時間などの自由時間にはノートに漢字をびっしり書くことに時間を費やしてはいましたが，母親も先生もBが好きだからやっているようには見えませんでした。
　こうしてBは好きなことや意志はつかみにくいけれども，受身的で適応的な生活を送ることができるようにはなっていました。家でも決まった流れで，毎日決まったことをしないと気が済まないBが，まるで北極星のように変わらずにあり続けるものとして，妹や母親にある種の安心感を提供していました。受身性は修正すべき性質ではなく，Bの良さという意味合いを持つようになってきていました。

この節のポイント
- Bは騒がずニコニコして席に座り，指示された内容が分かれば取り組むことができる受身的な特徴を強く持つようになった。友達の鉛筆を取るという積極的な行動は，問題行動として指導の対象になったことですぐに見られなくなった。特別支援学級に抽出して指導を受けることで，できることが増えると同時に受身性も強くなっていった。

## 第4節　小学校高学年時代：気付かれなかった"いじめ"

　小学4年生を過ぎた頃から，Bは「それはこうですか？」など先生に対して確認を求める質問ができるようになります。この成長によって，さらに先生から求められることを正確に行えるようになっていき，ますます教師の承認を求めていくようになっていきます。そして，日常的な指示の理解もでき，他人に対する攻撃的な行動もなく，放っておいても自分から別のところに行ってしまうということがなかったため，Bは小学5年生から全ての時間を交流学級で過ごすことになりました。

　低学年からBの成長を促進し，支えになり続けた特別支援学級の先生は新たに入学した手のかかる子どもを担任することになり，Bの授業を見る機会が極端に減りました。これは不安なことではありますが，学校現場の中ではよく起こることでもあります。さらにいえば，Bの成長と肯定的に捉えられることでもあるでしょう。実際に母親はその支援学級の担任の先生に見捨てないで欲しい，もっとBのことを見ておいて欲しいという気持ちがありながらも，Bが成長したと自分自身に言い聞かせ，Bのさらなる成長を願って，新たな体制を受け入れました。後にそれが後悔に変わることになるのでした。

　小学5年生に進級したBは学校に行くことを嫌がる素振りも全くなく，決まった通りに学校に行き続けていました。しかし，2学期になり，運動会が終わった頃に，Bが所属しているクラスの中である女の子が不登校になりました。その子どもが学校に行きたがらない理由を聞いていくと，学校に行くとクラスのリーダー格の子どもたちによって"いじめ"の加害者になるように仕向けられるからだということがわかります。そのクラスにはBと同じようにかつて特別支援学級にいた男の子がいて，その男の子とBと他に大人しい女の子がいじめの標的になり，不登校になった女の子はいじめの直接の対象とはされていませんでしたが，そのクラスの雰囲気に耐えられなくなったようでした。いじめられていると言われていた3人がトイレ掃除などを押し付けられ続けていたり，ばい菌扱いされたり，給食に牛乳を入れられ気付かずに食べてはクスクス笑われたりしていたことがわかります。

　そこで3人に聞き取りをすることになりました。しかし，Bは「友達に嫌なことされた？」「いじめられてない？」と聞かれても答えることができませんでした。自分のことを振り返って正確に語るということができない上に，何がいじめなの

かという認識もなかったようでした。Bにとっては押し付けられた嫌な仕事も，やる必要があることをやっていただけという認識だったようです。ただ，もう一人の特別支援学級にいた子どもがされた事実に関しては正確に描写することができました。そうして他の子どもの話をいろいろと組み合わせることでBに起こっていたであろうことが明らかになりました。

母親は自分が知らないところでしばらくの期間続いていたこの事件の発覚に深く落ち込むことになります。そして，指示待ちで問題行動が少ないというBの特徴が，学校現場の中で問題ないと片付けられ，支援を引き出しにくい短所でもあることを意識するようになりました。このようなことがあっても，ニコニコして変わらずに学校に行っているBの姿によって，母親は安息のない泥沼へと突き落とされたのです。笑顔であっても辛いことがあるかもしれないわけですから，これがどれだけの心配を親に与えるか想像していただけるかと思います。学校の生活という親からは見えないところで，何か苦痛なことが起こっているのではないかということを常に疑わなければならなくなりました。

Bは6年生になってクラスと担任が変わるまでは特別支援学級で過ごすことになります。その時間ができたことで，かつての特別支援学級の担任がBに対してソーシャルスキルトレーニングを行い，Bは自分が経験していたことが「いじめだったのだ」という認識を得ることができました。6年生になると再び通常学級に戻り，そこではいじめが再発することもなく，無事に卒業をすることができました。

> この節のポイント
> - Bの受身性は一般的にいじめとみなされることでも求められれば応じるほどになっており，何があっても同じ生活パターンを繰り返していた。受身性は好ましい特徴だけではなく，周りの人に気にしてもらえないという問題となる側面もあることが見えてきた。

## 第5節　中学校時代：一人でやりたいことが何もない

Bは地域の中学校に進学し，特別支援学級には入級していましたが，ほとんどの時間を交流学級で過ごしました。勉強や宿題についても，他の子どもと同じ内容をすることができました。むしろ，やるべきことが決まっていることについては，終わらせられるとすっきりしているようにも見えます。体育祭，文化祭など

通常と違うことが入ると不安そうにはなりますが，目立ちにくい役割を与えられ，淡々とこなすことでクラスの中にも居場所のようなものがあるようでした。

　しかし，Bを間近で見ている母親には，Bが何をしたいのか，何をしたくないのかということがわからないという不安がずっと付きまとっていました。Bにとっての中学校の同級生は急に何かを働きかけてくるような存在であり，Bが関わってみたいと思えるような存在ではないように見えました。そして，小学校の頃に心配されていたことが起こってしまいます。中学1年生の3学期に，Bはいつものように休み時間に自分のノートに好きな戦国武将の名前を漢字で書いていました。それを同級生の男子生徒が見つけ，そのノートを取り上げ，何人かの友達と見せ合い，大笑いして，Bをからかうのでした。そして，Bに「薔薇」や「魑魅」などの難解な漢字を書けと強要しました。幸いなことに，小学校の頃の経験もあって，帰宅後にすぐに「バラなんて書けない」と泣きながら母親に報告することができました。

　中学になると高校以降の進路をどうするかを考えなければならない機会が多くなります。学力からすれば，普通の高校を狙うこともできました。しかし，母親にはそれがBにとって良いことなのか確信が持てないでいました。なにせBは将来に対して何の希望も言わないのです。母親は反発が強い他児を見ると大変だなあと思う一方で，明確に意思表示していることを羨ましいとすら感じます。Bが母親の期待に応えることも，母親は自分が「洗脳」してしまっているからではないかと不安になりました。母親は，特別支援学校の中等部に進学した小学校時代のBの同級生が就労に向けてデイサービスなどを活用し，母親離れ・子離れをしているのを見て，Bが地域の中学校に進学できたことが良いこととは思えなくなってきました。

　中学生の時期は「第二次反抗期」ともいわれることがあるように，親にあれこれ指示されるのを嫌がり，親に秘密のことが増えていき，自分のことは自分でしたがる年代でもあります。しかし，Bは変わらずに母親との距離が近いままでした。母親はこのことに違和感を持ち，母親離れを試みようとしますが，Bには母親と離れて自分1人で行きたいと思える場所がありませんでした。ただ，母親の用事（買物など）についていくことを嫌がり，家で留守番することを求めるようになりました。これは思春期による変化ともいえそうでしたが，結局のところ家に引きこもる傾向が強くなることで，余計に新しい刺激を受ける機会が減ることになります。母親は父親にどこかに連れて行ってくれるように頼みますが，父親

は「中学生なら親となんか出かけない」と反論し，嫌がりました。それでも依頼する母親に対して，父親は「子離れができな過ぎる」「お前が洗脳するからBは何もできなくなった」と責めました。母親は「そうするしかなかったじゃない」という言葉をぐっと飲み込み，涙をこらえて，父親に何かを期待するのは諦めるしかないと思いました。

> **この節のポイント**
> ・受身的で自分から何かを求めることのないBに対して，母親にはBを洗脳してしまったという疑念が生じる。引きこもる傾向が強まったBを外に連れ出し，母親離れさせるよう父親に求めるも拒絶され，母親がさらに責められる結果に終わった。

## 第6節　その後，青年となったB

　Bの高校進学は，迷った末に特別支援学校の高等部に進学することになりました。この選択は，勉強ができるようになるよりも，Bには自分一人で生活していったり，仕事をしたりできるスキルを学んでいく方が重要だと母親が考えたことが強く影響していました。"いじめ"の懸念がぬぐいされなかったことも，普通高校を避ける理由になっていました。高校の中で学力の高いBは，クラスでリーダー的な役割を任せられたり，勧められ生徒会に入ったりと，これまでには全く経験したことのないような役割を果たすことになりました。先生の支えもあり，その役割をこなしていくことができ，全校生徒の前でスピーチをすることもできるようになりました。

　家では，父親がテレビの野球中継に熱中して見ているのを横で見るようになります。父親は「またみんなで野球を見に行こうか」と家族に提案しました。母親はBが中学生で，妹が小学生だった頃に家族で野球のナイターを観戦した時の苦々しい経験が思い出されました。なにせ，母親には野球観戦というよりも，Bと妹を混雑した球場のトイレにかわるがわる連れていったという思い出だったのです。その中でも父親は試合に熱中してほったらかしでした。また試合が終盤になれば混雑して帰れなくなることを母親は心配する一方で，父親は最後まで見たいと主張し，口論になって，父親を置いて3人で先に帰ったのでした。父親は妹も野球に興味がないだろうしBと2人で行くと言いますが，母親は断固反対し

ます。母親からすれば，Bが野球を好きだとしても，球場に行けばほったらかしになるに決まっていると思ったのでした。それに対して父親は「どっか連れてってあげろと言うから提案したのに，そんなこと言われるならもう何も誘わないからな」と怒りました。

しかし，その後もBは父親と一緒に野球中継を見続けました。そして，ポツポツと打席に立つ選手の名前をつぶやくようになります。父親はこれまで家族の中でいつも自分が仲間外れのように感じていましたが，Bが自分と同じ趣味を持つようになるかもしれないということが嬉しくなったようです。母親に絶対にほったらかしにしないこと，ちゃんと家まで責任をもって連れて帰ってくるから行ってきても良いかと言い出しました。母親は約束を信じて，昼間の試合ならば見に行ってもいいと受け入れました。父親とBが2人で野球観戦に行くことが実現したのです。母親からすれば，途中で放置されないかと疑っていましたが，帰ってきたBの様子を見ると楽しそうでした。

その後，夏休みにどこか行きたいところはないのかと母親がBに尋ねると，Bは父親と野球観戦した際に昼食に入ったレストランにもう一度行きたいと答えました。一人で電車に乗って移動するということは初めての経験でしたが，自分でインターネットを使って道順を調べている姿に母親は挑戦させてみようと思い，一人で行かせました。予想された時間よりも帰ってくるのは遅くはありましたが，Bは誇らしげな表情を浮かべていました。

　この例は，プライバシー保護のためいくつかのケースを組み合わせて，1つの物語にまとめあげたものです。受身的な子どもといわれてイメージがしにくかった方も，想像していた以上によくある出来事ばかりだと感じられたのではないでしょうか。特にBのような受身性の強い子どもが何をしたいかわからないという状況は多くの親が体験されることなのではないかと思います。

　この物語から，子どもを育てていくにあたって，親が不安に思ったり，安心できると思ったり，そうかと思えばまた心配になったりという揺れ動きがあることも知っていただけたのではないかと思います。Bは最終的には一人で出かけることなどにも挑戦し始めていて，今後の成長が楽しみなところで終わっています。しかし，それがいくつかの幸運によって支えられていたことを知っておくことは重要でしょう。子どもに新しいことを挑戦させようとするときに，親の不安が先立って，諦めさせてしまうことだってあったかもしれません。また，他にもいろ

いろな可能性がありました。いじめが立ち直れないほどの心の傷を残したかもしれません。父親が二度と子どもと関わらなくなったかもしれません。本人が家の中だけで暮らすようになったかもしれません。この子どもと家族は決して多いとはいえなかったチャンスを活かして，子どもがやりたいことを少しずつ引き出すことができました。それでも十分に自発的かといえば疑問もあります。それだけこの問題は簡単ではないのです。

　この節のポイント

- 子どもが受身的な状態から脱却しようとする際には，家族がばらばらになるかもしれない危険な山場があった。これまでの心配からすれば，未経験なことへの挑戦は避けたくなることは自然であり，現状の打開にはヒヤッとするような危機を乗り越える必要があった。

# 第5章
# 「うちの子に受身性など関係ない」といえるのか？

　さて，この本は受身性の問題に焦点を当てることで，自閉スペクトラム症の理解と対応への新しい見方を提供しようとするわけですが，「うちの子どもには受身性は関係ない」と思われる方もいるかもしれません。本当にそうでしょうか？ここでは受身的ではなかった子どもが後から受身的になることはあるのか，自閉スペクトラム症の人の中でどれぐらいの人が受身性の問題に悩むのかという誰もが気になる内容を紹介していきたいと思います。

## 第1節　受身性は変化する：インタビューから得られた知見

　自閉スペクトラム症の対人関係の3パターンを見出したウィングは，このパターンが時間の経過とともに変化していったり，相手によって変わったりすると言っています。つまり，「孤立」や「積極奇異」グループに特徴的な振る舞いをしていた子どもも受身的になることがあると考えられていたのです。しかし，そこではどう人が受身的になっていくのかについては述べられていません。

### 1　インタビューの実施と分析方法の特徴

　そこで私は受身性が生じてくるプロセスを知るために，自閉スペクトラム症の子どもを持ち，その子どもが受身的だと感じている親にインタビューを行いました（第4章はその一部です）。11名の方に協力していただきました（協力者の属性は表5-1の通りです）。親にインタビューを行った理由は，本人では思い出して語ることが難しい幼少期からの情報が得られることと，親と子どもの相互作用（やりとり）も知ることができるというメリットからです。親を対象とすることで，問題ないと軽視されがちな受身的な子どもの親が，どれほど人知れぬ苦悩を抱えてきたかを教えてもらうこともできました。

　インタビューは語ってもらった内容を分析しまとめる必要があります。ここでは人と人との相互作用の分析に適したインタビューの分析方法である「M-GTA（修正版グラウンデッドセオリーアプローチ）」（木下，1999）を採用しています。

表 5-1 インタビュー協力者と対象児の属性

| 仮名 | 性 | 年齢 | 診断 | 直近の検査の IQ/DQ | 現在の学校 | インタビュー協力者 |
|---|---|---|---|---|---|---|
| C | 女 | 10 | 自閉症 | 50（DQ） | 地域小の特別支援学級 | 母親 |
| D | 男 | 13 | 広汎性発達障害 | 62（DQ） | 地域中の特別支援学級 | 母親 |
| E | 女 | 10 | 広汎性発達障害 | 知的な遅れなし | 地域小の通常の学級 | 母親 |
| F | 男 | 7 | アスペルガー障害 | 124（DQ） | 地域小の通常の学級 | 母親 |
| G | 男 | 9 | 広汎性発達障害 | 知的な遅れなし | 地域小の通常の学級 | 父親 |
| H | 男 | 12 | 広汎性発達障害 | 25～28（DQ） | 地域小の特別支援学級 | 母親 |
| I | 男 | 8 | 広汎性発達障害 | 50～53（DQ） | 地域小の特別支援学級 | 母親・父親 |
| J | 男 | 9 | 広汎性発達障害 | 95（IQ） | 地域小の通常の学級 | 母親 |
| K | 男 | 10 | 自閉症 | 78～79（DQ） | 地域小の特別支援学級 | 母親 |
| L | 男 | 17 | 広汎性発達障害 | 軽度の遅滞 | 特別支援学校高等部 | 母親 |

注：家族構成はプライバシー保護のため詳述を避けるがCさん以外は第一子，Jくん以外は夫婦ともに健在。検査の指数が無い欄や指数に幅のある欄については詳細な数字を忘却していた人である。

この分析が発見する理論は，「間違いなくこれが真実です」という性質ではなく，「私がインタビューを取った人の範囲の中ではこのようなプロセスが見えましたが皆さんどうですか？」といった性質のもので，机上の空論ではなく，なるべく生活している環境に即して活用できる理論づくりを目指します。それが確かかどうかは，その状況で生活している人が説得力を感じるかどうか，利用できるかどうか次第だと考えられています。つまり，読者の皆さまが検証者であり，その理論の修正者でもあるということです。

## 2 インタビューの結果

その分析によって受身性が固定化していくプロセスは図 5-1 のようだと考えられました。受身性が固定化していった子どもは左下の【支援への受身的な状態】に留まります。それぞれ書かれていることがどのような意味で，具体的にはどのようなエピソードから導きだされたかは表 5-2 をご参照ください。ここからは，インタビューの分析から見出された概念名であることを明確にするため，カテゴリーは【 】で，概念は「 」で表記し，どちらも下線を引いています。

すべての概念を説明していくと長くなってしまうので，得られた知見の特徴だけ紹介します。まず重要なのは，子どもが受身的になる，つまり【支援への受身的な状態】に至る流れが 2 方向あるということです。自閉スペクトラム症と診断

される子どもには，親が思っていることが子どもに伝わらないと同時に，子どもが何を求めているのかを親がわかってあげられないという【相互に無力な状態】があります。これが診断や療育を求める動機になると考えられます。療育などの助けを得て，親が子どもにわかりやすく伝える，必要な支援をしてあげることができるようになります。すると，子どもが親の支援を受け入れ，【支援への受身的な状態】に至るわけですが，それによって身の回りのことなどがスムーズにできるようになります。つまり，この方向で受身的になることは成長や発達とみなすことができます。

　しかし，雲型の領域で囲まれた【意志か社会性かの揺れ動き】の中で起こるプロセス（次の節で詳細に紹介します）では，自分でできることが増えて，自発的な行動も出てきますが，それが一般的に受け入れられる行動でないために修正の対象となり，【支援への受身的な状態】に戻ってしまうのです。できなかったことができるように変化したために，これまで必要なかったような指導や指示が必要になり，その結果，子どもが自分でやろうとしなくなり受身性に至ってしまいます。つまり，この方向で受身的になることは成長の停滞，後戻りとみなすことができます。

　以上から，成長の印としての受身と，成長の停滞としての受身があることがわかりました。また，子どもの成長が彼ら自身を受身性に舞い戻してしまう逆風を強めてしまうこともあるようでした。現時点で受身的ではない子どもが，この先もずっと受身性と無関係でいるという保証はないのです。マイペースで周囲にお構いなしに行動していた子どもでも，いつかのタイミングで周囲の期待を強く意識するようになり，それに固執して自分の意志を消してしまうことが出てくるかもしれません。第14章で紹介する青年の事例は，高校生頃からそれが顕著になってきた事例といえます。

> この節のポイント

　・受身性を持つ子どもの親を対象としたインタビューにより，指示や支援を受け入れられるようになる成長としての受身と，できることが増えるからこそ生じる受身という2つの方向の変化があり，現時点で受身的でない子どもも成長の過程で受身的になりえることが明らかになった。

## 第2節 「できるようになる＝受身になる」という独特さ

### 1 意志か社会性かの揺れ動きという特徴

　前節で触れた，できるようになるからこそ受身的になるというのは，【意志か社会性かの揺れ動き】という，自閉スペクトラム症に独特なプロセスです。そもそも自閉スペクトラム症の「できなさ」は，純粋に身体の機能が足らないというようなものではなく，人からの指示に従って行うことができない，周りに合わせて行うことができないといった性質のものが多いといえます。そのため「できる」経験は周囲に合わせてできることを意味する場合が多いわけですが，そこに【やるけどやらされてる感】が生じるという特徴があることがわかりました。宿題をするけど嫌々やっていたり，友達と一緒にいるのも楽しそうには見えなかったりするのです。その上，「絵を描く授業の時に他の子が犬描いたらって言ったら犬を描く」など相手がさせようとする意図がそれほど強くないことでも影響されてしまう「相手の発言が自分の意見」という状態もあります。さらに自分の意志や相手の指示からの影響よりも，一度決まった手順や規則の方に影響を受ける「規則を遂行したい強迫」と呼ぶ状態もあります。すると親には「無理やりさせているのではないか」という思いが生じ，子どもができるようになったことを喜びにくくなります。

　本当に嫌だと思っていることと，少し嫌だけどやってもいいと思っていることが区別できれば，周囲も続けさせるか，やめさせるかの判断をしやすいでしょう。しかし，自閉スペクトラム症を抱える子どもは，その特性ゆえに【少し遠い意志表現】になります。やりたかったことや嫌だったことをその場で言わない「当時の思いを後から言う」や，「見る人が見ればわかる気持ち」によって気持ちを表現するため，どう感じているかがわかりにくいのです。さらに，自分からやり始めた行動や「自分がこうしたい」という意志表示が，一般的に受け入れられないことである場合もあります。親は子どもがやりたがっているからといって社会的に望まれないことをさせていいのか，逆に嫌がっているからといってやめさせてよいのかと不安になり【社会的望ましさのため聞かれない思い】の状態に至ります。例えば，勉強や宿題などの学業，適切な服を着る，風呂に入るなどの生活習慣，ゲームやテレビを一定時間内に収めて抑制することなどは，子どもが嫌がってもさせることが望ましいとされる代表的なものでしょう。このように子どもが自分の意志で行動しようとする傾向が出てくると，それに付随して，社会性を身に着けさせるためにこちらの言う通りにさせないといけない状況も多くなってしまうのです。

さらに事態を複雑にするのが「身体症状はストレスか？」という不安に満ちた状態です。インタビューの対象児に，発熱，腹痛，嘔吐などの一般的な体調不良（頻繁に見られる）や，アレルギー，じんましん，帯状疱疹，チック，無食欲など

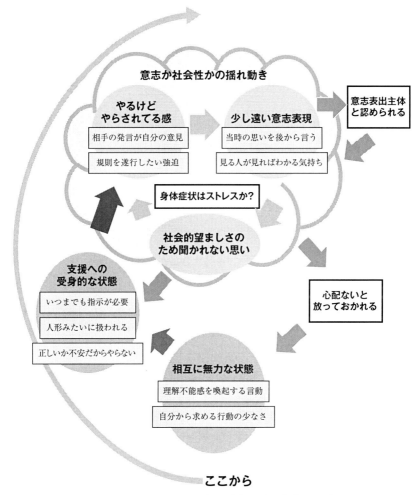

図 5-1　自閉スペクトラム症の受身性が固定化する流れ

（概念間の関係を図示したもの。中心カテゴリーは雲形，カテゴリーは円，概念は四角で囲われている。概念間の移行過程は矢印で示す。時系列としては真下から始まり，時計回りに展開していく中で，左下部に停滞することが受身性の固定化する流れを示す。逆に右上部への移行は受身性から脱却する流れを示す）

表 5-2　M-GTA によって得られた概念とカテゴリー

| カテゴリー名（下線）／<br>概念名（一文字下がり） | 定義 |
|---|---|
| ⑪相互に無力な状態 | 自分の意志を適切な方法で伝えられず，相手も何をして欲しいかわからず身動きが取れない状態。 |
| 　④理解不能感を喚起する言動 | 子どもは自分から何らかの行動を起こしているが，相手はそれが何を求めているのかわからない。 |
| 　⑨自分から求める行動の少なさ | 子どもの自発的な行動が少なく，何かをしたいという動機・欲求が乏しいように見える。 |
| 支援への受身的な状態 | 相手側が積極的な支援をして子どもを適切に動かそうとして，子どもはそれなしでは動けない。 |
| 　③いつまでも指示が必要 | 子どもの能力的な問題のために，一人で行動を完遂できず，相手の言葉かけが必要になる。 |
| 　⑤人形みたいに扱われる | 相手が思い通りに動かそうとすることに，子どもが拒否をせずに完全に受け入れる。 |
| 　⑭正しいか不安だからやらない | 子どもは場に適しているのか，良い出来なのかどうかが心配で行動に移さない。 |
| 意志か社会性かの揺れ動き | 子どもの意志が尊重されることと，社会的に望ましい状態に育てるために指示に従わせることとの間の葛藤が起こる。 |
| ②やるけどやらされてる感 | 子どもが相手の要求や期待に合わせて行動するが，強制されてしているという疑念を相手が持つ。 |
| 　⑧相手の発言が自分の意見 | 相手の強制する意図のない何気ない言動に左右されやすく，相手からすれば本人の意志か疑念がある。 |
| 　⑩規則を遂行したい強迫 | 子どもがやりたいというより，やると決まっていることは，決まった通りにやりきらないと気が済まない。 |
| 少し遠い意志表現 | 本人の表現が上手くなるが直接的ではないため，相手も気持ちを理解でき始めているが苦労する。 |
| 　⑬当時の思いを後から言う | 子どもが当時に表現できなかった気持ち・辛さを後から話せることで相手も理解することができる。 |
| 　⑮見る人が見ればわかる気持ち | 子どもの意志表示が関係深い人が注意深く気を配れば理解できるが，そうでない人にはわからない状態。 |
| ①社会的望ましさのため聞かれない思い | 子どもが意志表示の行動をするが，相手が社会的に望ましい状態を優先して受け入れられなくなる。 |
| 　⑥身体症状はストレスか？ | 子どもに現れる身体症状をストレス・疲労・我慢のサインではないかと相手が考える。 |
| 　⑦心配ないと放っておかれる | 子どもの問題行動の少なさから関心や支援が得にくく，子どもが抱えている困難を相手が理解できない。 |
| 　⑫意志表出主体と認められる | 子どもが相手に対して自己表現や積極的な姿を見せるようになり，相手もそれを尊重することができる。 |

注．カテゴリー名／概念名の前の数字は分析過程で概念が生成された順番を示す。また，M-GTA は概念の説明力を重視するため，各概念内の具体例の度数分布や割合を重視しないが，データや分析手順をイメージしやすくするため

表 5-2　M-GTA によって得られた概念とカテゴリー（つづき）

| 具体例の一例 | 該当数 |
|---|---|
| 自分でこんなんしたいとかあれほしいとか言ってこなかったんで，そういう環境を作ってあげられてなかったってすごい感じてます（C） | 9<br>60% |
| 机とかに叩いたりとか（頭を打ち付ける仕草），鉛筆をがーってもってこうやったりとかありましたね。そんなんもあっておかしいなと思って（J） | 16<br>80% |
| おもちゃがあっても手が伸びないところが精神面でも何かあるのか気付いたきっかけでした・・・動かない，欲求をださない子（L） | 14<br>80% |
| （オープンコーディング時にはなく，下の3概念を包含するために作成されたカテゴリーのため，具体例はない） | |
| もう何かするたびに声掛けをして，もう全部そのご飯食べますよってことから，お風呂入りますよ，お着換えしますよ。全部声掛けして（Iの母親） | 18<br>50% |
| 帰ってご飯食べて，お風呂，寝るって，全部してあげるのが，小学校入るまでは何もできないのが普通なんだろうと思ってて，違うと後で気づいて（K） | 15<br>80% |
| 授業中に何ページやりなさいって指示がでたときに，何ページだよね，何ページだよねって確認するって聞いています（E） | 10<br>50% |
| （オープンコーディング時にはなく，下の3カテゴリーと身体症状はストレスか？の1概念を包含するために作成された中心カテゴリー） | |
| 洗脳とは言いませんけどね，それをこう私は，それでいいと思って言ってるのか，嫌だけどお母さんが言うからなのかが，ちょっと見えにくいですね（D） | 14<br>80% |
| こっちが聞いて，想像したことを入れてしまうと混ざっちゃって余計わからなくなる・・・こうだったん違うって言うと話が流されていく（K） | 12<br>80% |
| 学校では勉強するものって思ってるみたいで，決められてたらそのまんま，国語の時間やったら国語をやるっていうのは嫌って言わないみたい（H） | 15<br>60% |
| （オープンコーディング時にはなく，下の2概念を包含するために作成されたカテゴリーのため，具体例はない） | |
| 後からあんなことしたくなかったって言うんですけど・・・次の日とかじゃなくて，何カ月も経ってからですよ。こっちは忘れてるんですよ（Iの父親） | 8<br>60% |
| 待つことができない。何かで埋めたい。だから待ってる間にゲームするとか，違うことする。だから誤解，わかってるけど誤解しちゃいますね。（F） | 6<br>50% |
| 事故が怖かったんで。頑張ってスイミングだけは行きましょうって引っ張って，もうやめたいって言ってたけどそれだけはけつ叩いてたんですね。（G） | 14<br>80% |
| 最近チック（まばたき）ですね。特にね，何か自分が伝えたいことがあるときに，言葉はぽんぽん出てこないですけども，そういうときね（F） | 12<br>80% |
| 担任だけで大丈夫でしょってみたいな感じになってしまって，いじめ事件があったときに，もう一人大人の目があればちょっと早く気づけたのかな（D） | 11<br>60% |
| C自身が変わったか，こっちの余裕がでてきたのか。これがやりたいって言うなら，させてあげようかなって思えるようになってきたっていう（C） | 21<br>80% |

「該当数」の列に記述する。その下段の数字は該当児の割合である。

の症状があることが報告されました。多くは子どもが言葉で表現できないストレスの兆候と考えられ，誰かが守らないといけない必要性として親は理解していました。だからといって，何か症状を訴えれば子どもの思い通りにさせていいのかも親として悩ましいところです。つまり，このような状態は，子どもが辛そうなので要求を聞けば甘すぎるのではないかと親を不安にさせ，もう少し頑張れるはずと頑張らせれば子どもの気持ちを聞かないひどい親のような後悔を生じさせます。「したくないの？って聞いてあげたいけど，したくないっていう選択肢を与えてしまったら，せっかくノートの前に座れたのにって思うから聞いてあげられない」と話す母親もいました。これはどうしたって解決できない悩みであり続けるでしょう。

## 2　定型発達の子どもや他の障害の子どもと比較した受身性の特徴

「子どもの受身性」と聞いてイメージしやすいのは，子どもにできないことがあり，それを手助けしているうちに助けなしでは何もしなくなったというプロセスでしょう。身体障害など他の障害を抱えた子どもは，特に「できなさ」から受身性が生じると考えられがちです。羅（2004）は重度身体障害者の支援において，「できない」体験が繰り返される中で限定された状況での「できる」体験に移行していくことの重要性を主張しています。「できない」体験が受身性を強める一方で，困難がある中でも自分で「できる」体験が出てくることが喜びと共に能動感を高めると考えられるのです。

このように定型発達の子どもや他の障害の子どもが何かを「できるようになる」ことは周囲からも望ましいと思われることです。しかし，自閉スペクトラム症を抱える子どもが「できるようになる」のは，周囲の指示を聞ける，周囲と同じように振る舞える，暗黙の了解が分かるといった受身的な性質があることを忘れてはいけません。「できる」「できない」という目線だけで見て，「できる」を目指させる限り，私たちは自閉スペクトラム症を抱える子どもに受身的にさせる圧力を与えているのです。そして，その圧力に子どもが反発した時に「おっ，積極的になってきた」と喜ぶよりは，「やはりこの子は自閉スペクトラム症だから，マイペースなんだ」という落ち込みに支配されてしまいます。できる−できないではなく，子どもの動機があるかどうかという視点が重要なのです。

これは自閉スペクトラム症の症状を心の理論など社会的な認知能力の問題以前の社会的動機（social motivation）の問題として見る最近の考え（Chevallier ら，2012）とも重なります。外から見れば好きな行動に見えても，自分の動機に基づ

いて行動していないのかもしれません。自閉スペクトラム症の当事者である東田(2007)が『自閉症の僕が跳びはねる理由』という感動的な本の中で、「好きなことといわれても探すのが大変です。いつも使っているおもちゃや本があればそれで遊びます。でも、それは自分の好きなことではなくて、できることなのです。(中略)それを見て、みんなこれがしたいんだと思うのです」と書いています。私たちは彼らの動機といった外からは見つけにくい、主観的な感覚から学びとらないといけない段階にきているようです。

> この節のポイント
> ・自閉スペクトラム症は周囲の期待に応じられないといった社会性の障害が基盤にあるため、「できるようになる」＝「受身的になる」が支援の中で目指されやすい。ある行動をとれるようになっても、本人のやりたいという動機からでなくやらされているように見えることもある。解決の糸口は本人の思いを知ることにある。

## 第3節　受身的な自閉スペクトラム症を抱える子どもはどのぐらいいるのか？

インタビューは成長に応じた変化の流れや母親の思いを知るという点では大きな利点がありますが、「あくまでインタビューに答えた人に限った話でしょ」という疑問はどうしても生じてきます。ここまで扱われてきたような受身性が自閉スペクトラム症を抱える人の中でどのぐらい生じるのかを知るためには、さらに多くの人に尋ねてみる必要があります。そこで役に立つのが質問紙調査です。私は自閉スペクトラム症の子どもを持つ保護者を対象に調査を行い、101名の方より有効回答を得ることができました。

### 1　自閉スペクトラム症の受身性を測定する尺度（PASAS）作成の経緯

質問紙調査をしようにも、自閉スペクトラム症の受身性を測定する尺度は十分なものがありません。第3章でWSQ（質問紙でウィングの3分類を行うもの）も紹介しましたが、受身性は「孤立」と「積極奇異」の間ぐらいにしか思われておらず、不十分でした。そこで私は自閉スペクトラム症の受身性を測定する尺度（passivity scale of autistic spectrum disorder：以下「PASAS（パサスと読む）」

とする）を作成しました。PASASの質問項目は，インタビューで得られたエピソードや先行研究を参考にして，考案しました。回答者は親を主に想定しており，普段の子どもの様子にどれぐらい当てはまるか5件法「1：全く当てはまらない，2：あまり当てはまらない，3：どちらともいえない，4：やや当てはまる，5：よく当てはまる」にて回答してもらいます。得点（「5：よく当てはまる」なら5点）が高いほど自閉スペクトラム症の受身性が高くなるように作られています。私が作った尺度が妥当かどうかを判断するために，すでに信頼性・妥当性が認められてる他の尺度との関連を調べるなどさまざまな側面から検討し，表5-3に掲載した16項目で構成するのが妥当だろうと判断しました〈具体的には松本（2016）にて報告しています〉。

　表5-3には因子分析という統計的な分析の結果を載せています。因子分析と聞くと難しくて読みたくなくなってしまうかもしれませんが，簡単に言えばカフェオレがコーヒーとミルクでできていることを発見するための分析です。カフェオレにとってはコーヒーとミルクが因子であり，それを知ることによって，「このカフェオレはコーヒーが多めだ」などと考えられますから，カフェオレという知りたい内容をより詳細に理解し，わかりやすく説明できるようになるのです。

　その結果，自閉スペクトラム症の受身性は，「突出しない自己」「他者の言動への過剰意識と癒着」「支援への泥沼的な依存」の3つの因子から成り立っていると考えられました。それぞれの因子の特徴については図5-2をご参照ください。そこに各因子の平均点も載せていますので，良かったら表5-3にあるPASASに回答してみてもらい，各因子の得点を出してみてください。その子どもの受身性が高いかどうか，どの因子が特に高いのかなどがわかっていただけると思います。PASASは研究としての使用だけでなく，このようにチェックリストとして活用してもらいたいと考えています。

## 2　質問紙調査の協力者の中での受身性の該当率

　さて，このように作成されたPASASから，自閉スペクトラム症の中に受身的な子どもはどの程度いるのかを見てみましょう。それぞれの質問項目への回答で「1：全く当てはまらない」「2：あまり当てはまらない」「3：どちらともいえない」の3つを選んだ場合もわずかに受身的ということはあるかもしれませんが，ここでは「4：やや当てはまる」「5：よく当てはまる」と回答した人は子どもが受身的だと考えることにしてみます（その割合を該当率として表5-3に載せてい

## 表 5-3 PASAS の因子分析結果（最尤法，プロマックス回転）と各群の該当率 [a]

| No. | 項目 | 因子負荷量 F1 | F2 | F3 | CF[b] | ASD[c]群 該当率 4 | 5 | TD[d]群 該当率 4 | 5 |
|---|---|---|---|---|---|---|---|---|---|
| **F1：突出しない自己** ($\omega$ 係数 = 0.88) | | | | | | | | | |
| 4 | 自分の思っていることや感じていることを自分から口にしたり態度に示したりしない | 0.98 | -0.44 | 0.06 | 0.59 | 20.80 | 10.90 | 15.70 | 5.60 |
| 10 | 人から指示されることには嫌と言わずに従おうとする | 0.56 | 0.33 | -0.11 | 0.76 | 23.80 | 9.90 | 19.40 | 3.70 |
| 7 | 人から遊びなどに誘われると，言われるままに応じようとする | 0.52 | 0.23 | 0.03 | 0.71 | 27.70 | 5.00 | 26.90 | 8.30 |
| 3 | 「あることができるためなら嫌なことでも頑張れる」というほど好きなことがない | 0.50 | -0.03 | -0.05 | 0.41 | 15.80 | 8.90 | 15.70 | 8.30 |
| 5 | 人から指示があるまで，動かずにぼんやりしている | 0.47 | 0.03 | 0.25 | 0.57 | 34.70 | 13.90 | 15.70 | 7.40 |
| 21 | 選択肢からの選び方が，自分がやりたい気持ちから選んでいないようだ | 0.46 | 0.14 | 0.00 | 0.53 | 24.80 | 5.90 | 9.30 | 0.90 |
| 17 | 好きなことをしていい自由な時間でも，何をしたらいいのか決められない | 0.46 | 0.16 | 0.22 | 0.63 | 22.80 | 12.90 | 6.50 | 1.90 |
| 13 | 一般的に子どもの関心を引くような物（おもちゃ・ゲームなど）があっても，自分から手に取らない | 0.41 | 0.11 | -0.09 | 0.45 | 18.80 | 4.00 | 4.60 | 0.90 |
| **F2：他者の言動への過剰意識と癒着** ($\omega$ 係数 = 0.80) | | | | | | | | | |
| 18 | わかっていることのはずなのに何度もしつこく合っているかどうか聞いてきて，先に進まない | -0.23 | 0.69 | 0.29 | 0.49 | 32.70 | 10.90 | 10.20 | 0.90 |
| 12 | 自分の実際の体験よりも相手から言われた内容に影響されて，相手の言っていることが事実かのようになることがある | -0.11 | 0.59 | 0.02 | 0.46 | 29.70 | 8.90 | 10.20 | 1.90 |
| 9 | 誰かと一緒にいるとその人の意見にいつの間にか飲み込まれて，自分の意見が消えていることがある | 0.40 | 0.57 | -0.18 | 0.81 | 34.70 | 9.90 | 20.40 | 2.80 |
| 6 | 人からの何気ない提案であっても，「やらなければならないこと」と思い込むことがある | 0.26 | 0.52 | -0.11 | 0.69 | 34.70 | 12.90 | 18.50 | 2.80 |
| 16 | 自分に直接向けられていない人の気持ちでさえも気にして，それに合わせて自分の行動を変えることがある | 0.21 | 0.36 | -0.05 | 0.50 | 26.70 | 11.90 | 24.10 | 4.60 |
| **F3：支援への泥沼的な依存** ($\omega$ 係数 = 0.62) | | | | | | | | | |
| 20 | 自分が困った状況になる前から，他の人に助けてもらうことがある | 0.07 | 0.15 | 0.65 | 0.89 | 27.70 | 9.90 | 18.50 | 2.80 |
| 8 | 自分でできるはずの日常的な動作（着替え，学校の準備など）でも，自分一人ではしない | -0.08 | -0.12 | 0.60 | 0.44 | 23.80 | 4.00 | 10.20 | 0.90 |
| 2 | 何かに取り組むときに，誰かに「そうだよ」や「合っているよ」など声をかけられないと最後までやり終えない | 0.18 | 0.21 | 0.36 | 0.43 | 33.70 | 6.90 | 13.90 | 3.70 |

| 右上欄が下位尺度間相関（**. p < .01, *. p < .05） | | | |
|---|---|---|---|
| 左下欄が因子間相関 | F1 | -0.55** | 0.37** |
| | F2 | 0.52 | -0.38** |
| | F3 | 0.26 | 0.38 | - |

a) 各質問項目に，「4：やや当てはまる」「5：よく当てはまる」と回答した割合（％）
b) CF 列の値は，確認的因子分析における当該因子への因子負荷量を示す。
c) 自閉スペクトラム症
d) 定型発達

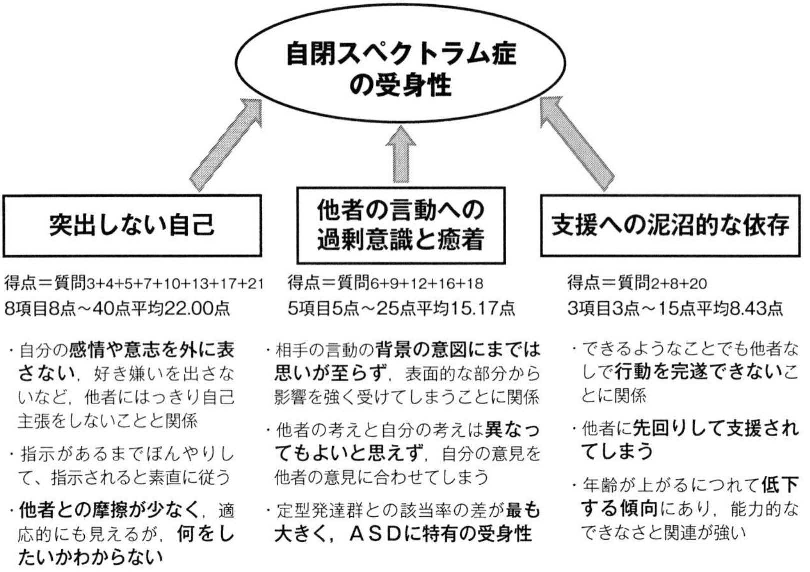

```
                    ┌─────────────────┐
                    │ 自閉スペクトラム症 │
                    │   の受身性       │
                    └─────────────────┘
                      ↑      ↑      ↑
```

| 突出しない自己 | 他者の言動への過剰意識と癒着 | 支援への泥沼的な依存 |
|---|---|---|
| 得点＝質問3+4+5+7+10+13+17+21<br>8項目8点〜40点平均22.00点 | 得点＝質問6+9+12+16+18<br>5項目5点〜25点平均15.17点 | 得点＝質問2+8+20<br>3項目3点〜15点平均8.43点 |
| ・自分の**感情や意志を外に表さない**，好き嫌いを出さないなど，他者にはっきり自己主張をしないことと関係 | ・相手の言動の**背景の意図にまでは思いが至らず**，表面的な部分から影響を強く受けてしまうことに関係 | ・できるようなことでも他者なしで**行動を完遂できない**ことに関係 |
| ・指示があるまでぼんやりして、指示されると素直に従う | ・他者の考えと自分の考えは**異なってもよいと思えず**，自分の意見を他者の意見に合わせてしまう | ・他者に**先回りして支援されてしまう** |
| ・**他者との摩擦が少なく**，適応的にも見えるが，**何をしたいかわからない** | ・定型発達群との該当率の差が**最も大きく，ASDに特有の受身性** | ・年齢が上がるにつれて**低下する傾向**にあり，能力的なできなさと関連が強い |

図 5-2　PASASから得られた自閉スペクトラム症の受身性の構成

ます）。すると，どの質問項目についても30%〜40%ぐらいの該当率がありました。ある質問項目だけは4，5を付けたけど，他の項目は該当しないという人もいるでしょうから，一概にここからだけ判断することは難しいでしょうが，3割ぐらいの人が受身性を抱えていると見積もることができそうです。これは先行研究（Wing & Attwood, 1987；Castelloe & Dawson, 1993）において3分の1程度いるとされた結果とも重なっています。比較のために同じ質問紙を定型発達の子どもの保護者（約100名）に回答してもらいましたが，該当率は低いものでした。PASASで測定される受身性は自閉スペクトラム症を抱える子どもに特に多いことがわかります。

　一般的な感覚としては3割もいないように思えるかもしれませんが，質問紙回答者より「この調査によって我が子の受身性を意識し，考えさせられました」という記述が3件あったことから，PASASを用いて注目してみれば意識していなかった受身性に気付く人は多いのかもしれません。

### この節のポイント

・約100名の方の協力をしていただいた質問紙調査より，「自閉スペクトラム

症の受身性を測定する尺度（PASAS）」を作成し，「突出しない自己」「他者の言動への過剰意識と癒着」「支援への泥沼的な依存」の3つの因子から成り立っていると考えられた。質問項目への該当率から自閉スペクトラム症の3割程度の子どもに受身性があると推測される。

## 第4節　どのような人が受身的になりやすいのか？

　3割程度の人が多かれ少なかれ受身性を抱えるとしたら，どのような人がなりやすいのでしょうか。この質問紙調査からわかってきたことを見ていきたいと思います。

### 1　第一子かどうか

　インタビュー調査に協力していただいた11名の方は1名を除いて，すべて第一子でした。ここから第一子は受身的になりやすいのかという仮説が考えられますが，PASASの結果では第一子の方が高い傾向にはありますが，有意な差はありませんでした（統計的には第一子が受身的になりやすいことは結論づけられない）。しかし，山根（2013）も発達障害児・者を持つ親のストレッサー尺度を用いた質問紙調査を行い，子どもが第一子であることが「理解・対応の困難」と「障害認識の葛藤」を高めるという結果を報告しています。一人目の子どもであることで，親もしっかり子育てしないといけないというプレッシャーを抱えることが予想されるため，子どもが受身的になりやすい傾向はあるのかもしれません。

### 2　性別

　もともと自閉スペクトラム症は1：4ぐらいの割合で男児の方が多く診断されることがわかっています。この質問紙調査も男児80人，女児21人でしたので，一般的な傾向とほぼ同じ男女比で回答が得られているといえます。PASASの結果としては，わずかに女児の方が平均値が高いとはいえますが，有意な差は見られませんでした。受身性に男女差は乏しいといえます。

### 3　知的障害の程度

　質問紙調査にて正確なIQの回答を得ることが困難だと判断したため，療育手帳の等級を尋ねています。「支援への受身的な依存」に関しては知的な障害の重

いと高くなる傾向が見られましたが，これも有意な差が見られませんでした。学校別の平均値の差を検討してみると，「支援への泥沼的な依存」においてのみ，小学生と中学生・高校生の間の平均値に有意な差が見られ，年齢が上がるにつれて「支援への泥沼的な依存」は減っていく傾向があることがわかりました。この因子については，知的な能力が増し，学年が上がると減っていくと考えられます。

一方で，「他者の言動への過剰意識と癒着」尺度は中学生では下がるけれども，高校生では高くなっており，年齢が高くなるとより顕著になる傾向があるのかもしれません。「突出しない自己」尺度では年齢による変化はほとんど見られませんでした。

先行研究では受身グループのIQの平均値が他の2グループの中間の数値だったという結果が得られていることからも（Castelloeら，1993），知的な障害が重いから受身的になるという説明や，逆に知的な障害がないから受身的になるという説明はできないようです。

このように顕著になる時期の差を考慮すれば，PASASの3下位尺度が単一の受身性を測定していると考えることは無理があるかもしれません。自閉スペクトラム症の受身性にはいくつかの水準を想定した方が良いようです。第2節の結果との関連を考えれば，「支援への泥沼的な依存」尺度が子どもの能力的な難しさと関連が深く，「他者の言動への過剰意識と癒着」尺度は周囲が求めることができるようになったゆえの受身性といえそうです。

## 4　受身的になる時期の違い

インタビューの協力者の子ども全員が幼少期から受身性が見られていましたが，途中から受身的になる子どもとは何か違いがあるのでしょうか。質問紙調査の中で受身的になる時期を尋ねたところ，「幼少期からずっと見られていた」が60名，「小学校入学頃から見られ始めた」が17名，「小学校高学年から見られ始めた」が8名，「この1年ぐらいに見られ始めた」が3名でした（ずっと見られていなかったは7名でした）。それぞれでPASASの3因子の平均値の有意差は見られず，途中から受身性が見られるようになった子どもの方が受身性が弱いということも，強いということもいえないという結果が得られました。性別，第一子かどうかによる違いも見られず，この研究では受身性が生じる時期に違いが生じる要因についてはわかりませんでした。

> この節のポイント
> ・第一子・女性であることが受身的になりやすい傾向は見られたが，有意な違いは確認されておらず，どのような人が受身的になりやすいかは明確になっていない。年齢が上がると減る傾向にある受身もあれば，増す傾向にある受身もあり，単純には考えられない。

## 第5節　結局のところ受身性は良いのか悪いのか？

　質問紙に使われる尺度は，「何点以上だと問題である」や「何点以下は要注意」などといった基準を作っているものもあります。PASASも尺度であるからには，それが何点以上ならば問題なのかがわかると使いやすいとは思います。もちろんPASASの得点が高いということは，受身性の問題がある可能性が高いと考えられますので，図5-2を用いて平均値との比較をしてみてください。ただ，今回の研究からはPASASにそのような基準値を設定することはできませんでした。そもそも受身性の高い低いということはあっても，「受身性障害」といった診断はありません。「うつ傾向」と「うつ病」を分ける精神医学的な基準はありますが，受身性にはないのです。

　また，私は自閉スペクトラム症の受身性を定義する上で問題となるものだけでなく，肯定的なものも含めたわけですから，どこからが肯定的で，どこからが問題かということは，より検討が必要です。第1節で述べたインタビューの結果からは，指示や支援を受け入れられるようになる成長としての受身と，できることが増えるからこそ生じてしまう受身があることがわかりました。PASASについても，ある一時点の得点からのみで受身性の問題の有無を決めることは困難だと考えられます。例えば，全く他者に反応しなかった子どもや，自分のやりたいこと，言いたいことを抑えられなかった子どもからすれば，PASASの受身性得点が高くなることは適応的な変化の証拠と見なされるでしょう。もちろん以前からずっとPASASの得点が高くなるような状態が続いているのだとすれば，自分から動き出せる面がどれほどあるのか心配だと見なすことはできます。つまり，PASASの数値が何かを決定づけるというわけではなく，その数値をそれぞれの子どもがこれまで生きてきた文脈の中で考えていく視点が重要です。さらに，子ども自身が自分の状態についてどのように感じているのかも知っていく必要があるでしょう。

受身性を良いと考えるか悪いと考えるかは子ども側の要因だけでなく，周囲の人への影響という点でも考える必要があります。ある母親は，子どもを人形のように支援し続けていた状態を「麻痺していた」と述べ，そこから自分でやらせるように考えを変えた経緯について，「しんどさの底にいくまでこの状況を変えようと考えないんじゃないかな。たぶん私の場合は1人(夫は死別)なので早かった」と話しました。子どもの受身性が良くないと思うようになる変化は，どん底のような自分の限界と八方塞がりの体験をするまで起こらなかったわけです。逆にいえば，子どもが受身的だと問題ないように見えるため，子どもの本当のできなさに向き合わないで済むともいえます。子どもの受身性は，親が子どもの障害について悲嘆にくれることから守ってくれる側面もあるようです。そのため受身性は問題だから早くなくせばいいと単純には言うことはできません。逆に，4章では，Bが小学校高学年の時に成長したから心配ないと放っておかれることで，被害を気付かれないままいじめを受け続けてしまったことがありました。支援を引き出しにくいことは受身性のデメリットであるため，この点では受身性はなくすべきものと考えられます。時と場合によって，良いものか悪いものなのかを判断する必要があるといえます。

> **この節のポイント**
>
> ・自閉スペクトラム症の受身性は，好ましい・成長としての受身性と，問題として考えられる苦痛な受身性があり，どの子どもも受身的になる可能性はあるが，それが良いか悪いかは子どもごとに，時と場合に応じて判断していく必要がある。

# 第6章

# 受身性の3水準モデルと「自分」の生まれ方

## 第1節　結局，受身性はどこから生じるのか？

　ここまで，以前は軽視されていた自閉スペクトラム症の受身性が，実は問題となる可能性があることを示してきました。そして，子どもが受身的であるがゆえの親子の相互作用の特質や，親の苦悩なども少し明確にできたかと思います。ただし，まだまだ疑問は多く残されています。その中でも一番大きいのは，受身性は何が原因だったのだろうかという根本的な問いです。

　ウィングの3パターンも成長していく過程で別のパターンに変動することや，前章でも途中から受身的になる子どもの存在が示されたことから，受身性が生まれつきの特徴とするには無理があります。もちろん，生得的に何らかの要因があり，それがある環境的な刺激を受ける中で表に出てくるという考えもできるわけですが，その要因とは何なのでしょうか。知的な能力だけで説明できるという仮説もあまり芳しくないようです。インタビュー調査，PASASによる質問紙調査の結果は，自閉スペクトラム症の受身性を単一のものと考えること自体に検討の余地があるといったものでした。特に好ましい・成長として考えられる受身性と発達の停滞と考えられる受身性があったわけですから，受身性自体にいくつかの水準があると考えた方が良いのでしょう。

　周りの人から見ればできるようになったという変化のように見えるけれども，本人がやりたいという意志をもっているかわからないことが，自閉スペクトラム症の受身性の特徴だと指摘してきました。本人がある行動をしたとしても，自分の動機によって動かされたものなのかがわからないのです。これは行動を引き起こす自分という感覚，言い換えれば「自己感」の問題といえます。自分が置かれた状況に合わせて振る舞うけれども，そこには自分がやっているという自己感がないため，本人がいつまでも主体的に取り組むことにつながりません。PASASの第1因子も「突出しない自己」と名付けることが妥当に思えるような内容であり，「自己」「自分」を出せない問題が想定されています。自閉スペクトラム症の受身性の問題は，自己感の乏しさ，もっと日常的な言葉でいえば「自分がない」「自

分が見えない」ことの問題と考えられるのです。

> この節のポイント
> ・これまでの私の調査から，受身性はいくつかの水準から成り立つものと考えられるが，その原因は「自己感の問題」「自分がない」「自分が見えない」こととして考えることができる。

## 第2節 「空の自己」概念と自己感の乏しさ

　受身性が自己感の問題だというのは拍子抜けするような結論です。なぜなら，自閉スペクトラム症の自己の問題は，これまでにも検討されてきており，受身性だけの問題ではないからです。自閉スペクトラム症の特徴を心の理論の障害，全体的統合の弱さ，実行機能の障害，という3つで説明したフリスは（第2章で解説しています），その3つの理論をまとめあげるための概念として「空の自己」という仮説を立てています。これらの3つの特徴が，トップダウン型のコントロールの主体となる統括的な自己がない（空の自己）として説明できると考えたのです。
　例えば，全体的統合の弱さは，司令塔としての自己があれば，部分的でまとまりのない感覚を統合して，全体としてのまとまりを体験しようとするはずです。注意を向けているものを続けるか辞めるかを判断することも統括的自己の仕事ですから，それがあれば実行機能も適切に働くことになります。さらに，自己を持つとは，自分について自覚的に気付ける部分を持つということでもあり，同様に他者の心の中にもその人自身の自己が存在していると想定できるため，心の理論を獲得することにもつながります。このように自分の中心となる自己がないことで，自分の目に入った細部にこだわり，集団が求める振る舞いそっちのけで，マイペースな行動をやめることができなくなるという自閉スペクトラム症に特有の振る舞いが見られるようになると考えられます。このように統括的な自己の不在は受身的な状態以外の問題行動も説明するものなのです。しかし，フリスも自閉スペクトラム症を抱える人がこの自己を全く持たないのか，眠っているだけで何かのきっかけで目覚めるのかを明言はしていません。この自己，自己感は変化するものと考えているようですが，どのように発達するのかも曖昧です。まだまだ検討が必要な領域なのです。
　ところで，統括的な自己がない状態というのはどういう状態でしょうか。私た

ちはそれがあるのが当たり前と考えてしまいがちで，自己がない状態を想像しにくいと思います。例えば，ある子どもが椅子から立ち上がって移動するのを見たとします。ほとんどの場合，その子がどこかに行きたいと思って自分の身体に立ち上がるよう命令したのであって，その子どもに責任があると周囲は考えるでしょう。しかし，自閉スペクトラム症を抱える子どもが自分で自分をコントロールができないとすれば，「その子どもが悪い」と片づけて良いのでしょうか。

この体験は私たちにはイメージしにくいわけですから，それを知るには当事者の体験を聞くことが不可欠です。最近では当事者による多くの自伝やエッセイが出版されるようになってきていますが，特に東田直樹（2007）はこの体験を以下のようにイメージしやすいように書いてくれています。

　　僕たちは自分の体さえ自分の思い通りにならなくて，じっとしていることも，言われた通りに動くこともできず，まるで不良品のロボットを運転しているようなものです。（中略）僕たちを見かけだけで判断しないで下さい。(p30)
　　僕自身はあまり時間やスケジュールを視覚的に表示することは，好きではありません。それで落ち着くように見えても，実際はしばられているだけで，本人はすべての行動を決められている，ロボットみたいだと思うのです。(p136)

他にも印象的な記述は挙げればきりがありませんが，いかに周囲の情報やこだわりに振り回され，自分でコントロールできないロボットのように感じることが辛いかがよく伝わってきます。「何で何度言っても，椅子に座っていられないの」などと叱られることが，自分も止められない，自分の知らない罪で罰せられるような傷つきになっていることがわかります。また，時間や手順に関する視覚支援に関しても，役に立つことは間違いありませんが，本人の中では「自分で自分のことをコントロールできないんだなあ」という落胆につながっていることも教えてくれています。

自閉スペクトラム症を抱える全ての人がこのように自分の辛さについて話をしてくれるなら，この自分を統括する自己を持てない辛さは広く知られているはずです。しかし，自閉スペクトラム症はコミュニケーションの障害なわけですから，人に語ること，特に他人がイメージ可能な文章で思いを伝えることが難しいのです。東田の本は，イギリスの作家であるデイビッド・ミッチェル（David Mitchell）によって翻訳され，世界20か国以上で出版されていますが，その理

由は東田の稀有な表現力がミッチェルを感動させたからです。自閉スペクトラム症を抱える息子がいるミッチェルは，東田の本を読んで，これまでわからなかった自分の息子の声を聞けたような気がしたことを，「君が僕の息子について教えてくれたこと」というNHKのドキュメンタリー番組の中で語っています。私たちは自閉スペクトラム症を抱える人が実際に何を体験しているのかをもっともっと聞かせてもらうことが必要です。

> この節のポイント
> ・受身性の原因として自己感の乏しさが考えられるが，これはそもそも自閉スペクトラム症の心の盲目，全体的統合の弱さ，実行機能の障害の基盤にあると考えられてきていた。その辛さは自閉スペクトラム症を抱える人の体験を知ることが不可欠である。

## 第3節 「自分がない」の水準：隠れている？本当にない？

　ここまでインタビューや質問紙による調査を行って，すでに言われてきている「自分がない」，「自己感の問題」としてしか結論付けられないのならば，これまでの調査は無意味だったのでしょうか。私は自閉スペクトラム症の受身性が単一のものではなく，いくつかの水準があると考えられることが重要だと考えています。そのように考えれば，「自分がない」ことや自己感にも水準があるかもしれません。

### 1　一般的に想定される自分がない子どもの例

　自分がないように見える子どもは，自閉スペクトラム症ではない子どもの中にもたくさんいます。ある男の子は親の私立中学校に入学して欲しいという期待を受け，受験をしようとします。他の子のように遊びたい気持ちはありましたが，親に「受験どうするの？　するよね？」と聞かれると「受験する」と答えます。しかし，自分の中にその気持ちが強くあるわけではないので，勉強も成果にそれほどつながりません。親は「自分が受験したいと言ったのだから，もっとやる気を出せ」と怒りますが，その時は神妙な顔をしても，結局のところ勉強に力は入りません。なんとか志望校に合格はしますが，成績に価値を置く校風の中で，彼は成績が悪いため存在自体を軽んじられ，他の子から馬鹿にされるようになっていきます。次第に「お母さんとお父さんが望むからこの中学に入ったけど，その

せいで辛い思いばかりだ。僕の人生はめちゃくちゃになった」と言い始めます。親としては，自分から受験をしたいと言ったはずなのに今さら受験させられたと言い出すなんて，なんて自分のない子どもだと思うでしょう。

　今も昔もこのような子どもはいたでしょう。自分のなさの問題は子どもだけではありません。自閉スペクトラム症を抱える子どもの親も，相談を受けている専門家の助言を絶対的なものと感じて，その通りに子育てを行わなければと思うことがあります。自分が子どもと実際に接していて思うことや，してあげたいことがあっても，専門家に言われた通りにするために自分を飲み込まないといけないと思うのです。自分が自分の思っている通りに生きるのは当たり前のようで，とても難しいことです。

## 2　自分が隠れているのではなく，本当にないという水準：志向性の問題

　ここで考えさせられるのは「自分がない」という現象が，本当に「自分がない」のか，あるけれども見えないところに隠れているのかという水準の違いです。上で挙げた私立中学受験の子どもの例は，親の期待に合わせて自分を曲げさせられたということを意識しています。抑え込んで，隠れてしまってはいるけれども，自分の存在があると考えられます。しかし，隠れているわけではなく，本当に「自分がない」という水準もあるようなのです。

　それを考えるにあたって，ホブソン（Hobson, 1993）の議論が参考になります[注8]。ホブソンは「心」を主観的な経験を持ち，かつ態度や情緒のように自身の心以外の対象に向けられる志向性（intentionality）を持つものと考えました。私はこの志向性を自己の基盤となる重要な性質と考えています。ホブソンは自閉スペクトラム症を抱える子どもがこの志向性に困難を抱えていると考えたのです。

　志向性は自分から出ている矢印のようなもので，「注意」をイメージすると理解しやすいでしょう。注意は志向性を構成する重要な要素で，普段はあまり意識

---

注8）　ホブソンは，自閉スペクトラム症の原因を認知の障害か情動の障害かの2分法で考えるのではなく，知覚・認知・意志・感情などが分化する前の「対人関係性」の問題と考えることを提起しました。この対人関係性は，いろいろな人との対人関係を成り立たせる前提となるような力です。ある人はお母さんとは冷淡な関係だけれども，友達とは情愛深く親しい対人関係を築くかもしれません。「対人関係」というのはペアとなる相手によってさまざまな特徴を持つものですが，対照的に「対人関係性」とは，相手の特徴とはあまり関係ない，その人自身が持っている性質なのです。対人関係性を人と人との交流が「心」を持った存在同士による相互の関わりとして体験できることと考え，「心」の性質に考えを巡らせました。

しないかもしれませんが方向性のある心的な機能です。私たちは360度すべてに注意を向けることはできず，だいたいは一カ所に向けられます。教科書の字を読んでいるときには前に立っている先生の顔は見えません。また，カクテルパーティ効果といわれるように，私たちはさまざまな音に囲まれている中でも，話をしている相手の声だけに注意を向け，その声を聞き取ることができます。他の音が音量としては大きくても，注意を振り分けないことでその音に邪魔されないようにできるのです。あるところには向いていて，別のところには向いていないという性質が志向性の特徴です。

これが困難な自閉スペクトラム症を抱える子どもは，授業中でも遠くから聞こえる飛行機や救急車のサイレンの音，空調の「ゴー」という音がどうしても耳に入ってきて，自分の注意の向きが簡単に乱されます。また，志向性の乏しさのために，周囲もどこに子どもの注意が向いているかわかりにくく感じられます。聞いていないと思っていたら聞いていたり，聞いていると思ったら聞いていなかったりする子どももいるでしょう。これがその子どもを理解しにくいと感じさせるのです。

私はこの志向性がない状態というのが「本当に自分がない」という水準の状態だと考えています。志向性はあるが自己感は隠れてしまっている水準よりも深刻なものとして，自己感も志向性もないという水準があるのです。「電車が好きなのが私だ」という自己感を持つには，それ以前に自分がたくさん電車を見ていること，自分の志向性が電車に向いていると気付くことが必要です。ミニカーや石をずっと並べているからといって，自閉スペクトラム症を抱える子どもが自分がそれをしているという感覚を持っているとは限りません。私たちが電車に乗って車窓からぼんやり風景を眺めていて，後で何を見ていたか説明できないのと同じことです。「見ていたんだから，覚えているでしょ。行動に責任を持ちなさい」と誰かに言われても困ってしまいます。そうだとすると，この水準にいる人に対して，「もっと自分を出しなさい」と求めても，彼らは隠しているわけでもないのですから，途方に暮れてしまうことでしょう。

> この節のポイント
> ・自閉スペクトラム症を抱える人は，自分の態度や注意が向いている方向である志向性が乏しい。「自分がない」には，自身の志向性には気付きながらもそれが隠れてしまっている水準と，自分の志向性すらない水準がある。

## 第4節　脳科学が教えてくれる「自分」の生まれ方

### 1　「自分がある」こそが幻かもしれない

　私たちも気になるあの子をついつい目で追っているけど，人から指摘されるまで気付かないということが青春の甘酸っぱい思い出としてあるわけですから，自分の志向性に気付かないことは珍しくはありません。自閉スペクトラム症を抱える人はそれがとても多いということなのでしょう。しかし，近年の脳神経科学では，さらに衝撃的なことに，私たちが「自分という中心がいる」と当たり前のように考えること自体が虚像かもしれないとすらいわれています（ガザニガGazzaniga, 2011）。草むらでガサガサっと音がしたときに，私たちは「蛇かと思ったから飛び跳ねた」と思いがちです。意識的な判断が先にあって，行動はそれに従って起こるものと考えるのが自然です。しかし，ガザニガは私たちの脳が意識を生じさせるより早く，行動を起こしている証拠を多く出しており，判断する自分という存在は幻のように後から作り出されたものだといっています。

　脳はそれぞれの場所に専門の働きをする部署（モジュールと呼ばれる）を持ち，それらが横並びの関係で働き続けていることがわかっています。その中に自己を生じさせるモジュールがありそうなものですが，脳のどこを探しても各部署を統轄する社長のような部分の存在は今のところ認められていないのです。意識や自己に実体はないのに，なぜか浮かび上がってきます。脳のそれぞれの部分によるさまざまな働きから自己や意識が生じるというのは，「1 + 1 = 太陽」というような全く成り立たない計算のような神秘的[注9]なものなのです。

　意識や自己は実体がないからといって，無意味と片づけないのが人間の人間たる理由なのでしょう。社会や文化も，人間が何人か集まったときに形成される実体のないものですが，私たちに確かな影響を与えるのと同じことです。脳のさまざまな働きから生じた実体のない意識が，次は脳に影響を与えるようになるのです。それでも私たちは自分が自分の行動を決めている，自分の人生を決定づけているのは自分だと思うことを諦めようとはしません。ガザニガは意識や自己は，2つ以上の脳，つまり2人以上の人がいなければ生じなかったはずだと論じています。私たちは自分の意識に影響を及ぼす他の人の意識があるからこそ，「自分」

---

注9）　小さなものが寄せあつまった時に，そもそもの物の性質の合計では全く予想できないような働きを持つことを「創発」と言います。それぞれは単純な働きをする小さな脳細胞の集まりから意識や自己という複雑な機構が出現することは，まさに創発のなせる業です。

を持つ必要性が生じるのです。自分一人で生きているなら，自分がなぜそのような行動をしたのかを考える必要はありません。このように自分を持つというのは当たり前のことではなく，私たちがそれを何とかして作り上げてきたのだと脳科学は思い出させてくれました。

## 2　自分はどうやって生じるのか：感覚と身体の大切さ

　ガザニガが主に論じている自己や意識は，「自分がこう」と言葉で説明できるようなもので，言語的な自己が中心なようです。精神分析の領域に発達研究の進歩を取り入れることに多大な貢献をしたスターン（Stern, 1985）は，言葉として表現される以前の乳児の自己感（sense of self）の発達を検討しています。一般的に自己感としてイメージされる「言語自己感」の段階に至るには，「新生自己感」「中核的自己感」「主観的自己感」という3つの段階を経るとしています[注10]。ここで興味深いのは，ダマシオ（Damasio, 2010）という脳科学者も自己が生じるプロセスを脳科学から描き出しているのですが，その考えとスターンの考えに共通点があることです。ダマシオは自己を「原自己（protoself）」・「中核自己（core self）」・「自伝的自己（autobiographical self）」に分けています。中核自己という用語が重なっているのも興味深いのですが，私はそれ以前の段階の説明にある類似点が，自閉スペクトラム症を抱える人の自己感の発達を考える上で役に立つと考えています。

　その類似点は最初の自己感が生じるためには，子どもの身体状態や感覚といった内部の状態が重視されているということです。例えば，いま手元に水があれば，それを飲んでみて下さい。口や舌でその存在を感じ，ごくんという喉の感覚を感じ，おなかの中にじんわりと広がっていくような感覚がすると思います。目で水が減ったことを見てもいるでしょうし，チャポンという音を聞いているかもしれません。しかし，それだけではありません。椅子に座っていればお尻で椅子の硬さを感じているでしょうし，足も床に触れている感覚があるでしょうし，水以外にも見えるもの，聞こえるもの，匂ってくるものがあるでしょう。このような無

---

注10）　新生自己感は生後2カ月頃までの自分という感覚のまとまり（organization）が新たに生まれつつある過程の感覚を指しています。そして，その過程で発動性・一貫性・情動性・歴史性を自分が変わらずにもっているという感覚が生じたものを中核自己感（sense of a core self）と呼んでいます。その後，9カ月頃から自分にも他者にも主観的な心理状態（感情，動機，意図）があり，それらが間主観的に関わり合う主観的自己感というような状態に至ると想定しています。

数の感覚の洪水の中から一瞬だけ顔をのぞかせる感覚が意識の芽生えであり,「最早期の自分」という感覚を生じさせるのです（これが志向性の最初の形といえます）。浮かんでは移りゆく儚い自己が，まとまりをもった自分という中核自己を生じさせるのは，さまざまなパターンで繰り返される自分の身体の状態（感覚）の変化が，「前と似ている」「これを知っている」という感情を生じさせた時だと考えられています。無数の感覚の中から一等賞を取った感覚が，何度も出てくるなあという気付きが，後の自己となるのです。

　私たちは身体を自分の願いを叶えるための道具として軽んじる傾向にありますが，自己感は身体によって作られているのです。ダマシオはオーケストラの例を挙げ，人間の原初的な状態では，指揮者（自己）がいてオーケストラ（身体）が演奏されるのではなく，それぞれの楽器が音を奏で始めているうちに指揮者が登場してくると説明しています。感覚が自分のものとしてまとまっていき，「前にもこれ経験したなあ」という感情が生じることが中核自己なわけですが，これは自分の中に生じつつある志向性に気付いていく段階と対応しています。

### 3　感覚統合療法や臨床動作法の利点

　自閉スペクトラム症の療育の中で，日本では主に作業療法士が提供している感覚統合療法いうものがあります（例えば，佐藤，2008など）。これはいろいろな感覚[注11]をうまくまとめて整理することができないことが落ち着きのなさや，感覚過敏・感覚の鈍さ,動作の協調性の問題（不器用さ）につながると考えています。実際には子どものやりたいと思えるような遊びを通して，さまざまな感覚に気付けるように，身体を上手く動かせるように支援していくのです。この感覚統合の考えは，身体の感覚を通して生じる原初的な自己感が自閉スペクトラム症を抱える子どもの場合は上手くいっていない可能性を示しているといえるでしょう。

　また，自閉スペクトラム症の子どもに身体を介したアプローチとして，日本固有の方法で成瀬悟策が創始した臨床動作法という療法もあります（成瀬，1984）。自分で自分の体を緩めたり，適切な立ち姿勢を維持したりするのですが，そこでは自分の意図や努力が重視されます。そこに気付けるようにセラピストが介入するのです。このような身体を使った活動を通して自分の感覚に焦点を当てられる

---

注11)　ここでいう感覚とは，一般的によく知られる視覚，聴覚，嗅覚，味覚，触覚に加えて，筋肉・腱・関節などへの力のかかり具合を感じる固有受容覚と平衡感覚を感じる前庭感覚なども含まれています。

ようにしていく支援は，自身の志向性への気付きともつながるわけなので，脳科学的にも理にかなった訓練といえるでしょう。

　先ほど脳科学の中で他者が存在しなければ自己は発達する必要もなかったとする考えを紹介しましたが，発達研究でも自己感の発達に他者との関係を重視する考えがあります。トレバーセンらは「自己意識」は「自他意識」であると述べ，自己感そのものに他者との関わりが不可欠であることを示しています（Aitken & Trevarthen, 1997）。また，フォナギーら（Fonagy et al., 1991）は，自分の心を観察する機能として，「内省する自己機能（reflective-self function）」という概念を提唱しました。自己の心を観察する機能は，まず他者の心を観察して，他者から観察される自分の心に気付くことからもたらされると考えられており，自己の理解と他者の理解はどちらか一方だけ進むということはないので，後の論文では単に「内省機能」（Fonagy & Target, 1997）と呼ばれるようになりました。しかし，これらの考えは自分と他者がそれぞれ別々の存在として意志や感情を有していることに重きが置かれており，少し発達した自己感と考えられます。新生自己感や原自己といった原初的な水準では身体的・感覚的な水準が重要だといえるでしょうから，それぞれの自己感の水準によって望ましい対応は異なると考えられます。

　これらの研究は自己感には水準があり，それは同時に志向性にも水準があることを教えてくれます。ここで自己感の水準は志向性の水準と対応させて整理してみます（表6-1）。自分を自分でコントロールすることに困難を抱えがちな自閉スペクトラム症の受身性には，このような志向性がどのような水準にあるのかを考えることが重要といえます。

> **この節のポイント**
> ・最近の脳科学の発展によって，自己は生まれつき備わっていないことがわかっている。原初的な自己感は感覚から生じ，その後で無数に経験される感覚から「これ知っている」という感情により（志向性に気付くこと），中核自己感という次の水準の自己感が生じると考えられる。その点で感覚統合療法や臨床動作法の意義は大きい。

## 第5節　受身性の3水準モデル：1つの地図として

　ここまで自己感に水準があり，それは志向性との関連で整理ができると示して

表6-1　志向性と自己感の水準の対応関係

| 志向性の水準 | スターン（1985） | ダマシオ（2010） |
|---|---|---|
| 1 志向性が生じる段階 | 新生自己感 | 原自己 |
| 2 志向性に気付けるようになる段階 | 中核自己感 | 中核自己 |
| 3 志向性を客観的に意味付けられる段階 | 言語自己感 | 自伝的自己 |

きました。ここで第1部のまとめとして，自閉スペクトラム症の受身性について検討してきた知見を統合し，現時点でのモデルを構成してみたいと思います。

　この本では受身性を適応的な状態から問題となる状態まで含んだ幅広い状態像として定義しました。それにより異なる水準の受身性が一語の中に含まれていることがわかりました。ある時点では必要な受身性も，発達の過程の中では不必要となっていくことがあり，同じ受身性でも不適切と考えられる場合もあることがわかりました。そのため受身性は必ずしも問題ではなく，現時点での子どもがどんな段階にいるのかを把握することで，必要な受身なのか，問題な受身なのかを見分けることができると考えられます。その段階を考えるにあたって，自己感の水準，志向性の水準と関連させることが役に立ちます（図6-1にまとめています）。このモデルを子どもの状態を把握するための地図のように活用してもらえればと思います。

## 1　まとまりを得るための受身

　発達研究や脳科学の進歩は，人が当たり前のように持っているとされる自分の志向性がない状態もあるということを明らかにしました。自分の身体も自分の思った通りに動かしていると感じられないような，ぼんやりとした状態があるのです。本人も何をしたいのか，何をして欲しいのかがわからないような水準です。そこには養育者が積極的に関わって，子どもが必要な行動をとれるようにしていくことが求められます。自分の意志と自分の身体，自分の手と自分の口，自分の足と自分の手などさまざまな部分がまとまりをもって束ねられることが必要です。そこで自分の感覚が自分のものであると気付けるようになるのです。これを第1水準の受身性として『まとまりを得るための受身』と呼びたいと思います。これはインタビューで得られた【相互に無力な状態】から【支援への受身的な状態】へと至るプロセスとして説明できます。本人が意志を持った行動をせず，親などの他者も何をして欲しいのかわからない状態からすれば，親の働きかけによって

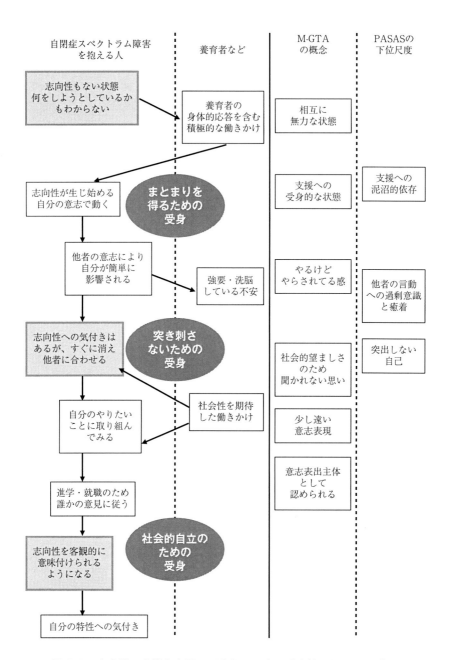

図 6-1 志向性の水準と自閉スペクトラム症の受身性に関するモデル

状況に合わせた行動ができるようになることは肯定的に捉えられます。この点では成長としての受身性です。ここから自分の意志に基づいて行動することが増えていけば受身性から脱却していくでしょうが，自閉スペクトラム症を抱える人の多くは，親の支援に依存して，そこからなかなか脱却できなくなります。これはPASASでいう「支援への泥沼的な依存」の状態といえる状態に至ります。ここに長く留まって抜けられないとしたら，問題となる受身性といえます。

## 2 突き刺さないための受身

　自閉スペクトラム症を抱える人でも，次第に志向性を持ち，自分の動機によって行動するようになっていきます。しかし，自分が喜んでしたいと思っているように見えなという特徴があり，嫌々ながらに周囲に合わせてやっているように見える【やるけどやらされてる感】の状態になります。子どもは自分の主張を誰かにぶつけたりすることも控え，誰かの言動が自分の意志かのように振る舞うために，養育者は本人を成長させているのか，嫌なことを強要しているのかわからない葛藤が生じます。これを第2水準の受身性と考え，『突き刺さないための受身』と呼びます。この状態はインタビューで得られた「相手の発言が自分の意見」の状態で，PASASでも「他者の言動への過剰意識と癒着」の状態として見られました。自分勝手なことをせずに，他者が求めていることに応じられるという点では必要な受身性といえます。その反面，PASASで得られた「突出しない自己」のように，自分の好きなことを求めたり，嫌いなことを拒否したりすることができない状態であり続けるとしたら問題となる受身性といえます。

## 3 社会的自立のための受身

　自分の動機によって行動しているという経験の蓄積から，自身の志向性への気付きが増してきます。しかし，自分自身がやりたいことへの気付きは，自分の身体が思った通りに動かせないという気付きにもつながり，他の人に比べて自分は上手くいかないと感じることにも至ります。これは苦痛ではありますが，自分という存在を客観的に，社会の一員として見るということにもつながります。時期的に思春期青年期の社会的自立のプレッシャーが加われば，自閉スペクトラム症を抱える人は大きく動揺することになります。これは第1部ではあまり明らかにできませんでしたが，第2部の青年の事例では問題の中核になります。そのような社会的な自立に対して，どのような選択肢があるかもわからない場合が多いた

め，何らかの意志は持てていたとしても，それを行動に移す前に他者の提案に従おうとすることが出てきます。これを受身性の第3水準として『**社会的自立のための受身**』と呼びます。誰かの提案を受け入れやすく，それを試してみようとする真面目さがあることは，経験を積みやすくなるため肯定的に働く場合が多く，その点では必要な受身性です。自分が誰かに頼らなければ上手くできない部分があるという感覚を自分の障害特性として，客観的に位置付けることにもつながり，適切な自己理解が得られるとともに，他者に自身の特徴を理解してもらえる可能性に開かれるでしょう。しかし，親など他者の言う通りに従うことで，自分で決めることの不安を持たないようにして，自分の志向性への気付きを放棄しようとする場合もあります。社会的な自立が進んでいるように見えて，受身性が強まっているだけだとしたら，問題のある受身性といえるかもしれません。

　このようなモデルは現時点での子どもの状態を理解し，受身性が必要なのか問題なのかを把握する地図としては役に立ちそうです。しかし，本人が何を感じているのかは十分にわかっていません。例えば『**突き刺さないための受身**』において，子どもが自分のやりたいと思う動機そのものを失わせるのは，何を感じているからなのでしょう。そこで第2部では，自閉スペクトラム症を抱える人の体験に迫るために心理療法の実践を通した知見を示したいと思います。

> この節のポイント
> ・受身性の水準と自己感や志向性の水準と関連させて考えると，『**まとまりを得るための受身**』，『**突き刺さないための受身**』，『**社会的自立のための受身**』の3水準あると考えるのが妥当である。それぞれの受身には成長と考えられる場合と問題と考えられる場合があり，このモデルを地図として一人ひとりの状態に即して考えることが有用である。

## 第6節　「他者」と「自分」のバランスの問題という結論：自閉の利点と脳の多様性という視点

　受身性が良いのか悪いのかを考え始めると，自閉スペクトラム症そのものも良いのか悪いのかという疑問が頭に浮かびます。「疾患」や「障害」と考えられるときには，それは取り除かれるべきもので，そこから回復するのが望ましいと考

えられがちです。この考えが，親が自分の子どもが自閉スペクトラム症とわかった時に，持つべきではない特性を持って生まれてしまったと絶望する要因でもあるでしょう。しかし，自閉スペクトラム症を抱える人が，定型発達の多くの人が気付かないような方法で物事を見て，新しいものを作るという創造性があることはこれまでにも注目されています。

　自閉スペクトラム症を抱える人が驚くべき能力を持っている場合があることは，サヴァン症候群や「イディオ・サヴァン」といった呼び方で知られています。まるで写真のような精密な絵を描く美術的な才能や，電車の時刻表をすべて頭に入れているような驚異的な暗記力，10年後の今日が何曜日かを一瞬で言い当てたりできる計算能力といったものがあることが知られています。「イディオ・サヴァン」は，イディオ（idiot）という「馬鹿者」「白痴」という差別的な意味の言葉に，「天才」「学者」といった意味のサヴァン（savant）がくっついた言葉で，知的な能力やコミュニケーション能力が欠けている代わりに輝かしい能力が存在すると考えられています。石坂（2014）は，ニュートンをはじめとした数学者たちや，日本では「裸の大将」で有名な山下清をサヴァンとして紹介しています。

　サヴァンには「自閉スペクトラム症には悪いところもあるんだけれども，それと引き換えに良いところもあるよ」といったニュアンスがあり，それは定型発達を基本に考え，そこからのズレが強調されたものでもあります。しかし，近年では，自閉スペクトラム症も定型発達と並ぶ1つのあり方だという「脳の多様性（ニューロダイバーシティ）neurodiversity」という考えが出てきています。シルバーマン（Silbrman, 2015）というアメリカのジャーナリストは，自閉スペクトラム症が近年増えてきていること，特にインテル，アップル，GoogleといったIT関連企業でにぎわうシリコンバレーに多いことを紹介し，自閉を抱える人による多大な貢献が現代社会にあることに目を向けています。自閉スペクトラム症を抱える人がプログラミングのエンジニアなどとして類まれな発明をしてきたのです。脳の多様性の考えからは，自閉スペクトラム症は自然界のミスによって生じてしまった淘汰されるべき特質なのではなく，人類の遺伝的遺産の重要な一部としてとらえるべきだと提案されています。定型発達の人が慣習に従うためにやらないようなやり方で彼らは物事と関わるために革新的な発見ができたのです。彼らの「他者が見えない」状態が私たちの生活をより豊かにしてくれた側面があるといえます。

　この「他者が見えない」状態を特徴とした自閉スペクトラム症を取り除くべ

き，不快な性質として理解すれば，受身的になるということは進展であり，目指すべきゴールのように思えます。しかし，自閉スペクトラム症が他の人がしないような見方や考え方をしたり，周りからの目を気にせずに自分の興味関心にエネルギーを注げたりするという強みを持つことを考えると，受身的にさせるということはその強みも失わせる危険性があります。指示を聞かないことは，驚異的な集中力のために必要なことなのかもしれません。パニックや乱暴な行動は，子どもが感じていること，大切にしていることを知るための大切なヒントなのかもしれません。

　社会性の乏しさや指示に従って動くことの難しさを解消できたと思ったことが，「自分が見えない」状態といった別の問題を生じさせたり，潜在していた強みを失わせたりしているかもしれないという事実は，悲しいほど皮肉なものです。私は受身性研究から，自閉スペクトラム症は「他者が見えない」障害ではなく，「他者が見えない」状態と「自分が見えない」状態のバランスを取ることが難しいと考えた方がよいと思うようになりました。そうしなければ，「自分が見えない」状態を目指させ，そうなれない子どもは苦しみ，そうなれる子どもは自分を失っていくことになってしまいます。

　これは親だけの責任ではなく，社会全体に「普通」と違うものに対して許容できない雰囲気が蔓延してきているせいかもしれません。私がインタビューなどで会った親の多くは，子どもの行動に困っている側面もありましたが，社会の中でやっていける子どもにしなければならないというプレッシャーを強く感じていました。周りに迷惑をかけないように，変に思われないようにということが悩みの種だったように思います。第二次世界大戦中のナチスでは，ユダヤ人だけでなく，障害を抱える人も劣等遺伝子と見なされ，妊娠出産ができないようにされたり，生かしているお金が他の人の生活を圧迫するといった理由で殺されたりしていました（Silbrman, 2015）。現代にも，社会全体に弱いもの，違うものを認めない風潮があり，私たち自身も潜在的にいつ自分が排除される側に回るのかとヒヤヒヤしているのかもしれません。そこでは弱いもの，違うものを攻撃することが自分を守るために必要とされてしまいます。そうだとすると，自閉スペクトラム症の支援は，究極的には私たち自身の支援でもあるし，人が自分と違う誰かの存在を排除せず，その声に耳を傾けるといった思いやりと健全な好奇心を広げていくことなのでしょう。

　子どもの精神分析的セラピストであるバートラムは，特別なニーズを持つ子ど

もが生まれるというのは親にとって，イタリアに旅行することを夢見て楽しみにしてきた人が到着してみたらオランダだったようなものだと紹介しています（Bartram, 2005）。周りの人はイタリアこそが素晴らしいと言っているし，本人としてもイタリアでなかった悲しみは消えることはありません。しかし，イタリアでなかったことを悲しんで人生を送ることで，オランダにある特別で素敵なものを楽しめなくなってしまいます。私は自分の子どもが自閉スペクトラム症を抱えていたことをポジティブにとらえましょうと言いたいわけではありません。そこには大きな悲しみや苦しみ，望んでいた未来が消えてしまったかのような喪失感はあるのです。この辛さから学んでいくことで，子どもが自分自身のことを知り，親が子どもについて知っていくことが可能となり，それが子どもの素敵な特徴に気付くというプレゼントをもたらしてくれるのだと思います。私はそこに心理療法が力になれるという実感を持ったわけですが，そのことを第2部で示していきます。

> **この節のポイント**
> ・受身性研究から自閉スペクトラム症は「他者が見えない」障害ではなく，「他者が見えない」状態と「自分が見えない」状態のバランスの難しさと考えられる。「他者が見えない」状態だけを問題とする風潮の中には，自閉スペクトラム症を脳の多様性の考えにあるような人間社会を豊かにしてくれる特質の一つとしてみなさずに，取り除くべきものとする考えがあり，それが受身的になることが良いという雰囲気を作り出しているかもしれない。

# 第 2 部

# 自閉スペクトラム症を抱える人に心理療法ができること

# 第7章
# 健全なコミュニケーションと自分と他者のバランス：精神分析的心理療法の考えから

## 第1節　自閉スペクトラム症を抱える人の主観的な体験を知る方法

　自閉スペクトラム症の受身性にとって，自分が自分自身に気付いていくことが重要だとわかりましたが，周囲がどう支援することができるでしょうか。「こういう風にしたらいいよ」「こうしてみたら」といった教育的なアプローチは，子どもをさらに受身的にしてしまうため控えた方が良さそうです。もし，皆さんが誰かから「あなたはこういう人間なのです」と伝えられたとして，「そうか，これが自分なのか」とすぐに納得できるでしょうか。「他人に何がわかるの？」や「自分のことは自分が一番よくわかってるし」と言い返したくなるでしょう。自分自身に気付くことは他の誰かが教えて身につくものではないのです。そのため，自分自身について気付くことができるように，他人が支援していくという矛盾したような方法が必要になります。

　自閉スペクトラム症を抱える人の中にも，自分自身に気付き，それを周囲にわかりやすく伝えることができる人たちがいます。その代表的な存在が手記などを執筆している人たちです。世界的に有名なテンプル・グランディン（Temple Grandin, 1986／1991），ドナ・ウィリアムズ（Donna Williams, 1992）や，日本でもニキリンコ（2004）や東田直樹（2007）などがいます。そのような手記は，自閉スペクトラム症の特性はどのように体験されるものかを知る重要な機会を提供してくれます。例えば「感覚の障害」として説明される障害特性を，雨やシャワーが針で刺されたように痛いと感じることや，全身を他者から見れば痛そうなぐらいきつくぎゅーっと締め付けられないと安心できないなどと知ることができました。このように周囲の人が本人の体験を理解できると，それをサポートすることができますし，本人たちの訴えにしっかり耳を傾けることができます。「雨が降ったから外に出たくない」という発言を度を越えたわがままだと片付けずに済むのです。主観的な体験がわかるということは，その人だけに恩恵があるだけでなく，その人を取り囲む周囲の人たち，さらには似たような特性を持つ他の人たちにも波及していく，大きなメリットです。

しかし，このような手記は誰でも書けるわけではありません。むしろ希少だからこそ価値があるのです。書くという行為は自分自身に気付き，それを把握し，他の人もわかるように言葉に変換するという作業を必要としますので，自閉スペクトラム症を抱える人には特に難しいことです。そう考えると，今でも多くの人たちは，自分が体験していることを，自分自身でも上手く把握できず，他の人にも伝えることもできず，歯がゆい思いをしているかもしれません。また，手記を書いたり，言葉で自分の体験を伝えたりすることができる人でも，その表現に自分の体験すべてを込めることができているかどうかはわかりません。光が当てられるべき体験はまだまだ多く残されており，私はその声を拾い集めることに心理療法が役に立てると実感しています。

この節のポイント

- 自閉スペクトラム症を抱える人が自分に気付いていくことが重要だが，他者がそのように教育することは難しい。そのため困難を抱えたままになっている人もいると考えられ，自分に気付くという点で心理療法は役に立てる可能性がある。

## 第2節　精神分析的心理療法は自分自身に気付くための方法

　心理療法，その中でも特に精神分析的心理療法は，来談する人（クライエントと呼びます）が自分自身について気付くことができるようにするために発展してきたと言っても過言ではありません。フロイト（Freud, 1900）が発見した精神分析は，まさにこの自分が気付いていない無意識の領域に意識の光を届かせようとする方法として100年以上の時を経て現在まで発展してきています。「無意識」という言葉は，今でこそ日常語として浸透していますが，フロイトが注目するまでは宇宙の果ての名もない星と同じようなもので，存在は否定されないまでも私たちの生活に影響を及ぼすものだとは考えられてきませんでした。わからないことについてあれこれ思案しても無駄だと考えられてきたわけです。フロイトの功績は，本人が目で見ることもできない，気付くこともできない領域が，本人のさまざまな生活に深く影響を及ぼしていることを説得力のある形で示したことにあります。今，自分が不幸だと思っている人は，幸せになりたいと意識的には思っていながらも，自分を幸せから遠ざけてしまうように振る舞ってしまう無意識の

部分に苦しめられているのかもしれないのです。そして，フロイトはセラピストと話をすることを通して，その人が無意識の領域を意識していくことで，抱えていた症状に変化が起こることを示しました。これまで気付いていなかった自分自身に気付くことに治療的な効果があるのです。

　しかし，この精神分析的心理療法は自閉スペクトラム症の受身性に役に立つことはできるのでしょうか。ここまでの調査で得られた結果から，彼らには無意識という気付かない意志があること以前に，自分の意志があること自体に気付くことができないという水準の問題を抱えていることがわかりました。風邪ではないのに，就職のことについて考えると咳が止まらなくなる人がいるとしましょう。「就職のことを考える」→「咳が出る」という因果関係は，どちらの状態も自分がそうしていたと意識していることがまず必要です。そこから，「就職をすることは親から離れることを意味するために，病弱な子どものままいた方がよさそうだ」といった無意識が潜在していることに気付く可能性が出てくるのです。自分が就職のことを考えていたということ自体を意識することができなければ，その背景にある無意識を理解するどころではありません。「自分が見えない」状態にある自閉スペクトラム症を抱える人は，意識を持つという前提から困難があります。フロイトの頃の精神分析とは違った工夫が自閉スペクトラム症の子どもとの精神分析的心理療法には必要であり，それがこれから紹介する現代クライン派の精神分析的心理療法の考えです。

　その前に「無意識」という言葉にある誤解を訂正しておきたいと思います。精神分析は，深層心理学と呼ばれることもあり，無意識にはどこか神秘的な印象があります。しかし，無意識を謎めいた神秘的なものにしたいのは，自分の無意識は立派で高尚なものであって欲しいという願望の現れだと私は思います。自分がちっぽけな一人の人間で，細かいことで一喜一憂しているということを認めたくないのです。人は自分の無意識には世紀の大発明や将来の戦争を予言するような予知すら含まれているのだと思いたいのです。これは大きな，そしてありがちな誤解です。精神分析が明らかにする無意識は壮大なものではなく，もっと日常的なものです。今日朝いつもより10分起きるのが遅かったこと，朝ごはんにパンをいつもの倍食べたこと，いつもよりおしゃれをして家を出たことに気付くぐらいのものかもしれません。「えっ？それのどこが無意識なの？」と思われるかもしれませんが，これらも意識されずに行動していたら無意識なのです。私たちは1つ1つの動作をする際にナレーションをしながら動くわけではありませんから，

大体の振る舞いは言葉に出されることなく過ぎ去っているのです。その自分の行動に気付いて，初めてその奥の無意識に思いを馳せることができるのです。

　そのような些細な無意識に気付くことが実はとても大切です。例えば，ある母親は「やけに上の子ばかり怒ってしまったなあ」と気付くことがあるでしょう。ただイライラするのではなく，上の子ばかり怒っていることに気付くことが大きな転機なのです。それについて振り返ってみることで，自分が子どもの頃に長女として期待され，弱音を吐けなかった過去があり，簡単に弱音を吐く自分の上の子どもが許せなかったなどに思い至ることができるのです。私たちは無意識に気付く以前に，まず自分の行動について気付く必要があり，そのことに大きな意味があるのです。心理療法に来談して自分について話をすること自体が，まずは自分の行動に気付かないと話ができませんので，自分の無意識に気付く第一歩をすでに歩んでいるといえるのです。精神分析的心理療法はこの些細な行動に気付くことが重要だと考えていることが理解されていないと，現実離れしているという思い込みや，自分には関係ない営みと思われてしまいます。

> この節のポイント
> ・精神分析は無意識というこれまで気付いていなかった自分自身について気付くことに治療的な力があるという考えをもとに発展してきた。その無意識は神秘的なものだけでなく，日常の何気なくやっている行動を含んでおり，それを自分がしていると気付くことが第一歩である。

## 第3節　赤ちゃんでも主体的で能動的な存在と見るスタンス：クラインと自閉スペクトラム症

　自閉スペクトラム症を抱える子どもの心理療法に多大な貢献をしたと考えられるのがクラインという精神分析家です。彼女が子どもを対象に精神分析を行っていた時代は，カナーが自閉症を発見する10年も20年も前でした。そのため自閉症とは診断されていませんが，現代では自閉スペクトラム症と考えられるだろうディックという男の子に精神分析を行った事例を報告しています。4歳のディックは心理療法に連れてきてくれた乳母と離れても無反応で，初めて出会ったセラピストであるクラインに不安も興味も示しませんでした。歩いているときにクラインの足を踏んでも，物を踏んだのと同じぐらい意に介しません。彼にとって人

と物は区別されず，誰であっても人は重要ではないようでした。現代的には社会性の障害のかなり重い自閉スペクトラム症に思えます。

　自閉症という診断がなかった時代に，ディックのこのような症状をクラインは以下のように考えました。彼が環境との情緒的な交流が困難なのは，自身の攻撃性に対する防衛により外界の対象から注意を逸らした結果であると説明されました（Klein, 1930）。誰か（何か）を破壊してしまう自分の衝動があまりにも強いために，子どもは環境の中に生きた存在がいるということを見ないようにすると考えられたのです。彼女の考えは疑問も生じさせますが，この着想の大切な部分は，理解しがたい子どもにも，独自の個性があって，世界を自分なりに解釈し，自分の振る舞いを調整していると考えているところにあります。親がディックのことを愛さなかったからディックが周囲に関心を無くしたというような環境側の原因と考える方が説得力はありそうですが，決してそうは考えませんでした。子どもを親の世話で振り回される受身的な存在ではなく，主体的，積極的に環境と関わりを持っていると考えるスタンスがここにはあるのです。

　また，ディックを全くの異常者として片付けていないことも重要です。クラインは生まれたてのどんなにかわいい赤ちゃんであっても，攻撃性があると考え，ディックはその扱いが他の子どもよりも上手くなかっただけと考えています。他の子どもとディックは全く違う人間ではなく，その間には連続性（スペクトラムですね）があると考えていたのです。今から90年ほど前の時代ですから，現代的には奇異な理解もあるのは仕方ありません。しかし，このクラインのスタンス，つまり子どもを能動的な存在と捉え，異常者ではなく他の子どもと連続性があると考える態度が，その後クライン派として発展した精神分析が自閉スペクトラム症を抱える子どもとの実践を可能にしたのだと私は考えています。

　このクラインのスタンスは，子どもだけではなく，生まれたての赤ちゃんにまでも適用されています。たとえ身体が未発達でほとんど動かないとしても，何かをしようという意志や，何かしたいと思っている要求があると考えているのです。クラインのよく引用される表現に，「対象関係が生の初めから存在し，その最初の対象が母親のおっぱいであり，それは子どもにとって良い（満足を与える）おっぱいと，悪い（欲求不満を引き起こす）おっぱいとに分裂する」（Klein, 1946 p99）があります。「対象」という言葉はわかりにくくもありますが，辞書的な定義では「行為の目標になるもの。意志などの作用が向けられるもの」ですから，対象があるということは意志があるということなのです。クラインはもともと能

動的に対象と関わるはずの子どもがそうならなくなる問題をディック（自閉スペクトラム症を抱えると思われる子ども）の問題として考えていったわけです。

> この節のポイント
> ・クラインは今なら自閉スペクトラム症と診断される男の子との心理療法を行う中で，親の問題にもせず，理解不能ともせず，その子どもにも独自の個性があって，世界を自分なりに解釈し，自分の振る舞いを調整していると考えた。そこには生まれたての赤ちゃんでさえも自分の意志をもって外界と関わろうとすると考えるスタンスがあり，これが自閉スペクトラム症を抱える子どもとの心理療法を可能にした。

## 第4節　相手に自分の気持ちを伝えるための方法：投影同一化

　子どもがおもちゃの電車のレールをつなげて遊んでいたとしましょう。その際に上手くレールが一周しなかったり，電車同士を上手く連結できなかったりして，激しく泣き出すことは良くある場面です。親は見ていただけなのに，子どもは親のせいかのようにレールを投げつけてきたり，「ママのせいだー」と怒ってきたりします。「なぜこっちが悪くないのに怒られなきゃならないの」と怒り返してやりたくなりますが，それはほとんど事態を悪化させるだけです。黙ってさっさとレールをつなげてあげる方がはるかに賢い方法だったと経験から学んだ方も多いと思います。

　このような場面は親からすればとても困った状況ですが，これこそが子どもが能動的に世界に働きかけ，相手に気持ちをわかってもらおうとしていることの1つの証拠です。もっと小さい赤ちゃんを考えてみましょう。赤ちゃんはお腹がすいたときにおっぱいを欲しがりますが，「おっぱいちょうだい」などとはもちろん言えませんから，激しく泣きます。この状況は客観的に見れば「おっぱいがない」わけですが，クラインは赤ちゃんが「悪いやつがいる」「悪いおっぱいがいる」と体験していると考えました。赤ちゃんはそいつらをやっつけるために激しく泣き，手をバタバタさせているのです。そうすることで母親に気持ちをわかってもらい，子どもは苦痛が和らいで楽になれるのです。レール遊びの子どもの例も，自分がうまくできなかったという不快な気持ちを母親の中の悪いもののせいかのように錯覚しています。それにより母親が実際にイライラするのですが，これが

もともとは子どもが感じていたイライラであり，それが母親に伝わったと考えられるのです。自身の身体的・心理的な苦痛を切り離して，他者の中に入れているとも考えられることから，「投影同一化」と呼ばれます（Klein, 1946）。自分の不快な心はプロジェクター（投影機）のように他者の心の中に写し出して，他者の持ち物だとするのです。身体の動きとしては制限のある赤ちゃんも，受身的で無力な存在ではなく，この投影同一化により自分の受け入れがたい情緒を主に母親にわからせようとする能動的な存在といえるのです。

　理解しやすい苦痛はまだ良いのですが，子どもが何を訴えているのかわからないということも頻繁にあると思います。子どもがどうして泣いているかわからないのは子育ての中で，本当に苦痛な瞬間だと思います。そこには赤ちゃんの発する暗号を解読して，対応してあげようとする相手の存在が必要です。その役割を強調したのがビオンという精神分析家です。彼は乳児が対処できない感情をまき散らすのを，母親が受け止め，あれこれ考えてあげること（ビオンは夢想と呼んだ）に注目しました。そして親は受け止めてあげるだけでなく，その気持ちをかみ砕いて乳児が受け取りやすいように返していることを見出しました（Bion, 1962）。ここで重要なのは，このビオンの考えにはクラインの赤ちゃんの主体性を重視する考えがベースにあるということです。子どもの気持ちの理解力のない母親だけが問題なのではなく，わかってもらおうとする力（投影同一化）の弱い赤ちゃんもいるのです。多くの自閉スペクトラム症を抱える子どもはこれが苦手だと考えられます。

　このように投影同一化は自分の抱えられないほどの苦痛を和らげる方法として重要ですが，自分の心の中に本来あるはずの部分を誰かの心の中にあるものとするわけですから，必然的に「自分が見えない状態」になるわけです。自分の中に不快な気持ちがあったことを忘れてしまい，現実の認識も歪んでいき，世界は嫌な人ばかりだと感じてしまいます。しかし，その自分が見えなくなりかけていた気持ちを誰かにわかってもらうことで，自分で気付き直し，自分の一部として取り入れていくことができるのです。このことを重視したビオンは投影同一化を発達のために不可欠な機能と考えました。投影同一化をイメージしやすくするために図 7-1 に図示します。

　これを経験できるのは，時間的な連続性をもった自己の感覚が育っていることが前提として重要です。例えば，乳児は自分が泣いて授乳をされるまでを 1 つのまとまりとして体験できれば，自分が能動的に授乳を引き出したと感じることが

できます。しかし，泣いて母親を引き付けた場面と授乳されている場面が別々の断片としてしか体験できていないとすれば，自分の不快な気持ちが母親に伝わって理解されたとは感じられません。その点でも自閉スペクトラム症を抱える人と親とのコミュニケーションは不利なのです。自閉スペクトラム症は実行機能の下位機能であるワーキングメモリー（短期記憶）の困難さがあることが指摘されることが多く，ついさっきの自分の行動や相手の行動を忘れてしまうことがあります。この力が制限されると，親がどれだけ頑張って子どものサインをキャッチして関わっていたとしても，子どもは自分が親を動かして，気持ちを理解されたと感じにくくなるでしょう。

投影同一化が，自分の心が自分からなくなって他の人の中に移るという説明について，「本当かな？」と思う人もいるかもしれません。それに対して，ショアーは脳神経科学的な説明を試みています(Schore, 2001)。赤ちゃんの右脳と母親（重要な他者を指します）の右脳が共鳴することにより，母親に赤ちゃんの情動が伝わります。一方で，過剰な苦痛は解離という作用が起こしますから[注12]，その人からネガティブな情動がなくなっているように外からは見えます。そのため，共鳴した相手にだけ情動が残っているように見えるため，乳児の情動が他者に投げ込まれたように見えるのです。これがクラインの投影同一化の脳科学的な説明といえます。図7-1には，従来の精神分析での説明に加えて，右側にショアーによる説明も補足しています。

> この節のポイント

- 子どもは投影同一化という機制を用いて，自分の気持ちを相手にわかってもらおうとする。その相手が「夢想」と呼ばれるように，あれこれと思いを巡らし理解してあげることが重要である。投影同一化にも個人差があるため，自閉スペクトラム症を抱える人は相手に気付いてもらいにくい。また相手が理解してくれたとしても，それに気付きにくい。

---

注12) ショアーによれば自律神経を主に統制するのは右脳と考えられており，未熟な右脳に調整できない情動は交感神経を覚醒化させ過ぎてしまうため，自身を保護するために副交感神経による逆調整の戦略を活性化し，抑制をする必要性が生じます。これが解離です。それを通して麻痺した無感覚の状態になり，自分の情動であるのに自分の中にないかのように体験できます。しかし，全くなくなったわけではないため，その場しのぎの対処法です。

第 7 章　健全なコミュニケーションと自分と他者のバランス：精神分析的心理療法の考えから　107

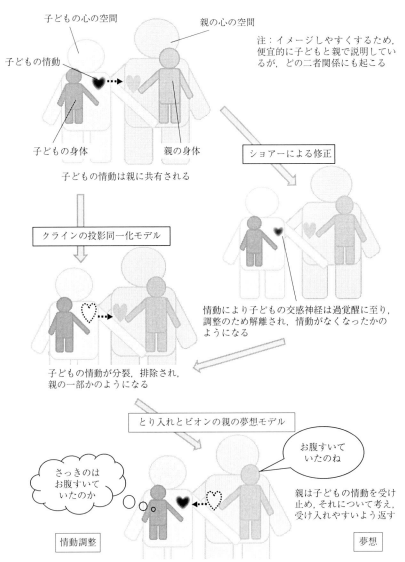

図 7-1　投影同一化のモデルと子どもの能動感

## 第5節　自分と他者のバランスをとるための緩衝材：心的空間

　私たちはこの投影同一化という働きによって，自分と他者は別々の人間でありながら，自分の気持ちが伝わると経験することができます。発達心理学のトレバーセンは第一次間主観性と呼び，この感情の共有は生まれたての赤ちゃんでも起こる自然なものだとしています（Treverthen, 1979）。つまり，自分の気持ちと相手の気持ちはどっちがどっちのものかわからなくなることが健全なコミュニケーションなのです。中学生ぐらいの頃，友達と「誰が好き？」という話で盛り上がって，「じゃあ，告白しちゃいなよ」という話になった経験はないでしょうか。友達が告白をすることになると，自分が告白をしているかのようにドキドキします。自分は告白していないのに，友達の経験を通して自分の経験値も増えたように思うこともできます。これは漫画や映画などを見ても同じような作用が起こります。こうした他人を自分の一部だと思える働きによって，多くのものを学習できるのです。

　相手を自分の一部だと思うこと，自分と相手が一体だと思うことがありふれたことだとすると，次に問題になってくるのはその境界線です。どこまでが自分で，どこまでが他者かを精神分析の用語で「分離性」といいます。これこそが最近の精神分析の最も重要なテーマといっても過言ではないと私は思っています。「子どもにゲームやおもちゃを買い与えてはいけない」という価値観の中で育ってきた人は，自分の子育ての中でもそのように子どもに対応します。「辛い我慢こそが人生には必要だ」という価値観の中で育ってきた人は，子どもがどれだけ泣いても習い始めたピアノをやめさせようとはしないのです。その親は自身の親や教師からの投影同一化をとり入れているのです。自分自身の本当の考えではなく，他人の考えが思いもよらぬほど深く混ざり込んでいるということに気付くのはとても辛いことですが，自分の本当の意志に気付くという貴重な体験になります。精神分析的心理療法が提供するのは，このような体験なのです。私たちが「空気を読みなさい」という文化に生きているとすればその影響により「自分が見えない」状態になりやすい環境にいることに注意が必要でしょう。

　ただ，他人の影響を全く受けない，助言を受け付けない人というのも困りものです。これが一般的に良く知られている受身的ではない自閉スペクトラム症を抱える人の問題でしょう。人生をどう生きるのが良いのかという知恵を得る上では，他人の心に影響されて，その価値観を借りる中で，暗黙の知恵を学習するという

ことが不可欠なのです。しかし，受身的な子どもは影響されすぎて「自分が見えない状態」になってしまうわけですから，影響のされ過ぎも問題です。私たちは他人からは影響は受けるけれども，あくまで自分の心は自分のものと感じられる絶妙のバランスを求められているわけです。最近の精神分析的心理療法は，この相手と重なり合いもするけれども，間違いなく自分の陣地である領域を持つことに取り組んでいます，この陣地は物理的な空間とは区別して「心的空間」と呼ばれています。第6章でも述べたように，自閉スペクトラム症は「自分が見えない状態」と「他者が見えない状態」のどちらかに陥ってしまって，自分と他者が共存するバランスをとることを苦手とする障害ですから，この「心的空間」の発達こそが重要だと考えられます。

　心的空間は物理的な空間ではなく，あくまで仮想的な領域で，心の働きの1つに過ぎません。そのため客観的にその存在を確認することはできないのです。心的空間がある状態と失われた状態について図7-2で示します。この図のようにどうしても私たちは心的空間というと体の延長のように感じてしまいますが，それはあくまで理解をしやすくするため表現です。心的空間の重点はあくまで自分の意志，感情，考えといった心理的な内容が自分のものだと感じられるかどうか，自分の陣地の中に留まっているかにあります。この心的空間が緩衝材のように相手の心に影響されるときには影響され，一方では自分の本体は守るということに役に立つのです。

> **この節のポイント**
> ・自分と相手の心が重なり合って区別が難しいことは健全なコミュニケーションともいえるが，自分と他者の区別，分離性が維持されることも重要である。「心的空間」の存在が自閉スペクトラム症では困難になりがちな自分と相手のバランスを維持するための緩衝材として機能する。

## 第6節　心的空間の発達：心と身体の区別，空想と現実の区別

### 1　身体にまとまりを与える心の皮膚としての他者

　心的空間は，自分の心と他者の心は重なり合うけど，本体までは削り合わないためのコミュニケーションの緩衝材として働くものと想定してきましたが，それはどのように発達するのでしょうか。この考えに貢献したのが，ビックという精

神分析家です。ビックは，自己の諸部分を包み込むことができる外的対象のとり入れにより，自己と対象が「皮膚」として機能する境界に包まれている（こぼれたり，漏れたりしない）と体験されることで初めて内的空間と外的空間の空想が生じるとしました（Bick, 1968）。わかるようでさっぱりわからないようなこの一文に子どもの行動を理解する上でのさまざまなヒントが隠されており，私はこの含みをしっかり理解するまでに10年ぐらいかかったような気がします。このわからなさに光明を見出せたのは「志向性」という考えのおかげなのです。

　この理解の難しさは，ビックのいう「皮膚」が比喩だということです。この比喩のメリットは，私たちは皮膚によって中身がこぼれないようにまとめ上げられていながらも，何か物に触れたりしない限り皮膚の存在を意識しないという点にあります。ビックのいう皮膚は，心という実体のないものを包み込む，実体のない皮膚ですから，なおさらイメージすることが困難です。この皮膚として機能するものとして，なじみのある母親の抱っこ，匂い，話しかける声などが挙げられています。赤ちゃんを興奮させ過ぎず，眠たくさせ過ぎずに（覚醒を一定の程度に維持），関心を引き付けるような外的対象（自分ではないもの）が皮膚の役割を果たすのです。ぼんやりと宙を見ている赤ちゃんが母親から話しかけられて，ぱっと母親と目があうと，「何かを見ている」という意志の芽生えが見られます（これが私が志向性と呼んできたものです）。赤ちゃんは次第にその母親に対して手を伸ばしていくようになるかもしれませんし，足で母親の身体に触れようとするかもしれません。その志向性こそが，自分の身体のいろいろな部分（四肢だけでなく，五感なども）を1つのまとまりのある自分として体験させることを助けてくれるのです。内的空間が生まれるというビックの表現は，自分の心の存在が実感されることを意味しており，身体を自分の思う通りに動かせる意志の存在に気付くことが，心への気付きの誕生だと考えられます。「心」と「身体」の区別が，注意を引き付ける他者の存在によって発達すると考えられるのです。
　ビックの表現に内的空間と外的空間の区別を生むという記述もあることを見ると，空想と現実の区別も他者の存在によって生じると考えられます。「身体」は目で見て，触れることができるために現実という感覚と深く結びついていますが，「心」に浮かぶ空想はすぐに現実へと直結するわけではありません。この区別がないと，ある人に対して「死んだらいいのに」と心の中で考えただけで，その人を実際に傷つけたように感じることになってしまいます。この空想と現実の区別

は，心の理論を測定するために，「サリーとアンの課題」により誤信念を理解できるかを重視したことと重なります（第2章を参照，Baron-Cohen,1995）。自分の心の中身と実際に起こったことは違うと識別できることは心の重要な働きなのです。他者の身体を実感することで私たちは自分の身体を実感し，それを自分が動かせることに気付くことで自分が1つにまとまっていると感じます（皮膚に包まれている）。それが心と身体の区別を生み，自分と他者との区別を生み，心的空間の創生へとつながっていくのです。

## 2　自閉スペクトラム症の特徴と「他者が見えない状態」：代理皮膚

　皮膚がない状態，つまり心的空間がないときにはどうなるでしょうか（図7-2に図示しています）。ビックの考えは皮膚がないときに子どもはどう振舞うかを理解できる点に有用性があると私は思います。その状態では自分の情動・考えと他人の情動・考えを区別することはできなくなります。自分の身体がすべてまとまっているとも感じられないので，何か強い感覚が生じたときに瞬間的に自分という感覚は生じるかもしれませんが，感覚が収まっていくと共に消え去ってしまいます。私たちは自分から何かを触ろうしたとき（志向性がある状態）と，予期せず何かに触れられたとき（志向性がない状態）に，同じ物と接触したとしても感覚は全く異なるという経験をします。予期せぬ触れられ方をしたときには，いつもの皮膚とは全然違うような敏感で弱いものになります（これもビックの「皮膚」の比喩が持つ含みであります）。これは触覚以外の感覚でも同様のことがいえます。自閉スペクトラム症の「感覚過敏」はよく知られていて，例えば掃除機や空調などのモーターの音や大勢の話す声に圧倒されてしまい，耳を塞いでしのごうとしますが，それでもしのげない時にはパニックになって泣き叫ぶことがあります。自分から聞こうとすると大音量でも平気なのですが，予期せず聞こえることに極端に弱いのです。このような感覚の異常が頻発することは最新の診断基準 DSM-5 でも指摘されています（APA, 2013）。年齢が大きくなってくると，不快さは残りながらも，対応できるようになるのは，成長と共に志向性が生じ，選択的な注意が可能になり，フィルターができてくるからでしょう（通したいものは通して，通したくないものは通さないのも皮膚の重要な機能です）。

　（心的な）「皮膚」が得られなかったときには「代理皮膚（second skin）」によって，通常の方法ではなく，まとまりを得ようとすると考えられています。子どもはばらばらになってしまうことを避けるために，強い光や音に没頭したり，自分の身

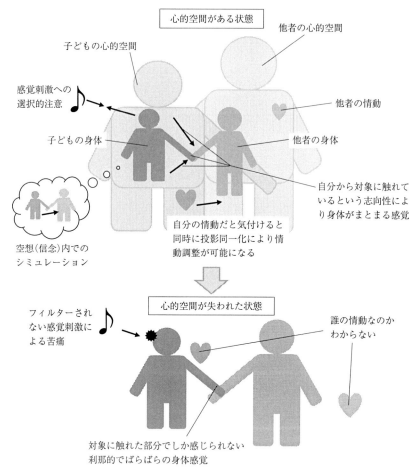

図 7-2 心的空間がある状態と失われた状態

注：図示の都合と志向性をイメージしやすくするため，心的空間を身体空間の外に書いているが，本来は物理的空間ではないため，このような対応関係はない

体を常同的に動かしたりしますが，その感覚が代理皮膚になるのです。これは自閉スペクトラム症を抱える子どもの幼少期にかなり頻繁に見られる意味がわからない行動に理解をもたらしてくれます。例えば，鏡やガラスに反射するキラキラした光や蛍光灯や電球の光，水道から流れる水をずっと見続ける子どもがいます。決まった曲やCMの音を全く飽きることなくずっと聞き続ける子どももいます。

どれだけ飛び跳ねても疲れることなく飛び跳ね続ける子ども，目を回すことなく回転し続ける子どももいます。そのような強い感覚（五感）を生じさせるものに没頭するのは，そうでなければ自分がばらばらで消えてなくなってしまいそうな不安を抱えているからだということを私たちはしっかり知っておくことが大切でしょう。

　光や音や筋肉が動く感覚などに没頭できているなら，それが志向性となるのではないかと考えることもできるのかもしれません。しかし，ここで対象が生きている人間，他者であるのかどうかで大きな違いがあります[注13]。母親の匂い，表情，声に関心を引き付けられている子どもは，そこに注目していくことで母親という存在を深く知っていくことができます。しかし，光や音をいくら知ったとしても，自分と違う人間がいることを深く知ることにはつながりません。物は自分の思い通りにもなるために，自分と他者を区別することを促さないのです。これは自閉スペクトラム症を抱える子どもが「クレーン現象」と呼ばれるような，人の手を自分の手のように動かすこととも深く関連しています。クレーン現象では，求めているのは他者の手のように見えるのですが，それは自分の身体の延長として扱われているため，そこに他者がいることに気付きにくいのです。自分のまとまりを体験できないことが「他者が見えない状態」へと至らせることをビックの考えは教えてくれています。

　さて，ここまで健全なコミュニケーションや自分と他者がともに成り立つことの重要さと関連する精神分析的心理療法の考えに触れてきました。第1部の受身性研究から自閉スペクトラム症を抱える子どもが「自分」を体験できるようになっていくことが重要だと示されましたが，精神分析的心理療法の考えでは，まずは自分の身体がまとまっていると感じられていくことが重要といえます。『まとま

---

注13）　自分も他者も皮膚に包まれている人間関係が重要としたビックの考えの含みはここにもあります。相手も心的空間のある人間だと思っていることが必要なのです。メルツァーという精神分析家は自閉症の子どもとの心理療法を通してこれが難しくなることを明らかにしました（Meltzerら，1975）。そして，投影同一化とは異なる「付着同一化（adhesive identification）」の機制や，2次元的な心の状態の存在に注意を促しました。例えば，自閉スペクトラム症を抱える子どもは，CMやアニメのセリフの表面的な音のみをレコーダーのように再生するような模倣をします。これは一般的な子どもが戦隊ヒーローの模倣を通して強さや正義感などその対象の一部を自分の心の中にとり入れていくような性質はなく，深みのない接触です。相手を深く知ることにつながらないのです。

りを得るための受身』という水準の問題です（89 ページ）。第 8 章では身体がまとまっていくことと他者の存在との関係について乳児観察という方法で得られた事例を通して描いてみたいと思います。その後，第 9 章で子どもの心理療法，特に自閉スペクトラム症を対象にした精神分析的心理療法の解説を行い，第 10 章以降は心理療法事例から自閉スペクトラム症を抱える子どもが世界をどのように感じているのか，自分をどのように感じていくのかを示していきたいと思います。これは子どもたちが実際に何を体験しているのかを知ることであり，私たちが何をできるかを知っていくことでもあります。

|この節のポイント|

- 自分と他者が共存するための心的空間は，他者の身体を実感することで自分の身体と心の区別，現実と空想の区別，自分と他者の心の区別ができることで発達すると考えられる。しかし，それが困難になったとき，代理皮膚と呼ばれる物から生じる感覚に没頭することで仮のまとまりを得ようとし，「他者が見えない状態」になってしまう。他者に関心が向けられないのは，自分がばらばらになってしまうような恐怖を避けようとするからかもしれない。

# 第8章
## 身体がまとまりを得ることとその利点：
## 赤ちゃんの観察から

　赤ちゃんを対象とした発達研究が盛んになる以前では，赤ちゃんはとても無力で，大人の世話に全面的に依存している受身的な存在だと考えられる傾向にありました。赤ちゃんは寝ているか，泣いているか，おっぱいを飲んでいるか，排泄をしているかで，人間というよりも動物のようであり，意志のような志向性はない方が普通と想定されてたようです。しかし，ウォルフ Wolff, P. H. が「覚醒不活動（alert inactivity）」という生後2カ月に満たない乳児による外界の出来事へ積極的な反応があることを発見し，さまざまな刺激に反応する意志があることが確認され，乳児の発達研究が盛んになったとされています（Stern, 1985）。つまり，赤ちゃんがどこにも意志が向けられない状態（志向性が乏しい状態）は普通ではないことが発見されているのです。

　しかし，赤ちゃんにも多様性があります。母親のお腹の中にいる期間の差もありますし，満期出産の乳児の間にさえ幅広い違いがあって，志向性が乏しく身体がまとまっていないような状態が，多くの乳児に時と場合によって見られることが指摘されています（Alvarez, 2012）。定型発達の子どもは，この志向性の乏しい状態が病理につながるほどには慢性的に続かなかったと考えられるわけです。そのため彼らの志向性がどうやって発達したのかを知ることは自閉スペクトラム症を抱える子どもが持っている志向性の乏しさへの対処方法，特に『まとまりを得るための受身』の理解につながると考えられます。

## 第1節　初回の観察とタビストック方式乳児観察の特徴

　さて，ここで見ていく赤ちゃんはOちゃんという自然分娩で満期出産した3100gの女の子です。私は子どものセラピストになるための訓練として，タビストック方式乳児観察という訓練を受けましたが，そこで観察したのがOちゃんでした。その後の経過からOちゃんは自閉スペクトラム症ではないことが確認されていますが，志向性の発達と身体のまとまりについてとても大切なことを教えてくれました。

乳児観察では，赤ちゃんを生まれて間もない時期から生後2歳になるまで毎週観察します。観察対象の家族は自分で交渉する決まりがあり，私は知人の紹介で見つけました。家族に特別なことをしてもらう必要はなく，私が家庭に訪問して，自然な生活場面を1時間見させてもらいます。その場でメモや記録を取ることは禁じられていて，生まれて間もない赤ちゃんとその家族の経験している生の情緒的なインパクトを十分に経験することが推奨されています。赤ちゃんの笑顔に笑い返す程度の自然な反応はしますが，観察的態度を損なわないよう注意します。どのような観察なのかは，初回の観察を通して紹介したいと思います。その前に，まずはOちゃんの家族と，私がOちゃんに会うことが決まった経緯を明らかにします。

**家族構成**　母親は30代前半の主婦で，穏やかで，人当たりが良い方でした。父親は30代前半でフレキシブルな勤務時間の会社員で観察時も居ることがありますが出張も多いようです。私の訪問もあまり気にされはいないようで，大らかで大人しい方のように見えました。兄（M）は，観察開始時3歳の活発な男の子で，開始後しばらくしてから幼稚園に通い始めます。

**観察までの経緯**　Oちゃんの出産前に私は紹介者と共に家に訪問し，母親と会い，観察を説明すると，母親は快諾します。この時，母親は新しく生まれるOちゃんより兄の嫉妬の方が心配と話していました。紹介者と母親は兄の方を優先した方がうまくいきやすいということについて話し合っていました。母親は私に2人目の子どもの成長はあっという間と聞いているので記録が欲しいと話します。これはすべての家族が望むわけではありませんが，比較的によくある依頼でしたので，私は終了後にまとめた形で渡すことを約束しました。私は始める前に父親とも会って挨拶をしたいとお願いします。一般的に父親が不在のところにお邪魔することが多く，特に男性観察者が入ることを警戒する父親が多いと考えられるためです。しかし，母親は父親は反対しない人だから大丈夫ですと遠慮します。母親が席を外した時に紹介者は「（母親は）自分が我慢したらいいと思う人」だから配慮するようにと私にくぎを刺すように話していました。

　では，実際に初回の観察場面を見ていきたいと思います。Oちゃんの発言を‘ ’，それ以外の発言を「　」，観察の回数は#で表記します。【　】内は私が書

いた記録そのものの抜粋です。Oちゃんは生後3週で私は2回目の家への訪問となります。

**初回の観察**　私が訪問すると，母親と兄が玄関まで出てきてくれて歓迎されます。Oちゃんが寝ているベビーベッドまで案内されると，母親と兄は少し離れたリビングに行きます（リビング脇の和室を子ども部屋としていました）。Oちゃんは布団に包まれ，手には引っかき防止のカバーをして静かに寝ています。私はこの月齢の赤ちゃんを見ることが初めてだったこともあり，Oちゃんは人間というよりも人形のように見えました。

　Oちゃんが目を覚まして初めて私を見た場面を抜粋します。

【母親に話しかける兄の声が大きかったからか，Oちゃんは目を開けて，目だけ動かして周りをきょろきょろ見回す。側にいる私が目に入ると，だんだん私をよく見るようになり，私は小さいOちゃんに見られていると感じドキッとする。上を向いて大きく目を見開いたかと思うと，目を細めて微笑んでいるようである。そして，もう一度視線をキョロキョロさせ，再び目を閉じる。しばらくすると，手を頭の上に伸ばし，顔を真っ赤にさせて，顔をしかめる。すごく苦しそうな表情に私は声に出して母親を呼びたくなるが，兄と母親は御飯を食べてお腹いっぱいという話をしている。伸びを終え，何度か'ごふ'と咳をするが，声を出して母親を呼ぶことはない。下唇を軽く何度か吸って，再び穏やかになる。母親が近くにやってきて，Oちゃんが寝ているのを確認し，「上の子に比べてOは良く寝てくれるから楽なんです」と私に話す。】

　その後は，父親もリビングに出てきて，私に挨拶をした後で，父母で兄の遊びを見ており，まるで3人で完結した幸せな家族の光景に見えました。母親は何度かOちゃんを見に来ますが，Oちゃんが苦しそうな時とはタイミングが合いません。Oちゃんが苦しそうな時に，私には仕方ないという諦めの気持ちが浮かんでいました。

　Oちゃんの家族は，観察前の挨拶時に話していた通り，新参者である赤ちゃんに関心を向けることで兄が嫉妬を感じないように，兄を優先しているようでした。家庭にお邪魔をするという方法ゆえに私も新参者だという感覚が強かったのですが，これはOちゃんが誕生により家族の新参者として入っていくときに感じている気持ちとよく似たものと考えられます。この訓練はただ観察するだけでなく，そこで観察者である私に生じる気持ちが，この子育て空間の中で誰かが

感じている気持ちなのかもしれないという可能性も考慮しながら[注14)]，その経験について思索を繰り返すことでセラピストとしての能力を高めるとされています（Sternberg, 2005）。私は苦しそうなOちゃんを見て，母親を呼びたくなりますが，実際には呼ぶことなく，どこか仕方ないと諦めたような気持ちになります。一般的には親に見てもらえないと感じた観察者は，怒りを感じたり，悲しさを感じたりすることが多いので，こうした諦めが浮かんでくるのはこの家庭の特徴かもしれません。このように感じ方にはさまざまなものがあるため，シンプルではないのです。乳児観察では毎週の観察とは別に毎週のセミナーに参加し，3〜6人程度のグループで順番に自身の観察を発表し，ディスカッションを通して，一面的な理解の観察にならないよう配慮されています。

> この節のポイント

- 赤ちゃんが家庭で育っていく様子を定期的に見ていくタビストック方式乳児観察により，Oちゃんとその家族を2歳まで観察した。兄を優先する両親の中で，私はOちゃんが苦しそうでも気にされないことを仕方ないと思う諦めの気持ちになることが特徴的だった。

## 第2節　身体のまとまらなさ，宙を漂うような状態：志向性の乏しさ

その後の観察を見ていきましょう。

　　＃2以降も父母は兄に関心を示し続けます。Oちゃんに哺乳瓶で授乳をしようとする際も，兄にあげたいかを先に確認してから母親があげていて，母親の関心が兄に向いた中でミルクを飲むOちゃんは機械のように見えます。生後2カ月頃に父親の足の骨折，母親の友人の子どもの通夜，母親の姉の帝王切開による出産など続けざまに心配な内容が報告されますが，母親は詳細な事情は話しません。母親は話しやすい人でしたが，私はここには触れてはいけないように感じました。母親はOちゃんのことを私によく教えてくれて，Oちゃんは不機嫌な時があると

---

注14)　この私側に生じる気持ちは，心理療法の中では逆転移と呼ばれ，クライエントの気持ちを反映しているかもしれないという吟味の対象になります。ただ，もちろん私自身の個人的な気持ちである可能性も除外できませんので，乳児観察にセミナーがあるように，心理療法でもスーパービジョンや自分自身が心理療法を受けることなどを通して慎重な吟味が必要です。

は言いますが，深刻に心配しているようには見えませんし，兄や別のことに心配があるようにも見えました。Oちゃんは布団の上でぼんやりするか，何もない空中に手を漂わせるだけで，次第に私もOちゃんに関心を向け続けられなくなり，ずっと見ていたはずなのに，Oちゃんが泣くのが唐突に見えてきます。

　母親がOちゃんを抱きあげ，話しかけた時には，Oちゃんは母親と目を合わせ母親の顔に向けて手を伸ばします。しかし，母親に抱かれてOちゃんが泣き止むという母親として自信が感じられそうな状況でも，母親は兄の時と違いOちゃんは誰に抱かれても泣き止むと話しました。Oちゃんは母親に近くに物を提示されると見るものの，母親や物の動きを追視することが少ないように見えました。母親はOちゃんの反応の弱さに気付いていたのか，ベビーベッドの位置を何度も変更し，「この方が（Oちゃんが）M（兄）を良く見えるから」と言います。この時期に観察セミナーでもOちゃんの反応の鈍さが指摘されていましたが，私にはそれを認めたくない気持ちが生じていました。

　観察の初回の場面でも，Oちゃんは視線を周囲に向けたり，唇を吸うことで落ち着いたりと全く無力な赤ちゃんではなく，自分から環境に働きかける能動的な行動が見られていました。抱っこされている時には母親の顔に触れようともしています。しかし，母親の関心がOちゃんに向いていない状況では，Oちゃんは目が開いても何にも引きつけられず，手の動きも宙を漂っているような状態が観察されました。その手の動きは，宇宙空間のような触れられる物がない中での動きのようで目的地も目印もないかのようでした。自閉スペクトラム症を抱える子どもがヒラヒラと手を動かしている状態に似ています。私はそこにOちゃんの意志を見出すことが難しかったために，人形や機械のような印象を持っていたのだと思います。これが赤ちゃんの志向性の乏しい状態の一例です。Oちゃんの意志を想定できる自発的な身体の動きも観察されていて，志向性がある状態は間違いなく見られているわけですが，時には（特に誰からも見てもらえていないとき）どこにも何にも意志が向けられない志向性の乏しい状態が併存していると考えられます。観察から私に生じた諦めは，このようなOちゃんの意志の弱さを反映したもののようです。

　母親がOちゃんを深刻に心配していないように見えるというのは何を意味しているのでしょう。数週間の中で何度もベビーベッドの位置を変えるというのは，母親の中に何らかの気付きがあったと考えられます。ただ，私も観察セミナーで

反応の乏しさを指摘されたときに否定したい気持ちが生じました。Oちゃんに心配な状態などあるはずがないという思い，良いところばかりに目を向けたい思いがここにはあったようです。私は紹介者に釘をさされたことも影響したのかもしれませんが，良いところに目を向けて，心配なところに目を向けないという一面的な見方をしていました。母親になったことがある人なら誰でも，「赤ちゃんってかわいいよね」と言われると，「そうじゃないときも多いけどね」と答え，たまにしか見ないからかわいいとこだけ見えるんだよと内心思うのではないでしょうか。私もまた，心配な部分，嫌な部分を見ようとせず，かわいい良い子の部分しか見ていないというのは，Oちゃんをしっかり見ていなかったのだと思います。忠実に観察しようと思っても，このような偏りが生じてきてしまうのです。

> **この節のポイント**
> ・Oちゃんには視線や手の動きなどを母親に向けて動かすといった志向性と身体のまとまりが生後まもなくから観察されたが，家族から関心を向けられていないときには，ぼんやりして宙に浮いているような志向性の乏しい状態も見られた。Oちゃんの不安な面，心配な面には母親も私も目を向けにくいという特徴があった。

## 第3節　自分の身体が何かに届き，影響を及ぼせる感覚：身体水準の効力感

　志向性の乏しさとは対極となるようなOちゃんの人間らしさと母子の幸せそうな交流が観察されたのが生後11週の#7でした。

　　【Oちゃんが'あっ'と大きな声を出すと，兄と遊んでいた母親はOちゃんの元に来る。兄は怒っていじけるように棚の方に行って1人で遊び出す。母親がOちゃんに顔を近づけると，Oちゃんははっきり笑顔になって'あっ'と言い，母親も嬉しそうに「あっ，うんってお話してくれるの？」と話しかける。Oちゃんはますます嬉しそうに手足をばたばたさせて，'うっ'と声を返し，「お話してくれるの？あっ，うんって？」'あっ'「そうー」'うん'と何度も交互に声を出し合う。】

　その後，父親も兄もおらず初めて母親とOちゃんだけの観察になった#9では，母親はいろいろなことを話してくれました。自分がきょうだいの末っ子で，下の

子は写真が少ないこと，観察がもう3カ月も経ってしまったこと，冗談交じりですが自分たち夫婦は子どもがいなかったら別れたかもしれないことなどを話します。私は家族の幸せな側面ばかりに目が向いていたので，これらを聞いてとても驚きました。

　生後4カ月にOちゃんが病気で1週間入院となります。母親は「家で看る自信がなかったので」入院になったこと，Oちゃんの命に関わるような深刻な状況だったと話しました。ただ，Oちゃんは前より活発になったようで盛んに声を出すようになっていました。母親が兄と関わりながらあやそうとしても満足せず，抱っこされるまで泣き，その際に母親の身体と自分の身体が少しでも離れると泣いて，母親が密着するように抱き直すと笑顔になりました。また，自分の指を見ながら口に入れたり，人の動きや表情も良く見たりするようになります。笑顔で兄と母親の会話の様子を見ながら，目の前で自分の両手をさまざまな組み合わせ方をしていました。

　＃7はとても感動的な母子のやり取りです。Oちゃんが最初に出した大きな声は母親に向けて出したようには見えませんでしたが，母親の方がOちゃんに近付いて働きかけたことで，このやり取りが生じました。ただ，Oちゃん側からすると，自分の声に応じて母親が近づいたことから，自分が母親を引き寄せて会話したと経験したかもしれません。これは錯覚ともいえますが，自分が誰かを引き付けることができる力があると感じる上で重要な経験だと考えられます[注15]。その後にはより喜びと確信をもって母親に向けて声を出したり，身体を動かしたりして，志向性が強まっています。ここで重要なのは，母親がただ関わればいいというわけではなく，赤ちゃんの中に自分の身体（そこから出される声などを含む）が何かに届くことができるという期待・確信のようなものを生じさせていることです。これを私は身体水準の効力感と呼びたいと思います。前章で述べたビックのいう「心的皮膚」は，このように外的対象の存在によって自分の中にこのような効力感が生じている状態なのです。

　この自分の身体の動きが対象に届き，影響を及ぼせるという身体水準の効力感が，

---

注15）Treverthen（1974）は，生後2カ月の赤ちゃんとこのように母親が積極的に反応することで生じる会話のような声の出し合いを原会話（proto-conversation）と呼んでいます。もちろん2カ月児は会話できないわけですが，母親の働きかけに支えられたこの錯覚のようなやり取りが会話の基礎だと考えたのです。一方が声を出して，それが終わるまでは他方は聞き，その後に役割が交代するといった会話の基本リズムを習得していきます。

身体のまとまりの感覚を与え，その後の主体的な身体の動きを可能にしていくと考えられます。入院後には，泣いて母親を呼び，自分の満足いく姿勢になるまで動き続けるようになります。指吸いも，たまたま指が口に入った偶然ではなく，はっきり指を認識して意識的に口に入れています。自分に親しみのある感覚，安心できる感覚を求めて動く能動的な様子がよく観察されるようになってきています。

　このような能動性が入院後に特にみられるようになったところに，子育てのドラマ性を感じます。一般的に自身が末子であり，関心を向けられなかったと感じている母親は，自分と末子の赤ちゃんを同一化して，末子に関心を向けないか，反対に意識的に末子をかわいがることが多いように思います。この母親は末子であるOちゃんに関心を向け過ぎないという方法を取ろうとしていました。しかし，Oちゃんと2人で入院した期間は，心配とともにOちゃんのみに強い関心を向ける機会でもあったのでしょう。兄の嫉妬を恐れていた母親がOちゃんに関心を向け，Oちゃんがこの家族の一員としての位置を獲得しようとするプロセスに，普通は悲劇であるような入院が大きな影響を及ぼしたようでした。これまでの家族のあり方に，新しい一員が入っていくことで劇的な変化が生じ，親自身の育てられた経験やきょうだいと親との関係の性質がもう一度問い直されるようなドラマが子育ての状況には生じるのだと思います（これが障害を抱えた子どもを持つ場合により深刻になることを第13章で扱います）。子育ては良いことばかりが起こるのではなく，このような悲劇的なことが後の重要な変化につながることがあるのです。

> この節のポイント
> 
> ・自分の身体が他者を引き付けることができるという経験が，子どもに「身体水準の効力感」を持たせる。それにより自分の身体を積極的に動かそうとするようになり，志向性が確実なものになることが見出された。また，Oちゃんの入院といった心配な出来事が，一時的に兄を脇に置いて母親がOちゃんに関心を向けることを可能にした。

## 第4節　親の対応：積極的に働きかけるか？待つのがいいか？

　ここで赤ちゃんの受身的な状態に，大人側はどう対応するのが良いかを考えてみたいと思います。ここまでの場面を見ると，母親はOちゃんが届くぐらいの

距離に身を置き，積極的に関心を引こうとすることが良いといえます．しかし，生後20週の#14には以下のような場面がありました．

　母親が4日間入院した後（理由は言及されなかった）の観察でしたが，母親は必死にOちゃんとやりとりしようとしています．【母親は仰向けになったOちゃんに覆いかぶさり，「あぁー」，「まー」，「だー」など高い音程で声をかけ，1回ずつ間を空けて反応を見る．母親はOちゃんがパ行の声に特に笑顔になるのを見て，パ行の声を出し続ける．Oちゃんは笑顔にはなるが，母親の顔を見ておらず，疲れていっているようにも見えた．母親はOちゃんから離れ，私に入院中Oちゃんを実家に預けていて，「5日間会わなかったら，会った時にいつものように笑ってくれなくなってたんですよ」と明るく話す．】

　この回は幸せそうな母子の交流のようにも見えますが，ぎこちなさや疲労感が目立ち，何かが上手くいっていないように見えます．母親は何とかOちゃんの笑顔を引き出そうとして，それが叶わなかったようです．明るい話し方により目立たないようにはしていますが，母親が入院して子どもたちを置いていってしまったことの罪悪感と，それを取り戻そうと笑顔にさせようとしたけれどもできなかった落胆の気持ちがうかがえます．
　観察初期のぼんやりしてどこにも注意を向けられていない状態も，#14の仰向けに寝そべっている状態も，どちらも受身的な状態ですが，その性質を見れば大きく異なっているように考えられます．親の積極的な働きかけが，赤ちゃんの能動性を引き出すのか，逆に赤ちゃんを引きこもらせてしまうのかという違いです．精神分析的な理解からすれば，このような受身的な状態が，志向性が乏しいために行動に移すことができないのか，自身の心の活動（主体性）を対象に預けてしまっているのか（自身から分裂し，相手に投影同一化している）という区別を行うことができます．
　この#14では，Oちゃんは母親の積極的な関わりを次第に受け入れられなくなり，そこから引きこもっていきました．その直後に母親が「笑ってくれなかった」と話していることから，このやり取りがOちゃんを笑わすことができなかったのではないか，自分がOちゃんに受け入れられなかったのではないかという不安を母親に生じさせていると考えられます．この母親の気持ちは何なのでしょうか．
　親が子どもを誰かに預けた後に，子どもが荒れて大変になったということは良

くある話です。子どもは「ママなんか嫌い」と怒りを直接ぶつけてきたり,「おばあちゃんの方がいい」と別の人を賞賛したりすることで,置き去りにした親に「ああ,私はだめな親だった」という気持ちを生じさせ,二度と自分を置いていかないように戒めるようです。そもそも置いていかれた子どもの方が,自分が魅力のないだめな子どもであるという気持ちを感じていると考えられます。このだめな部分,魅力のない部分を自分から切り離して,親に感じさせようとするのです（投影同一化が起こっています）。これは子どもを少しの時間でも置き去りにするべきではないと言っているわけではありません。このようなやり取りを通して,親はいかに子どもが寂しい思いをしていたのかに思いを巡らし,関係を改善させようとすることで,子どもが自分のことを魅力がないと思い込むことが修正される機会となるのです。

＃14で母親が感じていると推測される無力感や失望は,母親の入院中にOちゃんが感じていた気持ちでもあり,それを投影同一化を通して,母親に体験させて,受け止めてもらったということができます。志向性のある状態を増やす積極的な対応とは,少し異なった対応が必要だったようです。これはビオンが「夢想」と述べたように子どもからもたらされる気持ちについて思いを巡らせ,消化してあげるような対応が望まれる局面です[注16]。親は子どもの反応を待ちながら,子どもからもたらされた感情を理解してあげることが大切と考えられます。

> この節のポイント

- 子どもの受身的な状態への親の対応は,子どもが志向性を取り戻していくためには積極的な働きかけにより子どもが身体水準の効力感を持てるようにしていくことである一方で,子どもが悲しさや無力感を投影同一化しているならば積極的に働きかけるよりもその気持ちについて受け止めて考えてあげる必要がある。

---

注16）この違いはコンテインという用語の意味の違いとしても説明されます（Alvarez, 2012）。ビオンのコンテインは,もたらされる情緒を考え,子どもが消化しやすいように返してあげることに重きがあります（Bion, 1962）。ビオンは解体状態にいる子どもに積極的に対応してしまうと,子どもは自分自身をさらに親に担わせ（過剰な投影同一化）受身的になっていくか,その関わりを無意味なものとしてはねつける（羨望を強める）と注意を喚起しています（Bion, 1959）。それに対してビックのいうコンテインは,乳児の未統合状態に適した関わりを指し,乳児を適正な覚醒状態に引き上げたり,逆になだめたり落ち着かせたりするという積極的な対応に強調点があります（Bick, 1968）。

## 第5節　身体は人間関係を理解するための劇場：
　　　　象徴の精神分析的理解

　生後5カ月で母親はOちゃんが寝返りできたと嬉しそうに報告し，Oちゃんは手と胴が連動して動くようになります。ただOちゃんのおもちゃへの関心は失われやすく，すぐに手放される特徴がありました。父親は足の骨折が治るまでは家にいることが多かったのですが，この時期には出張などで不在が増えます。母親がOちゃんに関心を向けることが多くなるにつれて，兄は頑固で怒りっぽくなり，兄と母親が緊迫した雰囲気になることが増えます。その間，Oちゃんは目を背け，私の顔をじっと見るようになりました。

　生後6カ月の#20の観察です。【Oちゃんは頭上に置いてあった立方体のおもちゃを手にして自分の足に叩きつける。3度ほど叩きつけた後に手から離れていってしまうと'えええー'と，か細い泣き声を出すが，キッチンにいる母親には聞こえない。兄が電話のおもちゃを取って音が鳴ると，Oちゃんは泣き止んで兄を見る。しかし，すぐに視線をはずして，'ええー'と再び泣く。隣にいる私が座り直すため少し動くと，Oちゃんは視界に入った私をじっと見て一瞬泣き止むが，視線をそらして再び泣く。キッチンから水道の音が聞こえると，Oちゃんは目を大きく見開いて泣き止む。近くにあったバスタオルを両手で持ち，口に入れて，口から離しては泣き出すことを何度か繰り返す。口から離れた時にOちゃんはバスタオルを見て右手だけで持ち，そして，左手に持ち替える。何度か持ち替えているうちに泣き止み，寝返りをうち，笑顔で私を見てから，ふすまのつなぎ目に関心を示して手で触る。】

　Oちゃんは少しずつ何かをしようという意志が強くなっていて，身体水準の効力感がさらなる身体の動きに移らせていることが観察されます。興味深いことに，この身体の動きはOちゃんの家族の関係を自身の身体で再現し探索しているかのように見えます。例えば，生後4カ月頃からよく見られていた，自分の指を見て口に入れたり，両手のさまざまな組み合わせを見たりといった身体の2つの部分の関係を見るという動きは，母親や兄など人と人との関わりへの関心が発達した時期と重なっています。右手と左手を母親と兄に置き換えて，その関係を見ているかのようです。Oちゃんは2つの物の関係を外から眺める第3者的な視点を持ち始めたと考えられます。

ある物を別の物で置き換えられるという力が，象徴化の力，象徴を用いることができる力です（14ページも参照）。例えば，1歳ぐらいの子どもはただの木の棒を，歯ブラシかのように，フライパン返しかのように使います。言葉も，実際のある人物などを「ママ」という音で置き換えている点で象徴の一種です。クラインは，象徴は物そのものを扱うよりも，自分に身近なものを代用物として扱えるため利用しやすく，壊す心配もないため大胆に試行錯誤ができ，発達に寄与することを強調し，それが自閉スペクトラム症と考えられるディックには難しかったと主張しました（Klein, 1930）。Oちゃんの観察から，物を用いた象徴よりも前に，子どもは自分の身体を象徴として用いると考えられる点がとても興味深いです。

　これは特に＃20の観察に見られています。この場面ではOちゃんが兄や私ではなく母親を探し求めています。おもちゃやバスタオルが自分の身体から離れてしまったときに，まるでそれが母親の代用物（象徴）であるかのように悲しそうに泣いています。日常的に慣れ親しんでいる水道の音から，（目には見えない）母親の存在に気付くと，バスタオルを右手から左手，左手から右手と移動させるのを見ました。これは母親が見えないことを，まったく失ってしまったという悲しい喪失ではなく，1つの動き，右から左への一時的な移動だと体験したようでした。その後はふすまの右扉と左扉の間の関係に関心を示しており，2つのものによるペア，カップルについて考えようとしているようでした。人間関係の性質について理解するために，自分の身体を劇場としてシミュレーションしていたと考えられます。このような象徴の理解の仕方は子どもの精神分析的心理療法の特徴でもあります（9章で詳述します）。

　この時期のOちゃんが嫌なものから視線を外すようになったという変化も重要に思います。それまでは家族の挙動が関心の的だったOちゃんですが，5カ月を過ぎた頃から母親と兄が緊迫した状況になると私の方を見ることで家族を見ないという方法を選択します。私たちが全方位にまんべんなく注意を向けられないという弱点は，見たくないものを見ないようにできるという利点でもあるのです。これは多くの自閉スペクトラム症を抱える子どもが音などの嫌な感覚刺激を避けることができずパニックになることを思い起こさせます。見たいものを見て，見たくないものにフィルターをかけられる力というのは志向性があることのメリットなのです。

| この節のポイント |

・身体水準の効力感から志向性が安定してくるにつれて，Oちゃんは家族の関

係などにも関心を向けるようになる。それに伴って，自分の身体を象徴として用いて，母親は消えたのではなく別の部屋に移動したというように人間関係について理解していったようだった。嫌なものから視線を外すことも見られ，それも志向性の利点と考えられた。

## 第6節　志向性の乏しさの残骸：パターンの崩れへの脆弱性と身体がばらばらになる体験

　生後8カ月になるとOちゃんはハイハイできるようにはなりますが，母親を後追いしたり，自分から遊ぼうとしたりすることはそれほど多くありません。この時期には，兄が一般的に歓迎されない行動をするのを母親は注意しては兄が怒り返し，母親はその対応に手一杯となり，Oちゃんも私も存在を忘れられがちでした[注17]。父親が観察にいると，兄が父親にぶつかっていったり，母親が父親に不満を言ったりしますが，父親が軽く受け止めることで，母親と兄の間は平和な雰囲気になります。すると，次第にOちゃんは母親が自分を見ていなくても，手や声で母親を呼ぶことが出てきます。

　生後11カ月の#36はOちゃんに微熱があり，入院になるかもしれない不安で母親は頭がいっぱいなようで，兄が言うことをほとんど受け付けないという特徴的な回でした。【Oちゃんは座って背中を母親にぴったりくっつけている。母親が近くにあった積木をOちゃんに渡すと，受け取って握るもののすぐに手から落ちる。しばらくして母親が立ち上がろうとOちゃんの背中から離れると，即座にOちゃんはうろたえて'んああー'と手や顔をでたらめに振り回す。振り回しているうちに，手が母親に触れると，その方向に身体を向け両手を伸ばす。「はいはい」と言って，母親が抱きあげ，Oちゃんが母親に密着すると「なんか（抱かれ方が）お猿さんみたいじゃないですか」と私に言う。】

　1歳を過ぎるとOちゃんが兄の真似をできるようになり，兄と競い合うことが増えます。Oちゃんは兄を'いやー'と押しのけたり，持ちものを取られると怒っ

---

注17）　トマセロが「9カ月革命」と名付けたように，生後9カ月以降に赤ちゃんは共同注意の力を見せはじめ，社会的な世界についての理解に飛躍的な成長を見せるようになります（Tomasello, 1999）。Oちゃんの観察では，9カ月時ではそのような劇的な変化とみなせるエピソードはないのですが，Oちゃんが家族の中で立場を獲得してきたことで兄を追いやるような不安を感じさせ，兄をいつも以上に荒れさせた可能性が推測できます（もちろん，この後には共同注意や文化に沿った活動が頻繁に観察されるようになりました）。

て近くのものを投げたりと反抗します。Oちゃんは'ママ'や兄の名前を呼んだり，父親の不在時に写真を見て'パパ'と指差したりと家族の存在を強く意識するようになっています。次第にやりたいことを母親がさせてくれないと泣くなど母親にも抗議するようになります。ただ，日常のパターンが崩れた時には激しく泣き，母親から離れにくくなります。私のことを'こわい?'と母親に聞き，「怖くないよ」と答えてもらうと安心して遊び出すということも見られ始めました。

　1歳8カ月の＃72では，家の外で私と出会うというイレギュラーな状況のため，Oちゃんは不安そうに私を見て，母親から離れません。その後，部屋に戻っても不安そうです。【Oちゃんは'抱っこ'と母親に抱っこしてもらって落ち着くと，近くのフラフープを持ち，自分と母親を輪の中に入れる。Oちゃんは笑顔になり，'あし'と言って自分の足を触る。母親が「そう，Oちゃんの足だね」と足を触りながら反応すると'てー'と手を触る。（中略）母親は近くにあったコンビカーをOちゃんの前に引き寄せ「車乗る?」と聞くと，Oちゃんは'いやー'と言い，車についていた電話を耳にあてて'パパ'と言う。その電話があったくぼみを指差して，'ない'と言う。（中略）母親が洗面所に行くと，Oちゃんも追いかける。そこから私を見て，笑顔になってドアを閉めて'ばいばい'と言う。Oちゃんはもう一度ドアを開けて，その先で見ている私を確認すると，笑顔になって，'ばー'と言う。】

　観察の最終回は，Oちゃんは前に兄がしていたすごろくを父親とするが，上手くできずにクッションの下に潜って拗ねます。父親が「飽きられてしまった」と母親に助けを求めると，Oちゃんは母親とお医者さんごっこをして，自ら医者役をして'痛い?''よかったね'と母親が良くなる場面を何度も繰り返しました。

　残りの1年4カ月を駆け足で見てきました。ここにOちゃんが自分から身体を動かし，家族の一員としての位置を獲得していくプロセスを見ることができます。このぐらいの時期になると，赤ちゃんにとって日常の生活の決まり事やパターンなどが明確になっていきます。このパターンの安定は，逆にそのパターンが崩れたときの特徴的な反応を際立たせます。この反応にこそ，身体にまとまりがなく，どこにも注意や意志が向けられないという志向性の乏しい状態の影響が現れると私は考えています。

　例えば，いつもと体調の異なる＃36の母親が離れた場面では，Oちゃんは母親のいた方に向けてしがみつこうとする目的のある動きではなく，宇宙のような

何もない空間ででたらめに手や身体を振り回して，母親に行き当たったという様子でした。身体のまとまりが弱まり，母親がどこにいるかという方向性の感覚すら失ったようです。母親も「お猿さんみたい」と表現したように，この場面では（志向性を持っている）人間というよりも，動物のように感じたのでしょう。

　そこから1年近くが経過した＃72でも，日常のパターンの崩れは身体がばらばらになるような不安を生じさせていたようです。予期せず私と会ったOちゃんは母親の抱っこからなかなか離れられませんが，フラフープの輪で自分と自分以外の境界線を明確にしたようでした。その後で自分の足と手を触って，母親に確認しますが，これは自分の手足が胴体とくっついているのかを確認したように見えます。このような身体がばらばらになるという身体感覚水準の反応は，自閉スペクトラム症を抱える子どもの反応によくあるものとして精神分析では考えられていますので，次章で紹介します。また，自閉スペクトラム症を抱える子どもが初めての場所や初めての経験，いつも通っている道順と違うことにパニックになることはよく知られています。このパニックも単に心が辛いというだけではなく，身体がばらばらになるかのような耐えがたい経験なのでしょう。抱っこは，身体がまとまっているという感覚を取り戻せるゆえに役に立ちます。自閉スペクトラム症を抱える子どもが，ハンモックで揺らしてもらったり，カーテンにくるまったり，狭いところに押し入ったりするのが好きなのも，ばらばらになる感覚から身を守る理由からかもしれません。

　パターンの崩壊などで志向性の乏しさが再現したことは同様でも，＃34と＃72には大きな違いもあります。1年ほど発達を重ねたOちゃんは＃72では母親の助けも借りながら自分で志向性を取り戻そうとすることができます。一緒に身体を触り身体のまとまりを確認すると，自分から積極的に私といないいないばあのような遊びを始め，私と家の外で会うという初めての経験をいつもの別れて出会うというバリエーションの1つとして理解していったようです。

　また，Oちゃんの2歳までの経過は家族関係の重要性を再確認させてくれるものでもあります。志向性を回復する場面ではもちろん母親の存在も大切なのですが，母親がOちゃんに関心を向け続けるには父親の役割も重要だったと見ることができます。父親は兄の攻撃を受けたり，母親の不満を聞いたりするだけで，目立って何かをしたという風には見えないかもしれません。しかし，特に最終回の遊びに典型的に見られているように，Oちゃんのすごろくが上手くできない

という不快な感情は父親の中に位置づけられ（投影同一化），「飽きられてしまった」と父親の傷として体験されることで，Oちゃんは母親と傷が癒えるお医者さんごっこを自発的に行い，傷つきから少し距離を置いて第3者的に体験することが可能になっています。ここで癒した傷は父親が担ってくれた傷でもあり，かつてそれはOちゃんの傷だったものなのです。平井ら（2009）は乳児の象徴化に寄与する経験として，さまざまな感情が，まず保育空間のどこかで誰かの心に位置づけられ，後に乳児が感じられるようになっていくことが必要だと指摘しています。誰かの不快な感情の置き場所になってくれる点で，物わかりの悪い父親，子育てが上手くない父親の存在価値をもっと評価していいのかもしれません。自閉スペクトラム症の特性を持っている子どもであれば，志向性を回復する場面はもっと少ないことが考えられ，親が積極的に関わるか少し待つかといった適切なバランスをとることはさらに難しい作業となります。これを母親一人の役割とするのは，大きな荷物を抱えさせ過ぎだということを，この観察事例が教えてくれているのではないでしょうか。

> この節のポイント

- 赤ちゃんは成長した後でも生活のパターンが崩れる際などに，志向性の乏しさの特徴でもある身体がばらばらになるような感覚が生じる。抱っこや物に包まれる感覚は身体がまとまるという体験を取り戻すために役に立つ。母親が子どもにバランスよく対応するためには，子育ての苦手な父親という存在も，家族が怒りや無力感を投影同一化する受け皿になる点で評価できる。

# 第9章

# 子どもの心理療法はどう始まって，どう進むの？

## 第1節　精神分析的心理療法と自閉スペクトラム症の不幸な出会いから再会へ

　自閉スペクトラム症を抱える人に対してできることは何かという問いがたてられたときに，皆さんは何を思い浮かべるでしょうか。その人を直接対象とした心理療法が挙げられるのは，そのリストのかなり後半になってからでしょう。思い浮かべやすいものは，特性に合わせた構造化を行うTEACCH，「条件づけ」などの行動理論を背景に不適切な行動を修正する行動療法・応用行動分析，ほかにも感覚統合療法なども挙げられるでしょうし，薬物療法が必要になる人もいるでしょう。その後に心理療法が続くかどうかも疑わしく，かなり冷遇されているといえます。

　そこには，心理療法，特に精神分析的心理療法が自閉スペクトラム症の誤った病因を信じ続けた歴史の影響があると思います。それを社会学者の竹中（2012）は自閉症と精神分析の「不幸な出会い」として記述して，過去にアメリカの精神分析家が母親の養育態度が自閉症の根本原因と見なしたことを紹介しています。「冷蔵庫のように冷たい」母親が子どもを自閉症にしたと考えたのです。本当に冷蔵庫のように冷たい親ならば，そんなことを言われても気にも留めなかったでしょうが，温かい心を持って一生懸命子どもを育てようとしていた多くの親が自分を責めて傷つきました（脳の機能障害であることがわかるまで続きました）。さらに心理療法で自閉症が完治するかのような誇大広告も大きな批判にさらされました。その後遺症からか，現在の精神分析的心理療法が発達研究や神経科学の知見によって修正を行い，自閉症の特性がその人と取り巻く家族にどのような苦悩を生じさせているかに寄り添おうとしていることはあまり知られていません。

　ここまでもお話してきた通り，私が採用している方法はイギリスで主に発展した現代クライン派の考えを基盤にしています。現代クライン派とは，その名の通り，メラニークライン以後のセラピストたちの仕事を集約した考え方で，自閉症と不幸な出会いをしたアメリカで広がった精神分析とは多くの点で異なっていま

す。その相違点は，精神分析の発見者であるフロイトの娘のアンナフロイト (Anna Freud) とクラインとの間に起こった子どもの精神分析をめぐる大論争での議論に象徴的に現れています。アンナフロイトは，子どもは親からの影響の最中にいるので精神分析を直接行うことはできないと考え，親への指導など環境を重視しました。これが極端な形で進み，自閉症でさえも親や環境が原因で，親を修正しなければならないと考えられるようになったようです。それに対して，第7章でも解説したようにクラインは赤ちゃんであっても子どもは独自の心の世界を持ち，それを通して他者と関わっていると主張しました。

　竹中 (2012) も，フロイトの思索の中に隠れていた，自閉症を探求する素地となるような考えがクラインの考えの中では明確になっていることを認めています。発達研究で有名なトレバーセンら (Trevarthen et al., 1998) も，当時の精神分析と医学にあった子どもの情動の病理への無理解が，クラインによって部分的に修正されたと述べています。そして，(現代の) 精神分析的心理療法が，外界と関わろうとする動機を阻害され混乱状態にある子どもの支援の方法となりつつあることを認めています。現代クライン派では，自閉スペクトラム症を抱える人はこのような対人関係に乗り出す動機に困難を持っていると考え，その人たちを対人関係の魅力にひきつけ，そこからさまざまな恩恵を受けられるようにすることを目指します。

　クラインの子どもの素因を重視する考えは，ボウルビィ (Bowlby)[注18]が指導者を務めたタビストッククリニックにおいて，家族との協働も重視したアプローチに修正されました。これは子どもが親との相互作用で発達していくという発達研究の知見を取り込んだものであり，親を自閉症の原因と見なす考えとは全く異なっています。このような考えに基づいた精神分析的心理療法は，「発達研究に裏打ちされた心理療法 (developmentally informed psychotherapy)」(Alvarez & Reid, 1999) と呼ばれるようになりました。日本においても，タビ

---

注18)　ボウルビィは，アタッチメント理論の提唱者で，赤ちゃんには不安を慰めるためお母さん (をはじめとする他者) にくっつこうとする本能があることを見出し，人間と人間の情緒的な絆の重要性を比較行動学 (他の哺乳類などとの比較・検討) や実験を通して実証しました (Bowlby, 1969／1982)。そこには子どもの精神衛生は母親 (もしくは，母親役割を果たす人) との関わりが暖かく，親密で，継続的で，しかも両者が幸福感に満たされている状態が根本とした考えが基盤にあります (Bowlby, 1951)。ボウルビィは精神分析を検証によってチェックすることで信頼できる学問にする意図がありましたが，現在アタッチメント理論は精神分析よりむしろ発達研究の領域で広く受け入れられています。

ストッククリニックに留学した平井（2009）や木部（2006）などによって，自閉症に対するアプローチの実践が紹介されています。

> **この節のポイント**
> ・自閉症へのアプローチとして，アメリカで発展した精神分析は原因が親だと考えたことで非難されたが，イギリスで発展した現代クライン派の精神分析は子ども自身の対人関係に乗り出す動機の困難として捉え，家族との協働も進めている。また多くの発達研究の知見を参照し，「発達研究に裏打ちされた心理療法」として貢献できるよう工夫されている。

## 第2節　現代クライン派の自閉スペクトラム症理解：身体水準の反応とは？

　前章で定型発達の赤ちゃんでも，志向性がない状態の特徴としての身体がばらばらになるような体験をしていることを描き出しました。自閉スペクトラム症を抱える子どもが身体水準の反応をするということが，現代クライン派の理解には欠かせない視点です。例えば，いつも起こると期待していることが外れると自分の身体が傷ついたと経験することが指摘されています（Tustin, 1972）。また，同様の状況で皮膚がはがされると経験する男児は，自身の身体を一通り触ることで身体の存在を確認して安心したと報告されています（Rhode, 2009）。ここで重要なのは，身体水準の反応と，心という水準での反応がどう違うかです。

　身体水準の反応というのは，別に自閉スペクトラム症を抱える人だけに見られるものではありません。あまりにも衝撃的な体験は，心という水準では体験しないことをまさに身に覚えのある人も多いのではないでしょうか。震えが止まらない，過呼吸になる，血の気が引いて立っていられない，涙が止まらない，逃げ出さずにはいられない，叫び出さずにはいられないなど例を挙げればきりがありません。しかし，多くの人は，すぐにでは無理でも，なぜそのような状態になったのかを自分自身にも他者にも説明することができます。昔いじめてきた人を偶然見かけたから，自分が大切にしているものを馬鹿にされたからなどの理由が思い当たります。身体水準で反応していても，すぐに意味づけられる心の水準で体験されるようになるのです。これができないと，自分でも何が起こったかわけわからなくなりますし，他の人にわかってもらうこともできません。

この身体水準の反応に着目して自閉スペクトラム症の精神分析的理解を推し進めたのは，タスティンという精神分析家です。タスティンは言葉がまだ発達していないような重度の自閉スペクトラム症と考えられる子どもと週5回の集中的な心理療法を行い，ほとんど障害がわからないほどの発達を遂げた事例を報告しています[注19]。タスティンの考えも難解なように思えますが，基本的にはこれまでに述べてきた考えの延長線上にあります。自分と他者の人間関係を基盤に，自分の陣地でありながら他者との重なり合う緩衝材としての心的空間があるわけですが（106ページ参照），タスティンは自閉スペクトラム症を抱える子どもは他者と離れることで自分の身体の一部も一緒にはがされてしまうように体験すると考えました（Tustin, 1972）。心的空間がない中で体験される分離性の困難であり，身体水準の反応であることから特に「身体的分離性の困難」と呼ばれています。この裂け目を子どもは「ブラックホール」，「嫌な棘」のように感じるとして，イメージしやすい言葉で説明されています。そこから身を守るために「自分ではない」と感じるものすべてに気付かないようにすると考えられています。その方法は，他者の存在を無視しても良いですし，自分が他者の考えに全く従ってしまうことでも自分と他者が一緒だと感じられることにもなります。私がここまで述べてきたように，「他者が見えない」状態か「自分が見えない」状態かのどちらかだけになってしまうといえます。

　もちろんこれも比喩であり，「ブラックホール」などの例えは私たちが理解しやすくするためのものであって，子どもはそのようには感じていません。まさに身体水準で反応しているのです。そのため，自閉スペクトラム症を抱える子どもに，「お母さんと離れるのがそんなに嫌なのはどうして？」と聞いても，「自分の身体ごと失われてしまうように思うから」とは答えてくれません。「大切な存在であるはずのお母さんすら，いてもいなくても変わらないように振る舞うのはどうして？」と質問して，「大切だと意識してしまったら離れるのが痛いと感じるから」とも答えてくれません。しかし，そのように感じていると思うと，自閉スペクトラム症を抱える子どもがしていることに私たちが共感できるというメリットがあります。

　そして，彼らは自分で自由に作り出せる感覚によって他者の大切さに気付かな

---

注19）現在の日本では，週1回の心理療法を継続的に提供することすら珍しいような状況ですので，このような週複数回の心理療法実践の効果があるのかどうかを確かめることすらできないのは残念です。

いようにすると考えられています。例えば口の中で泡をぶくぶくさせたり，その場でくるくる回ったりすることです。自分のつばやうんちを部屋中にぬりたくろうとすることも，自分ではないと感じられる物を自分の一部にするためにしていると考えられます。相手の質問とほとんど関係ない仮面ライダーの話を一方的にすることも他者の存在を締め出している側面もあるでしょう。言葉はいつも自分の体験を相手に伝えるために使われるのではないということです。ぼんやりして何にも気付かないようにするという方法も苦痛を避けるためには効果的です。

　心の水準ではなく，身体水準の反応をしているという特徴をまとめると，体験を自分にも他者にも説明できないほど圧倒的であることと，理解してもらうといった通常の人間関係がそこから閉め出されてしまうことの2点に集約されます。すると，子どもが自分で自分の心に気付いていき，相手がその子どもの心を理解できることが対応としては重要になります。そこに心理療法が役に立つのです。

|この節のポイント|
・現代クライン派の自閉スペクトラム症の理解は，他者が自分の一部ではないことの気付きが，強い苦痛を引き起こすため，他者の存在を意識しなくなると考えられた。また，その苦痛は，身体水準の反応であるがゆえに，自分自身でも何が起こっているか把握できず，他者とわかり合うことが極度に困難になる。

## 第3節　心理療法のよくある流れ：子ども単独の面接を持つ理由

**インテーク（初回面接）**
　私たちの心理療法のやり方においては，まず何回かの面接をなるべく家族全員に来てもらって行います。子どもがいるところでは話しにくいと言う方は，親だけ最初に来談することもあります。どんなところかわからないところに子どもを連れていくのは不安ということもあるでしょう。主に相談したいと思っている子ども以外のきょうだいにも来てもらうことは，セラピストがきょうだいの関係を見ることができると同時に，そのきょうだいが自分はのけ者だと感じることを避けることもできます。しかし，現実的には，他のきょうだいや父親などは来談されずに進むことが多いように思います。この時点で，子育ての責任を母親だけが負わされている可能性や，夫婦間で協力を求め合うことが難しいという可能性が

見えてきます。

　相談したいと思っている子どもになぜここに来たのかを全く内緒にして始めることはしません。親から「この子に説明したってわかりませんよ」という言葉が出てくることもあります。ただ，他人の話など全く聞いていないように見えた子どもが，親とセラピストが話しているのを実は聞いていたことがずいぶん後になってわかるということもあります。聞く力が制限されている子どもであっても，誰かが話しかけない限り，聞けるようになることはないのです。ただ，これは親として話しかけることをさぼっているわけではなく，親の思いが子どもに伝わらないことで抱えてきた絶望と考える方が妥当に思います。なぜなら，自閉スペクトラム症を抱える子どもと深く出会ってきたセラピストならば，自分の声が子どもに届かず，諦めてしまいたくなる気持ちになることはなじみのある経験だからです。自閉スペクトラム症は，関わろうとする人のやる気や希望を損なうほどのインパクトがあり，家族とセラピストと協働して，そこにどう抗っていくかを一緒に考えていくことが私たちのアプローチの根幹でもあります。家族とセラピストとの間で問題意識が共有され，親と共同して取り組んでいくということが実感されるまで，この段階の面接は丁寧に行っていきます。そのため1回だけで終わることばかりではありません。

## 親子並行面接（心理療法のためのアセスメント面接）

　子どもと親とセラピストの間で何が課題となっているかが共有されると，親は親担当セラピストと，子どもは子ども担当セラピストとそれぞれ別室で面接をするようにします。これを親子並行面接と呼びます。来談してすぐに「別々で面接をします」と言われると，親のことを邪魔だと思っているのかと不信感が募るかもしれません。しかし，ここまでに問題意識を十分に共有できていると，セラピストは親が悪いと思っていないと親は実感しているでしょう。

　一般的には，親子並行面接を3～5回ぐらい持ちます。別室面接を設定するのは，セラピストが子ども以外のことに集中力を割かなくて済む状況を作り，子どもがセラピストをどう感じているか，何を表現しようとしているのかを必死で探るためなのです。具体的にどのようなことから子どもの体験を知ろうとするかについては次節で書きますので，心理療法がそれだけの集中力を注ぐ必要のある取り組みであることをわかってもらえると思います。

　親子並行面接ですから，子どもが面接をしているときに，親も別室で面接を行

うことになります。この段階になって，改めて親が子育てにおいていかに自信を失ってきたか，周囲から心無い目を向けられてきたかという傷つきが語られる場合も多いです。心理療法に連れてくるときには焦りや混乱で自分の気持ちについて目を向ける余裕がなかったのが，親子別室になり余裕ができることで自分の気持ちに気付いてびっくりされることもあります。親自身がこのような体験をすることができると，子どもが十分に時間をとってセラピストと会うということに大きな意味があると理解しやすくなります。

　これらのプロセスは子どもとその家族が生きてきた歴史を知るという目的が主なものですが，子どもに心理療法が貢献できるかどうかを試すものでもあります。プロセスを通して，子どもが悪化していかないか，親の自信を失わせるだけの経験になっていないかを吟味します。また，親が子どもを心理療法に継続的に連れてこられるかどうかも，その後の心理療法を行えるかどうかの重要な判断材料です。そのためこのプロセスも継続的な心理療法と同じ面接の構造を取らなければなりませんので，同じ頻度（多くは週1回），同じ曜日，同じ時間に来談してもらうことになります。こうした事情から査定を意味する「アセスメント」という言葉を用いて，このプロセスは「心理療法のためのアセスメント」と呼ばれます。

**振り返り面接と心理療法の開始**
　最後に再び家族同席の面接を設定し，今までの面接の振り返りを行います。セラピスト側が子どもに心理療法を提供することが力になると判断し，子どもも親もそれを希望した場合に継続的な心理療法を行うことになります。私はこの段階では心理療法を始めないという選択になることも重要だと思います。家族の動機が十分に育ち，通ってくるのを困難にさせる事情を落ち着かせるのを待った方が良い場合も多いと思います。特に，両親の離婚や面会の調停中である場合や，片方の親からのDVなどが関連する場合，親の未治療の精神疾患がある可能性が考えられる場合などは，生活を安定させ，親が落ち着いて考えることができるようになることを優先させた方が良いでしょう。そのために子どもの面接は開始せずに，親の面接だけを提供することも少なくありません。どちらにしても，この段階では何が問題になっていそうか，心理療法はどのような状態に力になれるかが話し合われているわけですから，いま始めなくても必要な時に始めれば良いとセラピストも親も思うことができるわけです。

　振り返り面接は，親が子ども担当セラピストに直接質問できる機会としても

重要です。子どもを心理療法に連れてくることで，子育てに失敗した親と見られるのではないかと親が不安になることはよくあることです。しかし，実際に振り返り面接などで話すと，子ども担当セラピストと親は子どもからもたらされる気持ちが驚くほど一緒で，戦友のような信頼関係で結ばれることが少なくありません。そのため，心理療法が継続になった後も，学期に1回ぐらいは振り返り面接を持ち，親が心理療法で何をしているのかわからないとなることを防ぎ，家族とセラピストがいま取り組んでいる課題を共有します。これが子ども自身に環境と関わろうとする動機の難しさがあると考えながら，家族との協働も重視した，現代クライン派の子どもの心理療法なのです。

> **この節のポイント**
> ・現代クライン派の心理療法は，家族との協働を重視し，早急に親子別々で面接を行うことはしない。目的が共有できてから，子どもを集中的に見るために別室の面接を3～5回提供するが，これは心理療法が貢献できるか，継続できるかを試す意味もある。

## 第4節　心理療法は子どもの主観にどう迫るか

　セラピストが子どもと一対一で会うことによって，どのような視点から子どもの感じていることに迫るのでしょうか。子どもは言葉だけで気持ちを表現することは難しいでしょうし，年齢が小さいほど表現も限られています。子どもの心理療法は「遊戯療法（プレイセラピー）」と呼ばれることもあるように，遊びが中心となりますが，その理解の方法も独特です。私は以下の3つの視点を複合させて検討していると説明するのがわかりやすいのではないかと思っています。

　①子どもの態度や行動に注目する視点
　②子どもの遊びの象徴的表現に注目する視点
　③関わるセラピストの逆転移に注目する視点

### 1　子どもの態度や行動に注目する視点

　これは成人の心理療法の際に注目することと大きな違いはありません。心理療法場面での子どもの表情，振る舞い，態度，気分などから，子どもがその時点で

どのような感情になっているかを推測します。

　心理療法の際に特に意識するのは，行動の展開，流れとも呼べるものです。例えば，ある子どもが元気なく，部屋の隅っこでしょげているとしましょう。その前の行動が，乱暴に部屋のおもちゃを壊したというものなら，自分がやりすぎてしまったことによる罪悪感や，自分が嫌な子だから嫌われてしまったのではないかという気持ちの現れと考えられます。しかし，その前の行動が他の子どもの作った物が部屋に落ちていたのを発見したということだったら，意味が大きく変わってきます。セラピストが自分よりも他の子どもを大切にしていると感じて，すねているのかもしれません。このように1つ1つの行動で何かを判断するというよりも，その展開，ストーリーを大切にするのです。

　子どもの場合は，特にセラピストと出会う場面とお別れする場面の行動に注目することが重要です。心理療法の開始時にはセラピストは新奇な人物ですが，心理療法を通して子どもの苦痛や不安が理解される経験が重なれば，子どもにとって大切な人物となっていきます。その別れと出会いの際にどう振舞うか，夏休みなどの長期の休みにどう反応するかは，その子どもが他者（特に大切な他者）をどのように体験しているかを明らかにしてくれます。さらに，セラピストとの出会いと別れは，保護者との一時的な別れと再会でもあります。アタッチメント理論は母親と赤ちゃんとの別れと再会の場面での子どもの行動に注目することで，親と子どもの情緒的な絆の性質[注20]を検討する方法を導き出しています（Ainsworthら，1978）。これは年長の子どもでも似たような反応が見られることがわかっています（Solomonら，1999）。また，別れに反応が乏しい子どもは別れの問題がないわけではなく，苦痛だからこそ，それを見ないようにしている可能性があります。その指標として，別れの後に遊びに集中できるかに注目します（専門的には探索と呼ばれます）。つまり，遊びがコロコロ変わってしまわずに，1つの遊びに集中できるかどうかに，その子どもの安心感が表れると考えられるのです。

---

注20）「ストレンジ・シチュエーション法」と呼ばれる方法で，12カ月の乳児を見知らぬ部屋に養育者と共に入室させ，養育者との分離・再会の場面を実験的に作り出します。乳児の養育者に対する行動のパターンは主に3グループに分類されます。回避型（Aタイプ）は，母親との分離に苦痛を示さず，母親を避けようとするような行動が見られます。安定型（Bタイプ）は，分離時には多少の混乱を見せるが，再会時には母親を歓迎し，容易に落ち着きます。アンビバレント・抵抗型（Cタイプ）は分離に非常に強い混乱を示し，再会時には近づきながらも激しく怒るという両価的な行動が認められます。乳児の頃のこのパターンが成人になっても親密な他者との関係で似たようなパターンを繰り返すことが知られています。

## 2　子どもの遊びの象徴的表現に注目する視点

　さまざまな行動や話される言葉，さらにはその流れを検討していくことで，子どもの体験や気持ちはかなり見えてきます。しかし，それだけではやはり限界もあります。それを補い，子どもの心理療法の醍醐味ともいえる部分が，この象徴的な表現の理解です。子どもが絵に書いた内容や，ごっこ遊びで出てくるキャラクターなどから，子どもが自分や他者をどのように体験しているかを読み取っていきます。

　精神分析を発見したフロイトは自分の1歳6カ月の孫の遊びを観察し，その母親が不在になったときに決まって現れる遊びがあることに気付きます。その男の子は糸巻きを部屋の隅などに投げては，見つけ出すという遊びをしています。フロイトは男の子が「いった」「いた」とつぶやきながら遊んでいることに気付き，この糸巻きは母親の代わりとして扱われていて，男の子はお母さんがいなくなることを遊びで表現していたと考えました（象徴については125ページも参照のこと）。フロイトは「子どもたちは，生活のうちにあって強い印象を与えたものを，すべて遊戯の中で反復する」（Freud, 1920）と考えています。また，お母さんと別れることは，子どもにとっては楽しいことではないですが，実際にお母さんがいなくなるという自分の力でどうすることもできない無力な体験を，遊びの中では能動的に体験し直すことで乗り越えようとしていると考えました。地震や津波を経験した子どもが地震ごっこや津波ごっこをすることが良く知られてきていますが，それも衝撃的で無力な体験を理解し乗り越えようとしている子どもの努力と考えられるのです。

　ドールハウスのお母さん人形を実際のお母さん代わりに使っているということは理解しやすいですが，糸巻きをお母さんとしていることは違和感があるかもしれません。ただ，子どもの遊びを見ると，長い鉛筆と短い鉛筆があっただけでも，お母さんと子どもなどの役割を取らせて遊ぶことはよくあります。虐待を受けている子どもは，動物フィギュアでどれだけ頑張っても認めてもらえずに，放りだされて，殴られるというような自分が体験していることを表現することもあります。言葉で何があったかを聞いて説明させるよりも，はるかに子どもが何を体験してきたのかがわかる方法なのです。

## 3　関わるセラピストの逆転移に注目する視点

　逆転移とは，簡単にいえばクライエントと接しているときにセラピスト側に湧

き上がる感情を指します。クライエントである子どもは過去に出会った人物（多くは親などの重要な人物）を示すものとしてセラピストを見るようになります（これを転移といいます）。子どもはドールハウスの人形を母親の代わりに用いるだけでなく，セラピストも母親の代わりとして扱うことがあるのです。例えば，親が自分のことを信じてくれないと感じている子どもは，セラピストもきっと自分のことを信じていないと感じます。それを向けられたセラピストは自分だけは子どもを信じていることをわかってもらおうと頑張るかもしれませんが，次第にその子どもの親が感じているように子どもを信じられないという気持ちになるのです。これが逆転移です。心理療法の中では多くの場合，これは気付かない微妙な形で展開しています。セラピストは意識的にはその子どものことを好きだと感じていても，面接室のおもちゃが無くなった時などにその子どものことを真っ先に疑ってしまうかもしれません。そうなったときに初めてセラピストとその子どもがどのような関係になっていたかに気付くのです。

　フロイトは逆転移はセラピスト側が未熟だからこそ起こるもので，セラピスト自身がセラピーを受けることで解消しなければならないと考えていました（Freud, 1910）。しかし，逆転移という現象は，セラピストが活用しようと思うかどうかに関わらず必ず生じています。他者と出会って何も感じない人などいないからです。そこから逆転移はクライエントのパーソナリティの一部であるととらえる考え方も出てきています（Heimann, 1950）。見えにくい子どもの体験は逆転移によってセラピストの心に映し出されるということです。子どもの表現という些細な音源が，セラピストの心というスピーカーによって増幅され，聞き取れるようになるのです。自閉スペクトラム症を抱える子どもは，自分の気持ちをわかりやすく表現することが難しい場合が多いので，特に逆転移の視点が重要になります。

　これら3つの視点により，心理療法は子どもの体験を明らかにしようとします。どの視点も1つだけではセラピストの思い込みである恐れがあります。これを組み合わせることでより妥当な判断に近づけることが可能です。このような工夫を通して，子どもの体験を探り，その仮説を持って子どもと関わり，さらに子どもの反応からその仮説を検証するというのが，心理療法の繰り返されるセッションの中でセラピストが行なっていることなのです。

> **この節のポイント**
>
> ・子どもの心理療法が子どもだけに集中できる場を必要とするのは，①子どもの態度や行動に注目する視点，②子どもの遊びの象徴的表現に注目する視点，③関わるセラピストの逆転移に注目する視点という3つの視点を合わせて，一面的にならないように気を付けながら子どもの主観に迫るためである。

## 第5節 心理療法はもっと柔軟にできないのか

　心理療法は，毎週決まった曜日・時間にやり，なるべく休まない方が良いとされていますが，実際に始まるとこれを融通が利かないと感じることも少なくありません。実際に生活しているとさまざまなイベントなどがあり，決まった時間に行くことが難しいことが出てきます。いつも火曜日16時からだけど，この週だけは水曜の17時にして欲しいと思うこともあるわけですが，多くの場合は柔軟に変更を行うことはしません（ただ，振り替えなければ長期間の休みになってしまう場合などは検討の必要があります）。そこは水曜の17時には別の人の予約が入っているといった現実的な事情もありますが，一定のペースがあることが，心理療法において子どもを理解することに不可欠だからという事情があります。

　子どもの心理療法は，子どもの体験を知ろうとする特色があることはすでに述べてきた通りです。子どもの体験は，私たちが普通に想像することとは異なっていることが良くあります。例えば，子どもが電車に遅れて10分到着が遅れたとします。セラピストに責任はないはずですが，子どもからすればセラピストが意地悪で10分短くしたと感じるかもしれません。いつもは元気に話す子どもが，1週休みがあった次の週の面接では全く話さなかった時にも，セラピストが話そうとしない，落ち込んでいる，怒っていると子どもは感じていたかもしれません。このように子どもはさまざまな感じ方をする可能性がありますし，それこそが心理療法で知りたい子どもの個性[注22]なのです。しかし，子どもはセラピスト側の問題だと感じているわけですから，自分の特徴と思うことはできません。心理療法が定期的なリズムを持つからこそ，これらがセラピストのせいではなく，時間や

---

注22）これは現代クライン派の「内的対象」という概念です。人は他者が実際にどのような人かということ以上に，自分の内的対象のイメージに沿って人のことを理解します。例えば，子どもが「お父さんはよく怒る」と話すことがありますが，それは実際の父親が怒るのか，子どもが持っているイメージによって色付けられているのか慎重に見極める必要があります。

休みを巡って自分の中に生じてきた感情なんだと気付ける可能性が出てくるのです。他にも両親の離婚を自分のせいだと感じる子どもや，父親の単身赴任を自分に魅力がないから父親が帰ってこないのだと感じる子どももいます。風邪でしんどそうな子どもも，心の中では誰かに攻撃されると怯えて泣いていることもあります（治療する医師に必要以上におびえるのはこのせいかもしれません）。子どもが他者をどのような存在と感じているのか，自分をどんな存在と思っているのか，人と人との関係をどのようなものだと思っているのかは，子ども側の見方で理解する必要があり，このためにも設定はコロコロと変えてはいけないのです。

　また，人の心は固定したものではなく，時と場合によって変化しやすいものであることも，心理療法の設定をあまり変えない方が良い事情の1つです。自閉スペクトラム症を抱える人は，他者に関心を持つことがない，思いやりを示すことがないと思われることがありますが，ある時には強い関心や優しさを示すことがあることは，彼らと長く一緒にいたことがある人なら経験があるでしょう。アルバレズという主に子どもを対象に臨床を行っている精神分析家は，自閉症と診断される子どもの中にも非自閉症的なパーソナリティ部分があることを示しました（Alvarez, 1999）。自閉スペクトラム症を抱える子どもは，多くの時間は自閉症的パーソナリティが表に出ていますが，ある瞬間には他の人に気付き，関心を持つような心の状態も表に出るというわけです[注23]。そのため，その子どもの中に非自閉症的なパーソナリティを見つけ出し，どのようにしたら出てきやすくなるのか，どうして引っ込んでしまうのかを見ていくことが重要です。

　これは顕微鏡に例えられることがあります。一歩引いた位置から見たら，自閉症のようにしか見えない心も，顕微鏡的な微細な目で見たら，そうではない心の状態が見えてくるのです。セラピストは子どもに人と関わらせるよう強制するのではありません。関わりを求める子どもの部分を見つけ，子どもの意志でそれを出しやすいように見守っていくのです。心理療法によってそれが可能なのは，親や教師とは違い，育児や家事に追われることなく，教育をする責任もないからこそ，顕微鏡を落ち着いて覗くことができるからです。同じ環境の中で顕微鏡を覗

---

注23）これらの概念は，自閉症という「診断」を否定する意図は全くありません。むしろ，瞬間に目を向けることで，同じ診断を受けている人の間にある差異や，障害を受けた心と正気な心・定型発達の心とどう連続性があるかを見出すことを可能にするものです。そのため，現在の自閉症をスペクトラムとして見る見方と親和性が強い概念です。

かないと何の要因による変化かわからないため，心理療法の設定を柔軟にすることは避けるのが望ましいのです。

> この節のポイント
> ・子どもが他者や自分をどのように感じているのかを知り，それを子ども自身が気付くようにしていくためにも，頻度や時間といった心理療法の設定は変えないことが望ましい。その安定した構造に助けられ，その子どもの中の人との関りを強く求める非自閉症的なパーソナリティを発見し，それが表に出てきやすくすることが可能になる。

# 第10章

# 子どもの意志に居場所を与える：
# Aとの心理療法1年目

## 第1節　Aの問題の再確認と心理療法の導入

　この章からは，第1章で紹介したAの，その後の心理療法の経過を検討することで，自閉スペクトラム症の子どもの体験を明らかにし，その対応の方法について検討してきたいと思います。Aの心理療法は長期にわたって継続されていて，この章では心理療法の最初の1年の経過を提示します。生育歴や来談に至る経緯などの詳細は第1章を参照してもらえればと思いますが，簡単に振り返ります。小学校3年生の男児Aは鉛筆を噛むことを母親が心配して相談機関に連れてこられました。Aは母親に言われるまで動かない受身的な傾向があり，何を考えているのかわからないと母親が不安になっていました。3回行ったアセスメント面接（解説は136ページ）の初回を提示しましたが，そこでのAも私の指示に応じて振る舞う受身的な傾向が強く，自分の意志を隠しているというよりも，意志がなくなってしまっているようでした。

・アセスメント面接の2回目から心理療法の継続の同意まで

　　Aはミニカーを手にして箱庭の中で走らせ，砂の中に埋めたり，他の車とぶつけたりしますが，笑顔を崩さず淡々とやります。そのため，走らせたいのか，隠したいのか，ぶつけたいのか，何をしたいか読み取ることに私はとても苦労していました。Aの発言はAの遊びについて私が言った言葉（例えば「ぶつかったね」「埋まったね」など）を同じように繰り返して言うことが中心であり，他の発言もありましたが，それは消え入るような声でわかりにくいものでした。そして，何度も私の顔を見て，遊びが中断します。次第に部屋にあるすべてのフィギュアを箱庭に入れて，混沌となったところで時間終了となりました。私はわからなさのために，心理療法が役に立つのか心配しましたが，3回を通じて鉛筆を噛むことに潜在する何らかの空想がミニカーをぶつける遊びに現れている可能性を感じると同時に，私がAに対して温かい気持ちと強い好奇心を持っていることに気付きます。また，Aも経過とともに自発的な発声が増えていき，面接に来ることを楽しみにしている様子が見

られました。そのため，私はAとの心理療法が簡単に変化をもたらしはしないものの，Aとその家族に貢献する可能性があると判断しました[注24]。

母親とAにアセスメント面接の結果をフィードバックします。私はAが自分の意志や気持ちを相手に表現することがとても難しいこと，ミニカーをぶつける遊びにはいら立ちやぶつけたい思いがあるのかもしれないけれども現時点ではその内容まではわからないこと，心理療法を続けていくことが役に立つかもしれないことを伝えました。母親は継続を希望します。Aは話に対して笑顔で「うん」とうなずくだけで，何を思っているかはわかりませんでした。Aとは週1回45分の心理療法を，母親とは月1回の面接を行うことで合意しました。

受身グループの特徴としてよく言われるように，学校はAを適応的と見なしていましたが，Aに心理療法を提供する必要があったのでしょうか。問題行動なく日々を過ごせることはとても立派なことであり，心理療法を継続することは時間や手間を必要としますし，Aに苦痛が生じる可能性もあります。しかし，少なくとも母親はAの受身的な状態を苦痛に感じていました。母親が話を聞いてもらいたいだけではなく，誰かにAの心を発見してもらいたいと願っていました。また，第5章のインタビューでもよく聞かれていた通り，母親は子どもの人生に全責任を負っているように感じており，いつまでも安心できないアリ地獄のような苦しみの中にいました。A自身が苦痛を感じていたかどうかはこの段階では判断する材料は十分にはありません。それでも，私は泣きたいときでも，笑顔を崩せない人の苦痛をよく知っていますし，Aが自分自身の意志を持てるようになった方がいいだろうと考えました。

| この節のポイント |

- アセスメント面接の期間のAは受身性が強く，意志が見えない特徴があったが，徐々に発言も増え，来談を楽しんでいるように見えること，私に温かさと好奇心が喚起されること，親からの協力が得られそうなことから心理療法を継続することにした。

---

注24) 自閉スペクトラム症を抱える子どものアセスメントにおいて，心理療法が肯定的に働くための見通しには，家族の協力，学校によるサポート，子どもがいかに人としての温かさをセラピストに鼓舞するかの3要件のうち2つは満たす必要があると提言されています（Rhode, 2000）。Aの事例はこれを満たしていると考えられました。

## 第2節　心を変えてしまうことをめぐるジレンマ

・継続的な心理療法の開始から最初の長期休みまで

　　Ａはアセスメント時と同様に箱庭の中でミニカー同士をぶつけ合わせることをするのですが，途中で何度も私の顔を見ます。不安だから，私の指示を求めているからなどの理由があるようには思えず，むしろＡが自分の意志（ミニカーで遊ぼうと思っていたこと）を忘れてしまっているように見えました。そこで，私は微笑んでＡの反応を待ったり，ＡとＡが扱う物を交互に見ながら，Ａの行動に関心はあるが指示はしない姿勢を示しました。また，私は「（砂に）埋まっていってるね」などの状況の単純な記述に加えて，「どけどけーって感じだね」「このやろーって怒ってるみたい」などと意志・感情を含めて伝えていくようにしました。するとＡは頷いたり，単語で短く話したりすることもありますが，次第に箱庭の中に物があふれていき，それぞれの意味は拡散し，Ａの意図も曖昧になりました。私はＡの行動について言及することすらも，Ａに受け入れられないものを押し込みあふれさせてしまうか，私の言うことに従わせＡを変えてしまうような強い不安が生じていました。

　　私はＡの行動を見ながら，それを言葉にして伝える時と，観察のみに徹する時のバランスを取るように心がけました。すると，Ａは注意があちこちに逸れることなく，徐々に１つの物に関心を向け続けるようになりました。そこで，Ａの発する短い言葉（「いなくなった」など）と行動をつなげて，「さっきまでいた車がいなくなったね」などと前後関係に言及するようにしていきます。すると，Ａも「怖い」と言った後に埋めるなど情緒的な要素も現れ，怖いから埋めるといった因果関係が想定される行動が出てきました。しかし，その途中でも唐突に自分が動かしていたミニカーを「どれから動いた」と質問してきたり，かすかな物音に驚いて振り返ったりすることで，遊びの流れが途切れることがありました。初めての長期休み（冬休み）で２週間休みになると伝えるとＡは２カ月と勘違いします。その後に「乱暴」と言って兵隊の人形を積み上げてできた山に飛行機を突っ込ませますが，私はＡの休みへの怒りや，積み上げきた私とＡとの関係が崩れてしまうことなどといった情緒的な表現とは感じ損ねていました。

　　Ａは自分から積極的に遊びだそうとしない受身的な傾向だけでなく，自分の遊びに目を向け続けられず，頻繁に遊びが中断しました。遊びが止まったときに，

セラピストがまず考えるのは，この遊びの内容が不安などの不快な気持ちを喚起したという可能性です。自分がすごく悪いことをしているのではないかという罪悪感や，セラピストから怒られてしまうような迫害的な不安，セラピストに愛情を強く向け過ぎたことの恥ずかしさなどが想定されます。しかし，Ａの反応からそのような気持ちを見つけることは困難でした。Ａは自己主張どころか，自分のやっていることに関心を向け続けることも難しいぐらい，志向性が乏しかったのです。Ａは自分が動かしていたミニカーもすぐにわからなくなるぐらい自分のやっていたことを意識できていませんでした。母親からの面接では，Ａが日記や作文などを書く際に自分が何をしていたかを思い出すことがそもそも難しいこと，絵日記などを書かせると体育館などの背景しか書けないことが報告されていました。これは自閉スペクトラム症を抱える子どもによくある悩みです。自分の志向性に気付けなければ，自分のやったことを書くことはできないのですが，その志向性自体が乏しいのです。

　ここに解決しがたいジレンマが見えてきます。私がＡに対して何か発言をすると，Ａはその言葉を反復したり，指示通りに振る舞ったりして，私は自分のさせたいようにＡを動かしているように感じました。これは母親がＡに対して感じている気持ちと類似したものです。一方で，Ａが気持ちを表現するのを待とうにも，ほとんどそのような行動は見られません。こちらが何もしなければ永遠に何も起こらなさそうだし，何か言ってしまえばその通りにＡを変えてしまうというジレンマが生じているのです。子どもに必要なことを教えるといった教育的なアプローチでは取り組みにくいのは，まさにこのようなジレンマでしょう。

> この節のポイント
> ・Ａは私の方を見たり，何もしなくなったりと自分の志向性が簡単に失われる特徴がみられたが，私が何かを言えばＡを従わせて受身的にさせてしまうし，何もしなければ何も変わらないジレンマが生じていた。これは受身的な子どもと関わる親や教師にも生じ，通常の教育的なアプローチでは対応が困難である。

## 第３節　意志だけに注目したシンプルな介入：考えの単線化

　このような状態の子どもに心理療法で行われる介入は，できるだけシンプルな言葉かけにより，子どもの意志の居場所を作っていくことです。そのシンプ

ルさを考えるにあたって，アルバレズの「複線化した（two-tracked）考え」という概念が有用です（Alvarez, 1992）。これは，もともと認知学者ブルーナーBrunner, J. S. の概念で，新生児が「見ること」と「（母乳を）吸うこと」の2つの行動を同時にできない状態から，交互にできるようになり，さらに「吸うのを弱めて見る」という進行中の行動に「かっこつきで」別の行動が進行している状態に至る過程を指しています。複線化した考えとは，2つの内容を扱えるようになることであり，読書中に読みかけのページに指を挟んでおくようなものです。そうすると，用事の際には本のことは背景に退いておくことができ，用事を済ませてから，もう一度読書を再開することができます。自閉スペクトラム症を抱える多くの子どもは，別のことをやり始めると前にやっていたことを忘れてしまいます。そのせいで朝の準備や片付けなどが全く前に進まないというのは，発達相談の中でよく聞く話です[注25]。ブルーナーは複線化した考えを持てるようになるには，まずは「考えの単線化」（1つの内容を扱う）が必要だと強調しています。例えば，「お腹がすいたからご飯を食べる」という因果律のある考えも「お腹がすいた」と「食べる」という2つの内容を同時に扱っているので，まず「お腹がすいた」とは何かを十分に体験する必要があります。

そこにアルバレズは，赤ちゃんを育てる親が普通にしている対応の重要性を付け加えました。多くの親は赤ちゃんがおっぱいを吸おうとしていたこと（背景に退いている1つの考え）も覚えておきながらも，母親の顔を見ることに集中することを尊重します。そして赤ちゃんが飽きるまで見て，おっぱいを飲むことに戻ろうとするときにそれを叶えてあげるのです。決して「さっさと飲め」などあれこれ言わず，赤ちゃんがいま集中しようとしていることを尊重する関わりをします。

一般的にセラピストは，表に出ている行動の裏にある考え・気持ちを言葉にして表に出そうとすることが多いです[注26]。そのような介入は複雑すぎて，こうした状態にいる子どもにだいたい役に立ちません。この事例でも，Aの遊びが途切れる奥にある不安に介入することは可能です。しかし，不安を言葉にすれば，複線化した考えの持てない子どもは，自分がその前に何をしようとしていたかを

---

注25）このようなエピソードは，ADHD（注意欠如多動症）を持つ子どもにも多いでしょう。

注26）特に精神分析的な解釈は，無意識という心の裏を気付かせようとするため，その傾向が強いといえます。そのような古典的な解釈をアルバレズは①説明的解釈と呼び，それ以外にも②記述的解釈，③強化した介入があり，3つのレベルの介入があることを整理しており，精神分析が古典的な解釈以外の介入も重視してきたという歴史を振り返っています（Alvarez, 2012）。

見失ってしまうのです。

　そこで私はアルバレズの考えを参考にＡに考えの単線化ができるように，まずは自分が何をしているのかを体験させることに重点を置きました。私の視線（ＡとＡの扱う物の両方を見て，いま遊んでいたものを暗に示す）もその１つですし，「怒っている」「邪魔に思う」といった情緒的な性質のみの言葉かけもＡが考えの単線化を十分に経験できるようにするものです。ここでは混乱する要素を減らすため，「なぜ」「誰が」を明確にしないことが大切です[注27]。こうすることで子どもの意志が十分に存在できるだけの居場所を与えてあげることができるのです。

　それにより，たびたび遊びの流れが分断されていたＡが，１つのものに注意を向け続けられるようになり，次第に因果関係のある遊びを展開させられるようになります。心はこのように志向性を持って動き始めたときに，一定の形を見せていき，周りの人が認識できるようになるのです。こうなれば考えの単線化を目指すシンプルな介入を続ける必要はなく，「怖いから埋めてる」などとＡが表現した因果関係をしっかり言葉にしてあげることが大切です。こちらの対応が慎重すぎると意味がなくなってしまいますし，強すぎると押し付けになりＡの主体を失わせてしまうため，子どものステップに合わせた微妙な調整が必要になります。精神分析的心理療法は，子どもにわからないような言語化ばかりするという批判があり，このような微妙な調整をした言葉かけをしようとしていることはあまり知られていません。

　このような視点はもう少し年長の子どもや青年，さらに成人と関わる上でも役に立ちます。自閉スペクトラム症を抱える人は，自分のしていることを注意されたり，「こうした方がいいよ」と提案されたりすることを嫌がります。注意や提案は，「あなたのやったことの気持ちはわかるけど，こうした方がいいよ」という複線化した考えが含まれたメッセージです。潜んでいる「あなたのやった気持ちはわかるけど」の部分を感じられないために，自分を消されるようにすら感じ

---

注27)　「なぜ」を避ける理由は，「〇〇だから××する」という２つの内容を含み複雑だからです。「誰が」を避ける理由は，主語を明確にすると，やっているのがあなたであって私ではないと分離性を強調することになります。私はあなたと違うと意識させる働きがあるため，考えの単線化には邪魔な複雑さがあるのです。日本語は主語を明確にしないことが普通のことですが，それは自分と相手との違いを意識しにくくなるという特徴があることを忘れてはなりません。そのため，自分と相手が違うことを意識させる必要がある子どもには，セラピストは主語を明確にした言葉かけを積極的に行うこともあります。

て，嫌がっている可能性があります。まず，彼らが何をしようとしていたかを認める必要があるでしょう。

ソーシャルスキルトレーニングの1つとして広く活用されているソーシャルストーリーでも，「〇〇くんはこうしなさい」と指導することはなく，主語を明確にせず一般的なお話として成り立つように配慮しながら，子どもが必要な知識を得られるように配慮しています（Gray, 2000）。自閉スペクトラム症を抱える人が普通に話しかけられることでも，決めつけ，強制，自分を失わせるものと体験しているかもしれないと気を付けておくに越したことはありません。

> この節のポイント
> ・志向性の乏しい状態の子どもには，「誰が」「なんのために」「なぜ」などの混乱させる情報を除いて，やろうとしている意志だけを認める介入が重要である（考えの単線化）。普通の言葉かけでも「そうするべき」と強制されているように子どもは感じることに注意が必要である。

## 第4節　動機の高まりは嫉妬を生じさせる：セラピストの不在への反応

　志向性が乏しかった子どもが自分の動機に基づいてやりたいことができるようになると，それができない時もあると気付いていくことになります。自分の動機や要求を意識せずにぼんやりと生きていれば感じなかった苦痛を感じることになるのです。面接室の中ではセラピストの不在に敏感になります。セラピストと共にいることで自分の意志や手ごたえを得ていたとすれば，セラピストがいない時にはそれが感じられなくなるからです。精神分析的心理療法はセッションの休みやセラピストがいないことにこだわり過ぎではないかと印象を持たれるかもしれません。しかし，大切な人が自分と会っていないときにどうしているのかは，その人のことが大切であればあるほど気になって当然です。思い通りにいかない気持ちは，思い通りに動かない人への思いに現れるのです。さて，Aの場合はどのように現れたか見ていきましょう。

・小学校3年生の終わり頃まで
　冬休み明けの#11では，Aはぶつけたミニカーの傷を心配した後で，ミニカー

を速く動かして, 元に戻れないと言います。私は「休みの間に先生の所に早く戻っ
てきたいと思ってたんだね」と伝えると, Ａは自分が帰った後の部屋について質
問しました。それと共に次第にＡの身体のぎこちなさはほぐれていき, より自由
に部屋を探索して, ジェンガや折り紙を見つけ使い始めました。それらは目立つ
位置に置いてありましたが, 「(前は) なかった」と真剣に言い, Ａが限定された
範囲しか部屋の中を見ていなかったことがわかります。＃16にＡは部屋に残っ
ていた匂いを食べ物と断定し, 私が食べた物を質問しました。私はＡの好奇心に
驚きと嬉しさを感じながら, 「先生のことを知って, 終わった後も会いたい気持
ちがあるんだね」と伝えると, さらに私の電話番号や住所などを弱い口調で聞い
てきました。私が「先生のことをもっともっと知りたいって思うんだね」と言い,
直接答えないと, Ａはチーターを落とします。私が「教えてもらえないのがショッ
クだったんだろうね」と伝えると, 私の言葉を「違う」と初めて明確に否定し,
楽しそうにさらに高くから落としました。その後のセッションではＡは次第に主
体的になっていき, 私への要求も出てきますが, 部屋の物を持ち帰りたい時に「こ
れ持って帰るの？」と聞くなど, その多くが疑問文であり, 私が返答する前に「違
うか」と諦めていました。

心理療法では休みに関しても, 奥にある不安を取り上げることが重視されがち
ですが, 考えの単線化が必要だと私は思っていますので[注28], 私と会いたいと思っ
ていたこと, 戻ってきたいと思っていたことを中心に伝えていきます。すると,
Ａは「ここにいる」という感覚と同時に, 「ここにいない時間もある」ことに関
心が芽生えます。これは面接初期には全く関心を示していなかったことです。Ａ
と私が会っていない時間の存在は, 外見ではわからない私, 自分とは違う私の存
在でもあります。これは世界は見ている領域だけではなく, その他にも広がり
があるのだということにもつながりますので, Ａがこれまで使っていなかったお
もちゃに気付いたように, 視野の拡大という現実的な恩恵をもたらします。見え

---

注28) 一般的には「もう会えないかと思っていた」「戻ってこれないと思っていた」といった
不安について解釈することで, 「会いたい」と願う気持ちがクライエントの中で自然と湧き上がっ
てくることを大切にしています。「会いたいと思っていたんだね」という介入がそう思わなくて
はいけないという強要につながる場合もありますので注意が必要です。しかし, 会えないかと
不安に思うということは会いたい気持ちがあるのだという複線化した考えを持てない子どもに
とっては, 不安の解釈は「ああ, もう会えないのだ」という諦めを強化してしまいます。この
傾向は, 親からの悲惨な別れを伴う虐待・死別・離婚を経験している子どもにも多く見られます。

ているところにしか世界がないと思っている人は地球が丸いと永遠に気付くことはないのです。

　このように考えると、人が他者を意識するには、思い通りにならない経験をする必要があるのでしょう。そこで他者の心的空間の存在を意識すると、子どもはその心的空間をより多く得たい、あわよくば独り占めしたいと望むようになります。すると、それを妨害する邪魔者がいることを意識します。Aの私が食べた物への関心は、私の中の空間に何が入っているのかという関心でもあります（別の子どもと私がAの知らないところでおやつを食べているという空想があることが次章のセッションで出てきます）。タスティンは子どもが他者との分離性に耐え、自分と他者の心が別であることに気付くと、おっぱい（大切な他者の心的空間の比喩）の中で理想的な食べ物を得ている「赤ちゃん達の巣窟（nest of babies）」空想が生じると指摘しました（Tustin, 1972）。邪魔なライバルによって大切な人の心が奪われている失望と憤怒が入り混じった理解不可能な真っ黒な塊が、心理療法を通して理解できる経験に変わることが重要だと考えられています。

　あるインタビュー調査から、定型発達の子どもと比較して自閉スペクトラム症を抱える子どもの親は子どもが嫉妬を感じていると語ることが多いことが見出されました（Hobsonら，2006）。そして、普通の嫉妬は自分のものを奪う具体的な誰かに対して向けられるわけですが、相手が特定されないような形態での嫉妬もあると指摘されています。＃16で私の個人情報が得られない時に、Aが落としたチーターは、教えてくれない私とも考えられますが、私の中の邪魔なライバルだったのかもしれません。Aが私への要求をためらう時には私の中が嫌なライバルだらけだから、私が思い通りに動かないと感じていたのでしょう。子どもが怒りやすくなったり、嫉妬の兆候を示したりすることは、心が不安定になったなどの悪化と考えられがちです。しかし、相手の心に関心もなかった子どもにとっては、相手の心への気付きが増したという発達を意味していると考える必要もあるのでしょう。

　目の前に支援の先生がいるときには問題を起こさないけど、いなくなった途端に問題を起こすという子どもがいます。これは先生が見てないから止められなかったと考えられやすいのですが、実は頼っている先生が目の前から失われたことが独占できない腹立ちを生じさせた可能性もあります。先生が目の前にいなかったとしても、誰か悪い人が奪っていったわけではないし、自分が必要と思うときには先生の心的空間に入ることができるという確信を持ち、徐々に不在に耐

えられるようにしていくことが必要です。

> **この節のポイント**
> ・意志や動機の高まりが，思い通りにならないという悲しみや辛さ，それを手に入れている存在への嫉妬の怒りを生じさせ，他者の存在に気付くことを可能にする。目に見えない領域への関心が高まるため，それが発達を促進する可能性がある反面，穏やかだった子どもが感情的になることでもある。

## 第 5 節　相手がもろくて傷つきやすいから好奇心・怒りを向けられない

　A は私が別の心的空間を持つ，別の存在だと気付き始めましたが，私に対して自分の要求を主張することは控え目でした。自閉スペクトラム症を抱える子どもに多く観察されるように，自分の要求を疑問文で伝えています。それにより自分の要求であることが曖昧になり，A の心なのか私の心なのかが見分けにくくなります。なぜこのようなことが生じるのでしょうか。その後の展開にヒントがありました。

・面接が開始して半年から 1 年頃（小学校 4 年生の 2 学期まで）

　春休み直前の＃22 でも，私が昼御飯に何を食べたかを質問して，すぐに口をつぐみます。その後，自分が好きなロケット花火を母親は嫌いと話し，相手の内部を知ろうとすることは危険なもので，対象は探索を許容するとは感じられないようでした。A は私が言う通りにしないことや，前回の退室時にはなかった物を他の子の痕跡だと怒り始めます。しかし，その言い方がカーテンの後ろからであり，すぐ訂正して，自分の方が怪我をした話になぜか移ることが特徴的でした。以前に A がした話を私が覚えていると，それは私自身の子どもから聞いたと考えていて，自分のことが相手の心の中に残っているとは思いにくいようでした。

　しかし，私が A の気持ちを推測し「こう思っているのかもね」などと伝えることや，A が話した話を私が覚えていることに，徐々に A は驚きと共に関心を示し始めます。ただ，1 カ月の夏休みの前には，A は飛行機が活力なく落ちることや，積木の塔が積み上がらず崩壊することを，何も感じていないように淡々と繰り返しました。私は次第に単調になっていく繰り返しに，心を失い，何も感じられないようになっていました。この時期の母親面接では A が鉛筆を噛むことはなくな

り，泣く，怒るなど感情を見せることが増えたと報告されました。

1カ月の夏休み明けの#37では，Aは次のセッションに運動会で来れないという嘘をつきました。それは休みの寂しさを私に感じさせようとする試みのようでしたが，Aは自分がついた嘘だとわからなくなり，本当に来れないのか混乱しました。寂しさを誰が感じているか以前に，寂しさという感情が混乱に入れ替わってしまいました。心理療法が1年を経過する頃，Aはぶつけて部品が外れたミニカーが直ることに気付き始めます。それはAには非常に重要な発見だったようで，何度も直ることを繰り返し体験しました。そして，Aが私のすべての生活を知らないことや面接時間が伸ばせないことや部屋の物を持ち帰れないことなどに反応して，ミニカー同士を激しくぶつけたり，私の靴にミニカーをぶつけたりするなど，より明確に攻撃的な遊びをするようになりました。「先生を独り占めしたい気持ちがあるんだね」と私が伝えると，Aはそうだと認めました。しかし，邪魔者を追い出したい攻撃的な気持ちがあることを私が伝えると，Aの遊びは攻撃していた側がいつの間にか攻撃される側に入れ替わり，混乱によりそこに生じていた情緒がよくわからなくなることもしばしばありました。

この時期のAは自分から何かをし始めることが定着してきており，私に対する質問も多くなるなど，開始時とはかなり変化した姿が見られます。母親も報告している通り，穏やかだったAは感情的になってきて，家でも私にも怒りを主張するようになりました。しかし，すぐ口をつぐんだり，カーテン越しだったり，怒りの表現がスムーズに行われていないことは明らかです。相手に自分を主張することや相手を深く知ろうとすることは，心的空間という観点で見れば相手の空間の中に自分が入り込もうとすることです。相手にスルーされずにしっかり受け止められて，覚えておいてもらうことが，自分が相手の心的空間の中に居場所を見つけられるという嬉しいことなのです。しかし，Aにとって自己主張はロケット花火のようなもので，危険であるし，弾けて跡形も残らないようなものと感じられていたようです。自分が話した内容が私の心に残っているわけがないとも感じており，私の心的空間は私の子どもで占められて，入る余地がないと体験しているようでした。

相手の心が他のものでいっぱいだったとすると，乱暴な方法で押し入るしかありません。テレビや携帯電話に熱中している人に対して，声を荒げてこっちを見させるように，怒りを伴った強い方法が効果的なのです。私は子どもの噛み付きやひっかきなどの攻撃的行動はかなりの部分がこの理由だと思います。しかし，Aの場

合は怒ることは出てきたものの，怒っていたはずなのに自分が怪我をした話に移るという特徴がありました。同じように，私に休まれる寂しさを感じさせていたはずが混乱してしまうことや，攻撃をしていた側が攻撃をされる側になっている遊びなども，誰かが抱いていたはずの感情が行方不明になるという特徴があります。

　怒っていた側が傷つく，怒り返されるという体験は，一般的には投影同一化として理解されます[注29]。自分の怒りを相手の心の中に入れ込むので，相手が悪い人物となって自分に怒っているように見えるということです。相手との関係が続けば，本当は怒ってはいなかったことや，怒っても関係の破たんに至らないことを見ることができる可能性があります。すると，後に自分自身の気持ちに気付くとともに，感情が相手に伝わる嬉しさを体験できます。しかし，Aの場合は，特定の誰か（面接室の中では私）に攻撃される不安をもっていない点で，通常の投影同一化の経験とは大きく異なります。誰かに攻撃されたから自分が傷つくのではなく，怒りを感じ，表出した瞬間に自分が怪我をしているように感じています。特定の誰かがいないのです。私が怒っているのかどうかを気にすることもしていないために，私が怒っていないと気付けたとしても，その経験が修正されることはありません。

　Aの攻撃する側と攻撃される側の混乱は，どちらがどちらに向けて怒っているのかという方向性の混乱と理解できます。攻撃しているのが自分か他者かという区別が持てなくなっているのです。ここに再び志向性の問題，心的空間の問題が浮上してきます。自分が誰かに怒っているという方向性・志向性を伴う情緒をAは自分の心的空間に持っておくことが難しいのです。Aにとっては相手の側も怒りなどの感情を保持する心的空間がないと感じているようです。お互いの心の空間の境界線がしゃぼん玉のように，もろく，儚く壊れてしまい，感情は誰のものでもなく，部屋の中を漂っていると考えられます。面接開始初期にはAは物音などにより突然遊びを中断することがありましたが，それも誰かの心の中に納まらない不安や不満などのネガティブな感情が，どこかわからないところから自分を襲ってくるように感じていたのかもしれません。ある子どもは，先生が他の子に怒ったことでも自分が怒られたかのように怯えますが，それも感情の方向，志向性の困難の現れといえます。

---

注29）　クラインは自身の攻撃性を対象の中に投げ込み，その対象と攻撃性が合体してしまうために危険な対象となり，逆に自分が反撃されるという体験を投影同一化による迫害不安として説明しています（Klein, 1946）

Aは攻撃性が強いのではなく，自分も他者も「もろい対象」として認識していたために，少しのことでも相手を傷つけ，自分も傷つけるように感じ，自分の主張を控えなければならなかったと考えられます。対象のもろさは，自分が攻撃ではなく，好奇心を向けること，知ろうとすることも危険に感じさせるようで，Aの学習の困難，新しいものを学ぶ発達の大きな障害となっていたと考えられます。Aの胸を張らない猫背な姿勢や身体の動きのぎこちなさ，さらには消え入るような声は，自分からの攻撃とならぬよう，相手から攻撃を向けられぬよう，できるだけ目立たず，出っ張るところが無いようにしてきたことの現れなのかもしれません。周囲からすれば彼らが心配な子どもなわけですが，子ども側からすれば周囲の人が傷つきやすく，もろいと感じているようです。

> **この節のポイント**
> ・Aは面接でも家でも感情を出すようになってきたが，自分の感情なのか相手の感情なのかという志向性が不明確になり，怒っても大丈夫という経験ができないために，主張は引っ込めるしかないと感じているようだった。子どもからすれば周囲の人がもろくて傷つきやすいと感じている。

## 第6節　まとめ：志向性を保証する関わりと新たな問題

　ここまでAと私との最初の1年の心理療法の経過を見てきました。Aは親や教師の言うことに従順で受身的なあり方を続けていましたが，少しずつAの気持ちが出てくるようになってきています。周りの人の心に強い関心を持っていたこと，ロケット花火など自分が好きなものがあることなども見えてきています。心理療法の主訴であった鉛筆を噛むことについては，この時期に改善が見られました。心理療法を始めると主訴である問題行動がすぐになくなることはよくあることです。多くの場合は，問題行動として表現されていた気持ちが心理療法の中で表現できるようになったことから生じる変化であり，ここで心理療法をやめてしまうと問題が再びぶり返します。Aの母親も鉛筆を噛むことはなくなったけれども，これで終わってもいいとは思っていませんでした。
　結局，Aが鉛筆を噛むのは何だったのでしょうか。鉛筆に自分の歯形をつけるように，自分に気付いて欲しいという強い主張を傷つけることを恐れて，生きている人に対しては出せなかったということなのかもしれません。また，これほ

ど志向性の乏しさが顕著だったAですから，身体がばらばらになるような体験をしていた可能性もあり，鉛筆を噛むことも顎や歯の感覚がビックのいう代理皮膚のように働いていたのかもしれません。噛むことが生じさせる身体感覚が自分の身体がまとまっている感覚を提供してくれていたけれども，心理療法の中で志向性が生じることで噛まなくても身体のまとまりを感じられるようになったと理解することもできます。

この章で紹介した考えの単線化を目指すシンプルな介入というのは，繊細で注意深い養育者，特別支援教育の教師，療育の従事者であれば自然と行っている言葉かけだと思います。あれこれ言わずに，いまやっていること，やるべきことだけ伝えるということです。これにより子どもは自分がしている行動に気付き，自分の意志の居場所を与えられ，自分の動機に基づいて動いていることを実感していけるようになります。志向性を見失わず，保持できるようになるともいえます。この変化が発達を爆発的に促進し続けてくれるならば，子どもが抱える障害について楽観的な見通しを持てるのですが，残念ながらそうではない場合が多いようです。

Aの事例は，その次のステップに，人がもろいもので，気持ちをぶつけるだけでなく，好奇心を向けたりすることさえも危険なものであるという不安に立ち向かう必要があることを教えてくれています。これは第6章の言葉でいえば，『**まとまりを得るための受身**』から『**突き刺さないための受身**』の問題にシフトしてきていると考えられます（91ページ）。自分の思いを少し出せるようになった子どもがさらなる成長のためには何が必要か，この問題に心理療法がどう取り組むのかを次章で見ていきたいと思います。

> この節のポイント

- Aの鉛筆噛みは，自己主張を人ではないものに出していたか，志向性が弱く身体のまとまりを得るために噛む身体感覚が必要だったのかもしれないが，心理療法を通して，自分の意志に居場所を与えられ，意志や動機を持って行動することが増えることで，この主訴は改善した。しかし，怒りなどの感情を誰が誰に対して抱いているかという方向性がわからなくなる，対象のもろさの特徴があり，この時点では自分の意志を出さない状態に戻ってしまう危険性もあった。

# 第11章
# 出てきた意志を消さないために：
## Ａとの心理療法の小学校卒業まで

　人は何かを学ぶにしても，自分の心の中に相手の発言や考えを入れ込むことになります。また，誰かと話したり，関わったりする際には，他者の心の中にも自分の心の一部を入れることになります。しかし，自分の心も相手の心もしゃぼん玉のような薄い膜しかないと感じていたとしたら，どうなるでしょうか。関わればどちらかのしゃぼん玉も割れてしまって，心がばらばらになってしまうとしたら，恐ろしくて人と関わることなどできません。前章までのＡはそこに困難があるようでしたが，どうしたら壊れない境界をもった心のある人間というイメージを持つことができるのでしょうか。精神分析的にいえば，自分と他者の間にある緩衝材としての心的空間がどのように維持されるのかというテーマに取り組むことになります。

## 第１節　壊れない生きている人間を提示する介入：
　　　　父性に支えられた母性

　壊れない膜を持つ他者というイメージは，自分が感情をぶつけたときに，しっかり自分の心を受け入れてくれるだけの柔らかさがあり，かつ壊れることのない硬さもあるような心を持っている必要があります。この柔らかさと硬さは，母性（女性らしさ）と父性（男性らしさ）という比喩で考えられ，この両方の要素を兼ね備えるような心が大切だといわれます。ここでＡが私を父性と母性を伴う存在として体験したと思えるセッションがありますので，詳細に提示します。

・＃43（面接開始から１年半頃，２週間の冬休み直前のセッション）
　　Ａは急いで面接室に入り自分で電気をつけます。私が心理療法の休みを確認すると，Ａは学校も休みだと言っているうちに何の話をしていたかわからなくなります。輪の形をしたセロハンテープの本体をはさみで切ろうとするので，私が「休みがあることでちょん切りたいぐらい怒ってるんだね」と伝えると，ぱっと笑顔になった後でセロハンテープの本体をあちこちに投げ飛ばします。思いついたよ

うにセロハンテープにバックスピンをかけて投げて，自分の元に戻ってくるのを見ます。私が通常の声のトーンで「休みの後に戻ってきたい気持ちなんだろうね」と伝えると，その言葉は届かず，ランダムな方向にセロハンテープを投げ始めます。休みに対する情緒的な意味などない，ただの繰り返しのように見えてきます。このまま私自身の心も失われるような切迫感を持った私はＡのセロハンテープを投げてスピンで戻す動きに合わせ，離れたときに「お休みになってー」と言い，Ａの手に戻った時に「戻ってきて」と遊ぶように言うと，Ａは笑って私を見ます。同じことを繰り返す中で，私の顔をちらっと見て，わざと遠くに飛ばすので，私が「２週間は長すぎー」と言うと，Ａは私が休みの間に何をしているかを聞いてきます。そして再び投げてスピンで戻し，私が言葉を添える同様のやり取りの後，その場でコマのようにセロハンテープを回し，Ａが「お別れしないで，ずっと回ってる」と言います。しかし，その場に留まろうとすることは長くは続かず，回っているセロハンテープに消しゴムをぶつけ，「死んじゃう」と言いました。その後でＡは小学校の場所がどこにあるのか知っているかを私に質問し，嘘の正解を言って私を混乱させ，時間になるとすぐに退出しました。

　Ａのセロハンテープの遊びは，私と休みで離れて，再び戻ってくると期待した気持ちを表現した遊びのようにも見えますが，繰り返していくことでどんどん意味がなくなっていく点が特徴的です。私が通常の声のトーンで休みから戻ってきたい気持ちを伝えても，無機質になる一方でした。Ａの休みを残念に思う気持ちを柔らかく受け止めようとする母性的なアプローチのみでは届くことができないところまで行ってしまっていました。以前の長期休みでも，飛行機の墜落や塔の崩壊などの表現がされましたが，情感乏しく反復されることで私が心を失うという同様の特徴がありました。私はＡの圧倒的な無力感を受け止めていたのかもしれませんが，壊れないように一歩引いて，Ａとの関わりを復活させるということに，これまでは失敗していました。私の中の受け止める母性は，父性に支えられることなく壊れてしまっていたのです。
　前章でも出てきた「赤ちゃん達の巣窟」空想と関連し（153ページ），母親の身体を占めるのがライバルの他の子どもたちだけではなく，父親的対象がいることを見つけ出せることが重要だという指摘があります（Houzel, 2008）。この父親的対象が，子どもと母親との混沌とした関係を引き剥がせる上に，その両者を支え，新しいもの[注30]を生む修復的・生殖的な側面を持つのです。

例えば，自閉スペクトラム症を抱える子どもがこだわりから母親を召使のようにしている状況を考えてみます。子の言う通りにしなければパニックになると思うと，母親は我慢した方がましだと感じて，それを続けることで生活が崩壊してしまうことがあります。母親が生活を立て直し，子どもに必要なルールを理解させるために，子どもの言う通りにすることを止めると，母親が言うことを聞かなくなるわけですから，子どもは自分以上に大切にされているライバルに母親の心を奪われたという怒りが生じます（実際に父親や相談者など母親を後押しする誰かがいる場合が多いです）。しかし，一方では，子どもが母親を傷つけることを止めることができるわけですから，母と子を守る存在の出現とも考えることができます。これが父性に支えられることのメリットです。実際の父親に限らず，誰かに支えられることで，子どもの気持ちを受け止めてつぶれてしまうという状況から抜け出せることが大切なのです。

　＃43でも，私は心を失いかけていましたが，これまでの反省から，ここで何とかＡの心とつながりたいと思いました。スーパービジョンという経験豊富なセラピストからの臨床指導を受けていたことも私の支えになりました。セロハンテープの遊びはバックスピンにより戻るという再会の期待も含まれていますが，それをＡは自分の気持ちとして体験することが難しくなっており，志向性が見失われてしまっていました。そこで私は歌うように遊ぶように楽しみを含みながら，Ａのリズム・ペースに合わせて侵襲的になりすぎないように，でも，はっきりとＡの中に再会を期待する気持ちがあることを伝えていきました。それは私が混乱や無機質さを一方では感じながら（母性的），そこから距離を取り，意味を生み出す修復的・生殖的な機能を差し出すことでもありました（父性的）。それをとり入れたＡは別れたくない気持ち，この場に留まっていたい気持ちを表現できたのでしょう。

　この局面でセラピストは積極的に関わっていますが，子どもの中に存在しなかった気持ちを強引にねじ込んだわけではありません。Ａの中に休みから生じる無力感と，再会できる期待の両方の気持ちがもともとあり，無力感で埋もれそうになっていた再会への期待をはっきり意識できるようにしたのです。自閉スペクトラム症を抱える子どもは1つの感情から別の感情への切り替えが難しいことがありますの

---

注30）　英語では考えや理解のことを brain-child と呼ぶことがあります。以前から抱いていた考えではなく，新しい考えが生まれるには，別の人との関わり（これは子どもを生むためには性交が必要であることから性交に例えられます）が必要なのです。

で，このように強引に別の感情を意識させるということも役に立つ場合があります。

> この節のポイント
> ・Aが長期休みで感じる無力感を私は柔らかく母性的に受け止めるだけでなく，Aが再開への期待という別の感情も持っていることに父性的に厳格にを気付かせる対応をした。この父性に支えられた母性を持つ人物像を体験することが，子どもが心が簡単に壊れない生きた人間というイメージを持つことつながると考えられる。

## 第2節　相手の心の中に嫌な気持ちを入れても大丈夫：心の境界線

＃43の後に2週間の休みが挟まった次のセッションを示しますが，Aの反応は劇的なものでした。このようなアプローチは自己感（自分の志向性）が脆弱な子どもにとっては過剰になってしまう恐れがあり（心理的に下痢を起こす），気を付ける必要もあることを教えてくれています。

・小学校4年生の冬休み明けから春休み

　休み明けのセッションでは，Aは元気そうにやってきて，自分が2万個のおもちゃを持っていると言います。私と再会できる期待を保持していたどころか，抱えきれないほどの良い物を持っていたという話でした。しかし，すぐに好きなものを食べ過ぎると腹痛になると話して，そのすぐ後に実際にトイレに行き，過剰になってしまった物を出さなければならないようでした。しかし，Aの心にはいろいろなものを置いておけるスペースが広がっており，1つの遊びにさまざまなやり方を試し始めるようになります。私もAの遊びの結果に注目して言葉かけするのではなく，「どうしたらいいか確かめてるんだね」などの言葉によって試行錯誤できる時間を提供するよう心がけます。すると，Aは「まだ時間あるよな」と余裕を持ち，塔を積み上げる際に，前に失敗したやり方から学び，次に活かす建設的な試行錯誤をするようになりました（これまでは同じ失敗を何度でも繰り返していました）。また，部屋に見つけた元が何かもわからないほど小さなゴミを他の子がおやつを食べている証拠と見なし，はっきりと私に怒りを示すようになります。そこでもすぐに私や部屋のゴミから反撃されると思ったのか，怯え隠れようとしますが，私や他の子という特定の相手から反撃されると感じられ始め

ていました。別の時には、怒りを私に表現した後で「先生は大人だから痛くないでしょ」と言い、自分と私との区別が生じるようになります。すると、「来週来ない」と言ったり、私の靴を踏んだり、はっきり私に寂しさやみじめな気持ちなどを生じさせるようになり、私の中に自分の気持ちを入れておくスペースがあると体験でき始めているようでした。

このように相手の心と自分の心との間に境界線があり、かつ自分の心の一部を入れておいてくれる（共感してくれる）と感じるには、相手が父性に支えられた母性がある心を持っていると感じられることが重要だと述べてきました。以前は自分が休むと言って私に寂しい気持ちを感じさせようとしても、どっちの気持ちだったのか混乱してしまっていましたが、ここでは明確に私の中にその気持ちを入れることができています。Ａの感情はＡのもの、他者の感情は他者のものという境界線がしっかりあるけれども、全く通じ合えないことはないという緩衝材としての心的空間がしっかり働いています。人がもろい存在であるというイメージも修正されつつあります。

私はこのような発達が心理療法がもたらせる独特のものではないかと考えています。指示的・教育的なアプローチは父性的であり、子どもが自分をしっかり持っている場合には良いのですが、Ａのような受身的な子どもにとってはそれに追従するだけになってしまいます。しかし、相手が表現するのを待つといった母性的なアプローチは前章のような意志に居場所を与える段階では重要ですが、子どもの中に人と関わることへの諦めや無力感が強いと、子どもと一緒に無力感の底まで落ちてしまいます。そうなれば、セラピストは、もろい対象として認識されてしまいます。

私は優しくて思いやりのある母親ほど、子どもを乱したくないという理由から子どもの成長になりそうな新しいことに取り組ませないで、諦めてしまうことをよく目にしました。セラピストでも、このバランスを取るのは容易ではありません。どんな人でも自分が完璧なバランスを常に取るということは困難であるため、母親にとっての父親や支援者のような別の存在を頼りにすることが重要なのだと思います。

 この節のポイント 
・Ａは私の心は壊れないし、自分の心を受け止めることができると感じられ

るにつれて，嫌な気持ちを私に伝えても混乱をしなくなってくる。それと並行して，前の失敗を覚えて失敗を繰り返さず試行錯誤することや，考える時間が十分にあることを体験するなど心に余裕ができ始めていた。

## 第3節　心理療法に伴う家族関係の変化と親の心の中の両親イメージ

　父性に支えられた母性と述べてきたことは，正確にいえば比喩であり，子どもを生んだ父親や母親と直接対応するわけではありません。ただ，全く無関係とも言えないようです。それをAとその家族の以下の展開は教えてくれています。

　　この頃には家族の中でAが意志を示すことが増え，それを尊重するように父親が子育てに積極的に参加するようになります。「そう簡単に体調も壊さないだろうから，Aが遊びたいなら遊ばせよう」などと母親に対して意見を言うようにもなります。しかし，母親からすれば自分がこれまで心配してきた内容を軽く見て，自分を否定してきたと感じるなど，夫婦仲が深刻な不和になっていきました。母親は自身の両親が絶えず喧嘩して，それを心配し続けてきた生育歴を私に話しました。母親は子どもの頃に良い子にしていないといけないと感じていたようですし，夫婦間で意見の相違が起こり，喧嘩になることを強く嫌悪しているようでした（子どもたちに悪いと感じているようです）。私は母親と父親それぞれと別々に面接するようになり，お互いの考えていることを話すことで上手くいくこともあると思うと提案し続けました。母親が自分のせいだととらえて頑張りすぎてしまう面に対して，父親は何にもできていないことに涙を流しながら申し訳ないと訴えることも出てきました。私は夫婦同席の面接を設定し，お互いの考えていることを伝えることは破壊的な喧嘩ではなく，より良い関係を構築していくことなのだと経験してもらおうとしました。しかし，父親の意見は子どもへの心配が足らないものだと母親には感じられ，母親は父親が自分を否定することしか言わないと感じたようでした。私は何とか夫婦の折り合うところを探していこうとするのですが，次第に2人ともが同席ではない面接を求めるようになり，父親は仕事の多忙さという理由で面接を予約しなくなり，再び母親のみの面接に戻っていきました。

　自閉スペクトラム症を抱える子どもの心理療法は，子どものみを対象とするのではなく，家族の生活の質を向上することを目指します（Hobson, 2011）。ここ

第11章　出てきた意志を消さないために：Aとの心理療法の小学校卒業まで　165

でも私はAが心理療法を通して自分の気持ちを把握し，表に出すようになってきた変化に合わせて，家族の中に相手の気持ちが伝わるということが良いことなのだという土壌を整えておく作業も必要だと感じていました。Aの心に自分のことをしっかり伝えたいという硬さともいえる部分が出てきたことに呼応して，父親の存在感が高まり，父性（硬さ）が家族の中にも生じ始めました。父親の存在は，母親がAに対する心配から抜け出ることができなかった状況から引きはがす肯定的な父性になり，母親とAを支える可能性もありました。しかし，母親にはこれが母性を支える父性ではなく，否定する存在として体験されてしまいました。ここには実際の父親の特徴も影響していますが，母親自身の喧嘩の絶えない両親という心の中の両親イメージの問題も大きく，協力し支えてくれる父親イメージを心に描きにくかったことも影響したと考えられます（この内容は第13章で取り上げます）。

　夫婦は別々の人間ですから，大切に思う内容も異なるし，できることも違うのは当然です。母親が相談に行って良い対応策を得ること，父親が仕事にいって給料を得ること，どちらも家族にとって必要なことなのですが，夫婦間にとっては自分以外を大切にしていると感じることもあるのでしょう。夫婦間の問題には，どちらかが悪いというよりも，別の意見を良いものとして体験することの難しさからきている場合も多いのだと思います。たいていの場合は，母親が療育や相談に行き，良い対応を目指すために，父親の存在は療育に反するもの，邪魔者と感じられやすい状況があります。しかし，別の対応を見つけ出せる可能性を持っているだけでなく，母親と子どもが悪い関係にならずに済む[注31]という点で父親の価値を見出しても良いと思います。

> この節のポイント

- 父性に支えられた母性が，子どもが他者の心は壊れないと体験していくために重要であるが，実際の家族の中で父親に支えられた母性が成立することが難しいこともある。これは親自身がどのような環境で育てられたかとも関連すると考えられ，第13章で詳しく論じる。

---

注31）療育などでは子どもに頭ごなしに怒らないようにと指導されることが多いと思います。しかし，母親も人間ですから腹が立つ時があるでしょう。そのときに父親が怒ってくれたとしたら，自分は父親を責めて，子どもを守る存在であると感じられます。悪者としての父親の犠牲の上で支えられる母親としての自信もあると思います（129ページも参照のこと）。

## 第4節 「かもしれない」を使えること：心の中でのシミュレーション

・小学校5年生の夏休みまで

　春休み明けの#61では，おもちゃに対して乱暴に攻撃を加えた後に壊れていないかを心配します。私は「お休みがあって先生と会えなかったことを怒りたいのかもね。でも，そうすると先生を壊してしまうように感じるのかもね」と伝えると，その言葉の語尾に初めて反応し，「なんで先生'かもね'って言うの？」と笑います。そして，「先生悪者。悪者かもね」などと'本当はそうではない'という言外の意味を込めた表現を楽しんでいきます。さらに，本当はミニカーを出しているのに「車を出さない」などと事実と逆を言い，「先生に怒ってなんかなーい」や「先生がここで（Aが来る前に）何をしてたか知りたくなーい」と否定文で生き生きと伝えてきました。すると，その後すぐに「お腹がすいた」と言い，オセロをやりたがりました。Aはオセロのやり方を知らなかったのですが，私から教わることで空腹を満たしているようでした。

　#66では，Aは私と2人でいる描画を書きます（図11-1）。わざわざ別の紙に書き，それをはさみで切り抜いて，一枚の紙に貼り付けて，それぞれの顔の上に名前を書きました。2人の別々の人間が一緒にいるという経験が定着してきたようでした。それと並行して，私の物を奪う，私に物をぶつける，私を刻んで食べたいと言うなど，攻撃と愛情が入り混じった表現が見られるようになります。私が「怒っているんだね」と片方の感情を取り上げると，Aは否定して「違う，食べちゃいたい」と他方の感情を伝えてきます。私はAの気持ちを明確にしようと，少しでも攻撃的な遊びが出るたびに「怒っているんだと思うな」などと1つの感情に断定しようとする窮屈なセッションが続きました。その後に，Aは怒りを否定し机の下から出てこなくなります。そこで，私は「Aが怒っているんだね」などAの感情に焦点を当てるのではなく，「松本先生が嫌な気持ちになるってことか

図11-1　Aと私が部屋にいるところ
右が私，左がA，
顔の上（黒塗り部分）に名前を書く

な」などと私の気持ちに焦点を当て，Ａが自身の行動の影響と情緒の揺れ動きを探求するよう促そうとしました。

　私たちは自分の失敗が取り返しのつかないことだと感じてしまうと，何をするのも恐ろしくなるでしょう。次は失敗しないようにすれば良いという前向きな考えが出てくるには，取り返しがつかないことをしたという罪悪感が軽くなっていることが不可欠です。しかし，Ａだけでなく多くの自閉スペクトラム症を抱える子どもが，この取り返しのつかないという罪悪感のようなものに悩まされています。勉強ができる子どもは1回でもテストで100点を取れなかったことに絶望しますし，足の速い子は1位を逃しただけで大泣きします。取り返しがつかないと感じないようにするために，失敗しそうなことには挑戦しようともしない，ふざけてごまかす子どももいます。このような子どもの心に影響されてか，親や支援者も「子どもに失敗を経験させてはいけない」「不適切な教え方をしてはいけない」と完璧主義的になることも多いでしょう。

　失敗を活かせるためには自分がどうして失敗したのかをしっかり見つめることも大事でしょうが，本番前に練習ができることも大切です。書初めをしようとするときに，長い半紙にいきなり筆で書くよりは，普通の半紙や新聞紙などで練習をしてからの方が安心でしょう。私はＡが#61で「かもね」を使えるようになったのは，この練習が可能になったと考えます。「悪者かもしれない」し，「悪者ではないかもしれない」と両方の可能性を考えられれば，私に対して一度「悪者だ」と怒ったとしても，取り返しがつかないことだとは思わないで済みます。「怒ってない」「知りたくない」と否定文で自分の要求を伝えてきていることは，自分の言葉通りに私が捉えるわけではないということを楽しみながら体験しているともいえます。第2章で触れたサリーとアンの課題で問われるような心の理論をＡが持ち始めたともいえそうです（30ページ）。別々の人間が一緒にいるという体験は，Ａの2人でいる描画にもはっきりと現れています。

　心理療法では，面接室の中でさまざまな行動を試すことで，シミュレーションできるというメリットがあります。それは行動だけではなく，気持ちについても同様です。自分が相手について，「大好きだ」「独り占めしたい」「むかつく」「役立たずと思う」などいろいろな感情を持って，それが関係をどのように展開させていくのかを確かめていくのです。こうしてＡが重要な発達をしていた一方で，私は前章でも述べたような「考えの単線化」のアプローチに引きずられＡの1

つの感情にばかり焦点を当ててしまっていました。Ａが「かもしれない」といろいろな可能性を試そうとしていたのに，私がその可能性を制限してしまったので窮屈な面接となっていました。ここで必要とされるセラピストの対応は，Ａの感情についてセラピストが心を巡らせるビオンが強調したコンテインが必要だったと考えられます（124ページを参照）。子どもの成長に合わせて，パートナーとしてのセラピストも対応を変えていくことが必要になります。

　この節のポイント

- Ａの発達しつつある心は「かもしれない」を使えることに代表されるように，現実からは少し距離をおいてシミュレーションすることが可能になってきていた。このような時には他者はＡの気持ちを断定するのではなく，そういう気持ちが生じた場合はどうなるのかというシミュレーションを助けるような対応が重要になる。

## 第5節　時間は悲惨さだけをもたらすわけではない：壊れても直る対象

・小学校5年生の夏（心理療法開始から2年）から年度末まで
　Ａは壊れない素材を色々と吟味するようになってきました。例えば，衝撃が加わったときにガラスだったら粉々になるけど，プラスチックはひびが入るだけなので安心します。
　＃77でＡは他児と共用のおもちゃの箱の中に自分の知らないミニカーの車輪があり，それを他の子のものだと怒って，部屋にあるものを私に投げつけます。しかし，完全に我を忘れているわけではなく「後で一緒に片付けてな」などと言いながらではありましたが，最終的には部屋中の全ての物を私に投げました。次の回，カーテンに隠れ「前はやりすぎちゃったね」と言い，まじまじと私を見て，「先生変わってない？」と私が壊れていないかを確認しました。この＃77は，Ａと私にとってかなり印象的なセッションであり，その後も何度も思い出して，話し合うことになります。
　その後もＡは壊したと感じ絶望的になることもあり，「直したいと思っているんだね」と私が伝える言葉に安堵します。以前にはＡは私が髪を切ると何が変わったのかよくわからず不審そうな表情をしていましたが，この頃には「散髪した？」「いつも履いてる靴じゃないね」などと私の変化にすぐに気付くようになりまし

た。母親から以前は他の子たちの会話を見ているだけだったAが、そこに参加できるようになっていることが報告されました。

Aが心の中にさまざまな感情を持つようになってきたという変化について述べてきましたが、ここには時間という要素が深く関わります。私たちは同時に複数の感情を持てるわけではありません。ある時は怒っていたけれど、次の瞬間にはとても大切だと思い直すように、時間の経過の中でさまざまな感情を持つのです。当たり前のようですが、その前後の感情を抱いたのがどちらも自分であるから、自分が複数の感情を持っていると感じることができます。自分も相手も全く別物になるのではなく、時間の経過に応じて形を変えているだけなのだという気付きが必要なのです。

アルバレズは通常の発達のプロセスで心の中に刻まれる対象のイメージは、時間ごとに形を変える動的な対象だとしています（Alvarez, 2012）。写真のように1枚ずつ別々のファイルで保存されるのではなく、動画のように時間の経過による変化も含めた1つのファイルとして内在化されていくのです。このような時間的連続性を持った対象の内在化には、1つの経験がしっかりとり入れられなければなりませんが、そこに自閉スペクトラム症を抱える子どもの多くは困難を抱えています。第2章でも紹介したように、子どもは全体的統合の弱さ（Frith, 2003）を持ち、全体をまとめて見ることが難しく、部分にのみ注意が引かれやすいために、経験が細切れになってしまいます。また、アイコンタクトや相手のことを見続けるということ自体も少ない場合があり、時間の経過に沿って姿や形を変える人というイメージを持つ経験が少ないのです。

ここに相手や物が壊れたとしても直ることがあるという経験が役に立ちます。壊れたものが直るということは、時間の経過とともに姿が変わるという体験ではありますが、そこに安堵や嬉しさといった肯定的な感情が伴うからです。その気持ちがもっとその対象と関わりたいという動機を増し、時間の経過とともに姿が変わることへの理解を後押しするのです。Aは物に関しては、外れた部品が戻ることなど直すことが可能であるとかなり前から気付き始めていましたが、#77では、私という生きた人間相手に同様の経験をすることができました。実際のところは柔らかいおもちゃばかりですし、それほど強く投げつけたわけではないので、怪我をするようなものではなかったのですが（怪我をするようなことであれば私もお互いを守るために止めます）、投げられ続けて、私は物で埋め尽くさ

れたので，私はみじめでゴミになってしまったような気持ちになりました。自分が役立たずで，何もできないという気持ちは，A自身も感じていた感情であり，それを私に一緒に感じてもらうことを求めたのだと思います。そして，次の回には，私がどうなったか見たくない怖さからカーテンの後ろにも隠れましたが，その後にはじっと私を見て，変わっていないかを確かめることができました。次の週にも面接があるという心理療法の定期的な構造がこのような安心を体験する機会を後押ししてくれるのです。

　ここには相手がただ壊れないことに気付いただけでなく，回復することへの気付きも含まれます。時間が経てば，私は回復しているということですから，時間はAと私の味方として働くのです。また，自分以外の誰かと会うことによって相手が回復することを受け入れられていることにも注目したいと思います。相手を自分だけが回復させられるわけではないことは嫉妬を掻き立てることでもありますが，自分が相手についてすべての責任を負うわけではないと実感できる点でも重要なことです。子どもの成長について全責任を負っていると感じる親が耐え難いほどの重圧を感じているように，相手に影響するのが自分だけだと感じることは，相手を壊れやすい存在と思うし，少しの自由も余裕もなくなってしまいます。子どもの心理療法は，親以外の存在であるセラピストが子どもに影響を及ぼすことでもあるため，親に嫉妬を感じさせるかもしれませんが，自分だけが責任を持つ重圧を軽くする働きもあると考えられます。

> この節のポイント
> ・心理療法の定期性にも支えられ，Aは私に怒りをぶつけても壊れるわけではなく回復することを経験した。時間は人を別物に変えてしまう悲惨なものではないという気付きは，好奇心を増し，ただ外見が違うだけで中身には変わらぬ芯のようなものがあると体験できるようになった。

## 第6節　中学に上がることを想像し，備えること

　しかし，時間にはもちろん残酷な側面もあります。Aにも中学校に上がることで自分を支えてくれていた小学校の先生との別れが迫ってきていました。また，自分が子どもでいることもできず，身体が成長し，第二次性徴を伴う思春期の激変に入っていくことを避けることもできません。

・小学校6年生（心理療法開始2年半から3年半）

　6年生になると，母親はAにできることは自分でさせようと思うようになり，面接でも窓口にAだけで行かせるようになります（Aから声をかけられずに窓口職員に気付かれるまで時間がかかってしまうこともありました）。面接の中でハイテンションで遊ぶようになってきて，私から見えない机の下で鉛筆にはさみで切れ目を入れたり，カーテンの裏で「（松本先生が）うるさいね」と小声で言ったりできるようになります。私に気付かれると「きゃー，なんでわかったのー」や「危ない，先生に見つかるところだった」などと笑いながら言い，私が見ていることを知りながらも，深刻な攻撃にならない気持ちの表現を探しているようでした。Aは面接室以外のドアを開けようとしたり，太鼓を叩いて大きな音を出し「これ下の（階の）人にも聞こえてる？」と嬉しそうに言ったりと，自分が影響力を及ぼせる領域を広げようとしています。そして，「お酒を飲むとどうなるの」や「なんで先生だけにきびがあるの，僕も欲しい」と言い，子どもと大人の区別を明確に感じ，大人への憧れも生じてきました。1カ月の夏休み明けの#116では，億よりも大きい数の数え方を話す中で，自分は支援学級なので6年生の勉強はしていないこと，もう一人いる子どもがゆっくりだから簡単なこと，「僕はできると思うんだけど。早くしないと中学生になってしまうし」と話します。しかし，この前向きな気持ちと見通しは，「あと365日で中学生だよね？」「390日？」「1000日？」とだんだん日を増やしていき，混乱のうちに「もうめんどくさい」と避けられました。

　Aは私の行動にとても関心を持つようになってきて，「なんで座りなおしたの？」「電気消さないの？」などと質問することが増えてきました。自分で時間に気付いて片付け始めるようになり，私は「自分で片付けが出来たら，元通りにできるって思えるんだろうね」などと言葉をかけると，その次のセッションには私が「自分で片付けてるね」と言っただけで，「先生，前と同じこと言うんやろ」と私の言葉を予想し，「ちゃんと聞いてたからね。僕，頭いい（と言いかけて慌てて否定して），頭良くはないけど，人の話はちゃんと聞いてるから」と誇らしげに言います。また，思い通りに動いてくれない私に対して「松本先生はロボット先生なんだよ」などと怒りをぶつけますが，その後で「先生はロイヤル先生だよ」「かっこよくて優しい，100点だよ」と言い，その理由はテレパシーのように気持ちが伝わるからだと話します。その後も持ってきた荷物をどかっと乱暴に置いたり，箱庭の外にわざと砂を出したりして腹立っている様子を見せるようになり

ますが,「何？先生」「舌打ちした？」などと私が怒っているという話になります。私は実際にイライラするような気持ちになることもありますが，私の怒りに注意を向ければ，Aをますます怯えさせてしまう心配が生じます。怒りにも程度があり，必ずしも深刻な関係の破たんをもたらさないことを示すため，「松本先生が怒っているのかどうかを知ろうとしてるんだね。すごく怒ってるのか，ちょっと怒っているのか，あまり怒ってないのか」などと声をかけます。また，「今のはAが壊そうと思って壊したのではないね」と意図せぬ破壊と主体的な怒りを区別できるように言葉をかけていきました。

　前の人が長引いて1分遅れた＃135では，Aは「先生が遅かったから」と待合ではなく面接室の近くの廊下まで来ています。ジェンガの箱が破れているのを見て，「僕が壊したんだっけ？無理だよね。手で叩いただけでは。水筒じゃないと壊れないよね」と，自分に責任がないことを意識します。その箱に軽くチョップをするため，「他の子に怒ってるんだね」と私が触れると，強く同意して「怒りたかったけど，怒られるからやめたんだよ」と言った後，少し冷静になって笑いながら「あれ？でも先生が僕に怒ったことってあったっけ？ないねえ。僕は怒ったことあったよね。2年前ぐらいかな」と1年半ほど前の＃77の場面を思い出す。私が「先生は怒らないとは思っているけど，怒っちゃダメって思ったんだね」と伝えると，「怖かったんじゃないかな。なかなか降りてこないから部屋に行ったら，電気ついてて，水筒があるのが見えて，逃げてきたんだよ。もう帰っちゃいたかったよ」と言います。私は「Aの時間だったわけだから，その子が出ないといけないはずだったよね」と伝えると，「僕が怒っても良かったんだよね。怒られるって思ったんだよ。おかしいなあ」と自分の気持ちについて考え続けました。

　その後，Aは中学校に見学に行ったことや，小学校の卒業式の日程などを話すようになります。また，年号について今は平成だけど日本の最初は何だったかを考え，「飛鳥時代，奈良時代，次が平成だっけ？」「それは早すぎるよね」と言う。私は「Aがもうすぐ中学校というのはそのぐらい急に感じるんじゃないかな」と言うと，「そうだよ。早いよ。急に大人になれっていっても無理なんだよ。だって，まだどんな仕事をするとか何をしたいかもわかってないのに」と力説しました。春休みの確認をする中でAは中学でも面接を継続できるか不安になります。私は中学のうちは来ると親と話し合ったこと，機関の都合で高校になると来れなくなることを伝えました。すると，Aは「先生休みがなさすぎるよ」と言い，入れ物に砂をたくさん入れて「ちょっとしか入っていない」と言います。私が「反対のことを言っ

ているんだね」と言うと，笑って，「先生休み少ないで。寒いよ。暑いよ」と言った後で，自分のズボンのゴムがなぜ緩くなってしまうのかを質問します。私は「先生が伸びたゴムみたいにだめにならないかを知りたいんだろうね」と言うと，「先生は水曜日に会って，6日休んでいる間に回復してくるんだと思うわ」「先生はコピーが100個ぐらいあって，傷ついたときには乗り換えるんじゃないかな。そうすれば壊れないもんね。でも，そんなの無理だよね。先生，人間だもんね」と話しました。

　自分が時間の中で生きていることに気付くようになったAは，中学校に進学することを意識できるようになっています。中学校を想像し，備えることができるのは大きな成長といえますが，年号の話のような唐突さと極端さが特徴的で，自分が対処できるようなものではないという恐れも表現するようになりました。Aは自分のペースで，少しずつ着実に進めていけるとは思えないようです。中学は大人になることだと，怒りが少しでも生じれば大変なことになるよう感じますし，私も「ロボット先生」から「ロイヤル先生」までコロコロ変わりますし，間（あいだ）がないという特徴が見られています。マラソンはいきなり42.195km走れと言われると途方もないことと感じますが，その間に5km地点，10km地点など，取り組むべきものが細かな目盛りで区切られているとやっていけそうな気持ちになりやすいものです。「5km走から始めよう」などと少しずつ取り組むことができます。自閉スペクトラム症を抱える子どもだけでなく，すぐに諦めてしまいやすい子どもの多くは，乗り越えるべき山を細かい目盛りで区切るということができないという問題があります。そして，自分でやろうとする意志まで失わせてしまうのです。

　目盛りを作るためには，誰かがサポートしてくれると助けになりますが，自分が自分の意志で動いているという感覚，つまり志向性への気付きがあることも欠かすことができません。自分の足で歩くと，どれだけのペースで自分が歩けるのか，どのぐらい距離なら歩けるのか，途中で休みを入れた方がいいのかということがわかります。しかし，車や電車などに乗っていると，その距離がどれぐらいのものなのかという正確な見通しを得ることは難しいでしょう。Aが自分の意志で動けるようにはなってきているものの，自分のペースはどれぐらいかという実感を強く持っていくことが今後の課題と考えられます。これについてはAの中学生の期間の心理療法で取り組みましたので次章をご覧ください。

> **この節のポイント**
> ・Aは慣れた小学校を失い中学生になることに，備えることができていることは大きな進展ではあるが，唐突でガラッと変わってしまうものと体験されていた。そのため課題も急に高いハードルが襲い掛かってくるよう体験していて，少しずつ自分のペースで進めていけばいいと思えるのに十分なだけの自分という感覚がまだ乏しかった。

## 第7節　まとめ：人を大切だと思うために欠かせないこと

　この約3年半の心理療法の期間でも，Aに見られている変化は劇的なものです。もちろん発達検査や知能検査で測定されるような指数が改善したというような意味ではありません（Aの発達検査の結果は年齢が上がるにつれて差が広がるということはなく，ほぼ横ばいの発達指数を維持していました）。好奇心や動機といった点で大きな変化が見られているのです。受身的で何を考えているかわからなかったAが自分の知りたいことを知り，やりたいことをやろうとしたりする姿がはっきりと見えてきています。前章で述べたように，それを控えなければならない背景には「対象のもろさ」があると考えられますが，ここまでの心理療法の中で，私はAの心を受け止めることができ，かつ壊れない硬さと境界線としての膜をもった存在として感じられるようになったと考えられます。「かもしれない」に代表されるシミュレーションも可能になり，Aにとって，私も自分自身も時間によって形を変える柔軟性のある人間という体験ができています。

　小学校6年生になると，Aは怒りと共に私の心の中にしっかりと入り込み，自分の場所を増やそうとする積極的な面が見られています。窓口に声をかけることもためらっていたAが，#135では自分から面接室の前にまで行こうと思えたのは大きな変化です。それゆえに待合で待っていれば見ないで済んだかもしれない，他の子どもが面接室の中にいる姿を垣間見てしまいました（窓からわずかに中が見える構造なので自分から覗いたのでしょう）。人はより多くのことを知ろうとすれば，不快な内容についても知らなければならなくなると痛感させられます。この痛みが人に積極的になるのを諦めさせ，意志や動機をもって行動するのを控えた方が良いと思わせるのでしょう。しかし，Aはこの経験から自分の怒りが妥当であることと同時に，なぜ自分が恐れてしまうのかという問いを持ち始めたようです。答えを知ればそこで探求は終わりですが，「なんでなんだろう」

という問いは，また新たな問いに向かう力にもつながるため重要なのです。

　これまでの心理療法の経過を見ると，悲しさ，絶望，怒りといった必ずしも心地よくない感情について焦点が当てられています。私は自閉スペクトラム症を抱える人との心理療法において，人との関わりを諦めてしまう絶望感や，自分の気持ち・希望がなくなってしまうことに取り組む局面は必ず迎えるのではないかと思います。なぜなら，これこそが自閉スペクトラム症の特性を抱えることで，彼らが主観的に体験してきた傷つきだと思うからです。誰かと深く親密になりたい，自分のことを知ってもらいたい，相手のことを知りたいと思えば，そうなれないときに生じる悲しさや怒りなどは避けられないでしょう。むしろ，そのように苦痛に感じるからこそ，自分は相手のことを痛いほど大切に思っているのだと感じるのです。それを避けることは，人との関わりそのものを避けること，人を大切だと思わないことにつながってしまいます。

　心理療法開始時のAは，人と関わりたいと思っていると確信をもって見なすことが難しいような状態でした（母親は関わりたくないのかもしれないとも思っていました）。しかし，この時期のAを見たら，間違いなく自分の居場所を求め，生きている人間同士で心を通じ合わせたいと切に願っていることに疑いようもありません。子どもにとって辛そうだからといって，子どもが他者と関わることを支援者の側が諦めてはいけないことは，私がAから教えてもらった大切な教訓の1つです。

　この節のポイント

・思い通りにならない辛さ，他者が自分以外を大切にしている嫉妬の怒り，人とのつながりが全く切れてしまう悲しさと無力感，怒りによって壊れない安堵と好奇心の高まりといった，心理療法開始時のAが体験すると思えなかったような感情が心理療法の定期性とセラピストの存在によって体験された。心理療法を通して体験される辛い感情が，他者を重要な人物だと体験し，自分の意志を出したいという動機につながったと考えられる。

第 12 章

# 自分に知らんふりをするのをやめる：
# Ａとの心理療法の中学校時

## 第 1 節　自分に知らんふりをしていること

　Ａとの心理療法は中学に上がるまで週1回のペースで3年半継続してきました。その中で，Ａが自分から動き出すことは劇的に増えましたが，やり過ぎて，自分や他者を壊すことを恐れ，再び何もしようとしていない存在に後戻りすることもありました。自分の前に立ちはだかる課題を極端に大きな壁だと感じる面もあり，一歩ずつ進める段階があると気付くことが課題として残されていました。人の車に乗せてもらうのではなく，自分の足で歩くことが大切になるわけですが，それを困難にする要因は何でしょうか。小学校の卒業式直前の＃141で，その課題ともいえる部分が明らかになっています。

　その日はたまたま事務所にＡが通う中学校の校長先生が来ていて，私が挨拶を交わしているのをＡは小窓から目撃します。私が出て行った後もＡは校長先生の方をちらちら見て，「誰？」と聞きます。「あれ？Ａ会ったことない？」と私が聞くと，「校長先生でしょ。知らんふりしてたの」と正直に言いました。そして，「4月はいつからですか？」と面接開始日を質問します。私はすでに何度も説明していたので「これもＡは知っていると思うけど」と言うと，「10日からだよね」「知らんふりしたらだめなのにね。中学校に上がるのを知らんふりしてたら怒られるよね」と言います。私は「Ａは知ってるのに知らんふりしておいた方がいいって思う時があるみたいだね」と言うと，「問題に答えるとかはいいけど，名前とか聞かれるのが嫌だから，知らんふりするの」と言い，私が質問したことに曖昧に返事します。私は「Ａがどう思ってるのとか，何を考えてるのとかって聞かれると困るのかもね」「来週ここがお休みだったり，先生が校長先生と話していてなかなか出てきてくれなかったことに対して，いろんな気持ちがあるんじゃないかな」と伝えると，Ａはミニカーを出して，時計を見て，「もう9分も経ってる。もう何で？」と怒った口調で言い，ミニカーを自分の作品箱に乱暴にぶつけます。私は「先生が遅れたからだって怒りたいのかもしれないね」と伝えると，Ａが走

らせていたミニカーの部品が外れます。Aは「壊したくなかったのに」などと言いながら，ミニカーを直しては何度か作品箱にぶつけ，壊れるまでにぶつかる回数を数え，「ああー。8回までは大丈夫っていうことだね」「スピードが速いと3回ぐらいで壊れるかな」などと発見していきます。「レーシングカーってなんであんなエンジンうるさいの？ ……早く走るためだよねえ」と唐突に話し，私は「これも知っているけど，知らんふりをしてたんだね」と伝えます。Aはドールハウスの前に移動して，「あーん，ばぶー」と赤ちゃんのような声を出し，自分から「赤ちゃんのような声出してるね」と言います。私は「中学生になるんじゃなくって，何も知らない赤ちゃんでいたいと思うのかもしれないね」と伝えると，「だめだよねえ。中学生になるんだよねえ……僕いやだよ。小学校がいいなあ」と言いながらも，ガラスの板をメガネのようにして，「よく見えるようになればいいなあ」と言います。終了時間になったのを見た後で，「あと，10分あるねえ」とごまかします。私が「それがAの気持ちなんだろうね」と言うと，「気持ちじゃないよ。キムチだよ」と笑い，「出たくないんだよ。終わりっていうのが嫌なんだよ」と話しました。

　Aはこれからの面接が「自分に知らんふりをしてしまうテーマ」に取り組んでいくと気付いていたかのようで，その表現力に驚かされます。これまでの心理療法により，Aの志向性は明確に見えてきており，自身の考えや気持ちに気付き始めていますが，知らんふりしてしまうのです。何も知らない，できない赤ちゃんであり続けることができたら，どれほど楽でしょうか。嫌なものも見ないし，成長がない代わりに大切な人とお別れになることもありません。もともとは障害により「自分が見えない」状態にあったわけですが，それが習慣化してしまったようで，辛い感情から身を守るために防衛的に「自分が見えない」状態になるということがあるようです。一方でAの中には成長して中学生にならなければならない気持ちや，もっとよく見えるようになりたい気持ちなどもはっきりと芽生えています。
　また，「うるさいレーシングカー」も今後の心理療法で取り組むべきもう1つのテーマを示しています。力強く，男性的なパワーのほとばしりへの恐れは，Aの中に思春期心性が芽生えてきている可能性を感じさせます。思春期は第二次性徴の始まる時期であり，性衝動の高まりやホルモンの変化などが生じ，子どもはエネルギーの溢れと戸惑いを体験します。普通車のエンジンから，レーシングカー

のエンジンに入れ替わったように感じるのでしょう。その身体的な変化に加えて、親への依存を恥ずかしいものと感じ始め、親の干渉を嫌がることから反抗期と呼ばれる時期でもあり、以前は大人しかった子どもであっても口調が荒くなったり、「うるさいな、ほっといて」などと拒絶的になったりします。どの青年であっても戸惑う時期ですが、壊してしまう不安、やりすぎてしまう不安を抱えているAにとってはどれほど恐ろしいことでしょう。その力が「早く走るため」など肯定的な方向に向くものなのだと体験できれば良いですが、まだまだ予断を許さない展開がありそうです。

### この節のポイント

- Aに残されていた課題は、自分の志向性に気付き始めた一方で、不安になると防衛的に「知らんふり」をして自分が何もできない、何も考えていない存在に戻ろうとすることだった。また、中学生になり「うるさいレーシングカー」のような思春期心性の高まりへの不安も生じつつあった。

## 第2節　思春期のエネルギーの高まりと周りが見えるようになる成長

・中学校入学から時間が変更になる5月まで

　車で心理療法に送迎されていたAですが、中学からは自転車に乗って自分で来談します。面接室のミニカーや人形などを見て、「家でこういうものいっぱい持ってたけど、最近は遊ばないよ。だって、他の人が見たらおかしいって思うじゃない。幼稚園の子どもとかがやるものでしょ」と言います。

　中学校の授業の関連で、これまでの面接時間では継続が難しくなり、学校を早退してくるか、5月から1時間遅らせるかを話し合います。Aは珍しく迷うことなく開始を1時間遅らせる決断をしますが、その後でその時間に来ている他の子どもがいるのか質問します。ティッシュ箱にミニカーをぶつけ、テーブルからティッシュ箱を落とそうとするので、私はその時間を占めている他の子どもを追い出すことをAが恐れていることを伝えると、「怒られるんじゃないかな。その子、見たことないけど」と言います。その後、私の勤務時間や住んでいるところについて質問して、話をするだけで終了時間になることも多くなり、「遊ばないで、松本先生の秘密に迫ってた」と振り返ることも出てきます。一方で、ミニカーを使って、ジャンプ台のような上り坂を作って、さまざまな速度で走らせ、「スピー

ドがありすぎるとだめ」とやり過ぎを気にしたり，「(車が)大きいと風に邪魔されるんでしょ」とボディの大きさと逆風の大きさの関連について話したりします。剛速球やジェットといったパワフルで速いものに関心を持ち，立ち入り禁止の看板のミニチュアを置いて，そこをミニカーで突破させる遊びもします。

　思春期心性という激しさに後押しされ，Aは自分で決断し動くことができるという経験を積んでいきます。自分が大きくなり，これまでにはできなかったこともできるようになった分，風当たりが強いと感じており，誰かと衝突してしまう危険性も増していることも教えてくれています。ここでは自分を引っ込めてしまわずに，そのエネルギーの高まりを活用して，私との面接時間など自分が欲しいものを得ようとしました。自分が中学生であることをはっきり認識するようにもなっており，自分が好きな遊びが子どもっぽいと見なされることにも意識が向いています。しかし，遊ばず話をするだけの時間も増えてきたものの，自分の気持ちを伝えるためにはミニカーなどを用いた遊びが必要でもありました。Aの幼い部分と，一般的な中学生がどうあるべきか気付いてきた部分とがどのように折り合いをつけていくでしょうか。

> **この節のポイント**
> ・思春期心性に後押しされたAの中の激しさやエネルギーの高まりは，欲しいものを強く望むことなど役立つ方向にも活きるが，人とぶつかる不安なども高めている。中学生としてのAと幼いAが併存していることにA自身も気付きつつある。

## 第3節　子どもの自己否定は必ずしもマイナスか？：
　　　　周りを見る力の発達

・中学校1年生の夏休み（心理療法開始から4年）まで
　「明日から中間テストだ」と自分から中学の出来事を話すことが増えます。レゴに取り組むようになり始め，パッケージの写真通りに作成しようとします。同じ部品が見つけられないと，「何も作り方書いてくれてないし」と焦り，「簡単なのにしよう」と言って，自分の考える通りに作ろうとします。完成すると「変なのだけど，できた」と納得していそうですが，悲しそうな表情にもなり，私が失

敗と見なしているかのように,「だめなの?」と聞いてきます。
　10分遅れて来談した#151では,「なんで先生出てくるの遅かったの?」「なんで外にいなかったの?」と私に事務所の外で待っていて欲しかったことを疑問文の形で伝えてきます。Aはレゴに取り組もうとしますが,少し崩れてしまうと,「えーん,えーん」と笑いながら泣き声を出します。「上手くできなくて悲しくて泣いてる子がいるね」「遅れちゃったことも悲しいって言っているのかもね」と私が伝えていくと,「できないやんか,このくそ野郎」「このボケが」などと言いながら,自分の作っていたレゴを床に叩きつけます。再びレゴに取り組む中で「もう,このくそ野郎」と笑いながら叩きつけた後には,「僕,腹が立っているのかな?」と聞いてきます。私が「自分でも腹立ってると思う?」と聞くと,Aは「思わないよ。怒ったりしたらだめだから」と言い,怒りの存在は無視されます。それほど難しくないレゴの付け方について私に質問し,答えを聞く前に自分で完成させたので,私が「知ってるけど知らんふりしようとしていたと思うな」と言うと,「違うよ,僕は何も知らないんだよ,何もできないんだよ」と言います。再びレゴを作っていると唐突に「もう何してるの,これはこうやらないとだめでしょ」と自分を注意する声を出します。私が「何も知らない,何もできない人でいれば,そのように怒られることもないと感じてるのかもね」と伝えると,「そうだよ,怒られないし,僕は何も知らないんだよ,これからもずっと知らないし,知るようになるわけないんだよ」と真剣に言います。「僕なんか,ゴミなんだよ。目クソなんだよ」と投げやりに言い,「僕はついてないんだよ(運がない)。新しいゲームが欲しいけど,欲しいって言わないの。どうせ買ってもらえないから。そんなの買うなら勉強しなさいって言われちゃうんだよ。僕はのび太君みたいなんだよ」と悲しみと怒りの入り混じったような声で訴え続けます。しばらく話していると,Aは「でも,僕,おみくじ引くと,良いのばっかり出る。大吉とか」と余裕を取り戻しますが,時計を見て,残り3分であることがわかると,「もう終わりじゃんか」と絶望した様子で,持っていたレゴを叩きつけました。

　中間テストやレゴの見本の写真などは,Aの中で他の子どもができると想像していることであり,それと比較して自分はできないと感じ始めているようでした。特に,この時期には中学校の内申点を出すために他の子と同じテストを受けており,頑張って勉強しても一桁の点数しか取れない経験をしていました。#151でAが教えてくれているように,何も知らない子であれば,誰からも怒られず,

自分がゴミのようだとも感じずに済んだかもしれません。他の子どもと自分を比較できるようになるからこそ生じる痛みがあるのです。この頃からAの言葉には敬語が出てくると同時に，標準語が中心の話し方から方言が色濃くみられるようになってきます（プライバシー保護のため，この本での表記は標準語に直しています）。自閉スペクトラム症を抱える人の多くがテレビや教科書などから学ぶため方言が出ないのと対照的に，Aは目の前の人に関心を持ち，その比較の中で話し方をとり入れるようになっているのです。

　子どもが自分をゴミ，目クソ，のび太君だと感じていることは，親や教師にとっては衝撃です。発達障害などの領域では，自己否定感や自己評価の低さなどはいじめや不登校などと並ぶ二次障害と呼ばれ，障害とは別に抱える可能性の高い問題の一種と考えられます。しかし，Aの来談当初の自分がなかった様子と比べてみてください。#151では，「僕は…なんだよ」という表現を多用していて，内容は悲しいものではあっても，自分がどういう人間なのかを必死で模索しているAがいます。この痛みは取り除くべきものではなく，自分の人生を生きていると実感する不可欠な手がかりのように思います[注32]。この悲しみを伴う気付きが，目標と現状との間の差を正確に見据え，一歩ずつ進むためのステップを作っていくことを可能にするのでしょう。

　そして，その絶望を私という他の人間の前で表現していることも重要です。人生には何をやっても上手くいかないときがあります。その時にそっとそばでその苦痛を聞いて，一緒に悲しんでくれるような存在が欲しいのではないでしょうか。それによって状況に変化がなくても，頑張ってみようかなという気持ちになれることがあります。欲しいものを望んではいけないと嘆いていたAも，私に苦痛を訴え続けた後には，良いくじを引けるだけの運があることにも気付けています。しかし，自分が得たものに値するだけの人間であるという感覚がなければ，泥棒のようなずるをしたか，それが偶然舞い込んできただけで簡単に失われてしまうものと感じてしまいますので，その点でも自分が成したことを意識できることが大切になってきます。

---

注32) Klein(1935)が抑うつポジションとして定式化したのはこのような状態です。自分が失ったもの，足りないものから目を背けずにいるときに生じる抑うつ感が，自分の積極性や創造性へと結実していくのです。

> **この節のポイント**
> ・Aは自分をゴミのように否定的に感じることが出てくるが，これは二次障害として避けるべきものではなく，他の子との比較や現実で自分の身に起こっていることを把握できるようになったという，発達上で欠かすことのできない痛みと考えられる。

## 第4節　思春期を生き延びるための投影：
　　　　　自分のせい，相手のせい，規則のせい？

・中学校1年生の2学期から年度末まで

　Aは自分が遅刻をしても腹を立てることが出てきて，私が質問をしようとすると「先生，そんなにムキにならないでよ」と熱くなっているのは私だとして，向き合うことを避けます。「僕がノックしたら，先生はアメリカの警官だから銃で撃つんでしょ」と言ったり，竹島や尖閣諸島が韓国・中国と危険な取り合いになっている話をしたりと時事的な内容も含めて話をするようになります。

　この時期にはAはイライラした不穏な様子で，私が何かを言おうとすれば「何？」「先生，僕に文句言うんでしょ」などと批判的な発言だと決めつけられます。「僕が何か悪いことすると思っているんでしょ」「前に先生を木っ端微塵にしてしまったことあったから」と言います。私がそこまでのことはなかった旨を伝えても，反論されたと余計に怒りが募るようで，「殺してしまうかもしれないじゃない。今は誰も殺したくないけど，大きくなったらどうなるかわからないし」と怒りがコントロールできないほど高まる恐れを話します。別の時には「僕の中に悪魔がいるんだよ。それが車をぶつけてるんだよ」と別の存在により行動が掻き立てられていると言います。「先生，なんで泣いてるの？」「どうしたの，落ち込んでるの？」「もう来なくていいって言うのかと思った」などと言い，私は自分の感情や発言への勝手な決めつけを否定したい気持ちの一方で，Aの言う通り泣いているのかもしれないと自分の気持ちがわからなくなることも起こりました。Aから気持ちを決めつけられると私が感じるのは，A自身も感じているのだろうと理解した私は，Aの気持ちを決めつけるような発言をやめ，「この部屋の中にイライラした気持ちがありそうだな」や「爆発しそうな気持ちになっている人がいそうだね」などと独り言のようにつぶやき，反応するかをAに任せるようにします。すると，「僕だね」「時間が終わりだからだね。時間なんかあるから，こん

な焦るんだよ」と自分から説明してくることも出てきました。また，遠足や旅行といったうきうきした気分の時は早く感じるなど，時間の長さ自体は一緒でも気分によって感じ方が変わることに気付いていきました。

　３学期に入ったところで，次年度から私の職場の都合で曜日を変更し，頻度も２週間に１回に減らす必要が生じます。母親と相談し，今より15分遅れて開始すれば，その曜日でも変更が可能だとわかります。母親は隔週になることでＡが気持ちを私に伝えにくくなると心配し，私もＡが不穏で自分の感情を持て余している時期でもあったため同じ心配をしていました。しかし，職場の圧力は強く，私はＡとの４年間を超える共有した時間を信じ，隔週で行うことに決めました。３カ月前にＡにそれを伝えたのですが，「もっと早く言ってくれればよかったのに。急に言われたらびっくりするよ」と動揺します。次の回は５分ほど遅刻して，「先生，僕が忘れてるんじゃないかと思いました？」と聞きます。私が曜日と頻度を変更したことで私から忘れられるとＡが感じた可能性を伝えると，「そうです。先生が僕のこと見捨てたんでしょ」と半分笑いながら，半分真剣に言いました。その後は，「僕，今日が何日かなんて覚えないようにしてる」や「時計を見ないようにしてる」と言い，見ないようにする対処を取っていることを私に教えてくれます。年度末の最後の＃179では「先生，僕が無責任って言いたいんでしょ」と言ってくるので，私が「無責任というのは約束を守らなかったり，やると決めたことをやらない人だよね」と言うと，Ａは「あっ，それは先生だ」と指差します。「先生が悪いんだよね。僕は悪くないんだよね」「なんで僕は悪くないのに，僕が悪いって思うんだろう」と不思議そうに考えていました。

　この時期のＡの様子はまさに思春期男子という印象です。イライラ，ピリピリして，自分の気持ちも私の気持ちと決めつけてきます。私が何か言えば，その発言こそが怒りの火種となり，嫌な気持ちになるのは私のせいだとされます。これは第７章でも述べた通り，投影同一化という心の働きです。一般的にも中学生という年齢は，自分も周囲もガラッと変わってしまうと感じる時期でもあり，それを生き抜くため投影同一化を頻繁に用いるといわれます。自分に新たに生じてくる落ち着かない，慣れない心を他人のせいにするのです。私が泣きそうな気持ちや落ち込んだ気分の持ち主だとしたのも，Ａ自身が感じている気持ちを私に投影同一化しているのです。それにより，Ａ自身は気持ちが少し楽になるのです。以前と異なっている点は，境界線が簡単に壊れてしまわずに，混乱せずに私がそ

の感情を担っているとAが感じられている点です。一方で，Aの投影同一化の力が強くなったために，私にはAの気持ちなのか，自分の気持ちなのかわからなくなる時が出てきています。

　不安の内容に注目すると，Aが相手の領域に入り込むこと，追い出されること，壊してしまうこと，壊されてしまうこととして，これまでに心的空間の問題として扱われた内容の延長であることがわかります。そこに思春期性のエネルギーの高さが入り込むため，Aはコントロールを失う恐れを強く持ち，私を殺してしまう，木っ端微塵にしてしまう心配にまで高まっています。これを悪魔のような別の存在により受身的に操作されると体験しています（第14章の青年はこの問題が主なテーマです）。

　このように余裕がない状態になっている子どもに「これについて怒っているの？」などと言うことは注意した方が良いことがわかります。決めつけられたという不満を強くするか，別のことで怒っていたかもしれないのにそのことで怒っていたんだと誤解してしまいます。アルバレズはこのような状態への対処法を火事への対処法を参考にして述べています（Alvarez, 2012）。高温になった油が引火したときには，爆発の恐れがあるので水はかけない方がよく，周りの燃え広がりそうなものをなくして，火が自然と落ち着いてくるのを待つべきです。江戸時代の火消しも周りの建物を壊すことで対処していたといわれます。余計な言葉かけによる延焼する材料を与えずに，燃えている部分が少し落ち着くことで，その人が本当はどんな感情を持っているのかが明らかになっていくのを待つ方が良いのです。時間や曜日が固定されているという心理療法の設定により，少しずつ怒りが何のせいか（人のせい，規則のせいなど）を仕分けができ，自分のせいであるものを正確に実感できることが期待されるのです。

> **この節のポイント**
> - Aのイライラや衝動の高まりが殺人的衝動にまで強まる恐れが生じ，投影同一化により対処していった分，自分の気持ちか私の気持ちかの混乱が強まる。不用意な発言は怒りを増長させるため，延焼させるものを減らし，自分のペースで自分の感情だと取り戻すことを目指した。
> - 職場の都合もあり，中学校2年生から心理療法は毎週から隔週になった。

## 第5節　自分だけが持っている記憶：主観が存在すること

　母親は入学当初から普通高校進学を対象外にする決断ができなかったため，テストと提出物を他の子と同じことをさせていました。Ａが理解できないと思う一方で，答えを写すだけの提出物の作成も許容できず，テスト１週間前になると帰宅後から22時ぐらいまで母親が横について勉強をさせることになります。詳細は次章にて触れますが，年度末の学校の懇談に父母で行き，高等養護学校[注38]への進学を決め，授業もＡのペースに合わせ，学力よりも生活力の向上を目指す方針になりました。

・中学校２年生から１学期末（心理療法開始から５年）まで

　曜日と時間が変更になり，頻度も毎週から隔週になったことで，Ａには来る日時が正しいかの不安に加えて，私から忘れられてしまう不安と怒りが高まっていました。そのような気持ちをミニカーを激しくぶつける遊びで表現しては，不安になり，寝たふりをしたり，体育座りをして「小さく，丸くなろうとしていたの，ボールみたいに」と言ったりと，尖った角がなく傷つける心配のない丸い存在になろうとします。しかし，私が「誰も傷つけないように自分の気持ちを引っ込めているんだね」と言うと，Ａは「先生は性格的に怒ってこないんだよね」と怒られると感じたことを思い過ごしだと気付き，安心しました。

　前に来談していた時間との違いを話す中で，Ａは「何年前からここに来てるんでしたっけ？」「なんで僕はここに来ることになったの？」と振り返るようになります。私が小学校３年生の頃だったこと，鉛筆を噛むことがきっかけだけど，自分の気持ちを言うことが難しかったから続けて来ることになったことを思い出しながら話すと，Ａは「コミュニケーションってやつですよね」「話はわかったんだけど，なんでっていうのがわからない」と言い，いつまで来るのかも質問します。職場の都合で中学生の間までだと確認すると，「寂しいとは思わないよ。大丈夫。何も感じてないですよ」と言い，「先生は寂しいとか悲しいとか思うの？」と聞いてきます。私はその気持ちがあると認めると，「そういう気持ちが僕にもあるんだと思います」「何もないって言ったのは迷信です」と自分の気持ちを認

---

注38）　一般的に高等部のみを有している特別支援学校を指し，単独通学ができる程度の生活力などが求められ，入学試験もあることから，比較的軽度の知的障害を持つ子どもが通います。早くから社会参加体験や職業実習を経験させ，職業自立を目指すことに力を入れています。

めていきます。オセロを3つ並べて「ミッキーの顔だ」と嬉しそうに発見しますが，「違うよね。変だよね」と引っ込めようとします。私が「Aにはそう見えることを，違うって否定する人がいるように思うんだね」と言うと，「そうなんだよ。いるんだよ。先生は違うよね」と言い，自分がそう見えると感じるなら，それで良いのだと感じていきました。その後の面接でも，Aは早生まれなのですが「自分だけ遅いから嫌だ，遅生まれって言うんだよね」と言ったり，「地球は太陽の周りを回っているんだよね？違うか，太陽が回っているのか，地球が回ってるなら動いてないとおかしいもんね」と話していきます。

　Aは進捗に合わせたテスト問題になったことで満点に近い点数を取り，喜んでいたと，私は母親から聞きました。テストの反省なども具体的に書くようになり，勉強だけでなく毎日の4行日記も自分の気持ちが込められた具体的な内容になってきたことが報告されました。また，夏休みの宿題で自身の苦手さや助けてもらえると嬉しい気持ちについて書いた人権の作文が高評価を受けて，クラスを代表して大勢の前で発表しました。これらは自分の行動とそれに伴う感情，つまり自分の主観を抱けるようになったことから可能になったと考えられます。「早生まれ」も地球の自転や公転も客観的には間違っていますが，本人の主観的な感覚としては「遅生まれ」でしょうし，太陽の方が動いていると感じている方が正直です。Aの中には客観的な事実とは異なる，自分の主観的な体験というものができているのです。ただ，寂しい気持ちを私が感じているかを聞いてからでないと自分にもあると感じられないなど，自分の気持ちはまだ頼りないもののようでした。

　Aはアニメも漫画も青山剛昌作の『名探偵コナン』が好きだと母親が教えてくれました。好きなものができていることも大きな変化ですが，名探偵コナンというのもAらしい選択です。推理して犯人を捜すことは，Aの自分が悪いのか，他の人が悪いのか，それとも仕方のない事情があるのかなどを把握したいニーズと重なっているのでしょう。真実を求める気持ちも高まっています。また，見た目は子どもでも，中身は大人であるという外見と中身の違いというテーマも，Aが自分は子どもなのか大人なのかを考える助けをしてくれているのだと思います。

・中学校2年生の2学期から年度末まで
　　9月に父母が別居することになります。家の中で喧嘩したり，無視し合ったり

しているのが子どもに悪影響だろうということで，父親が少し離れたところ住むことになりました。Aは2人が喧嘩するのは嫌だから，父親と会えるのなら一緒に住んでなくてもいいと言ったそうです。ただ，自分も家を出ていかないといけないのかが心配になって母親に何度か質問したそうです。Aは面接内で私にそのことを話すことはありませんが，「疲れた」「めんどくさい」と元気が出ない様子を見せるときもあれば，部屋にご飯粒が落ちているのを見つけただけで目に涙を浮かべ，悲しさと追いやられてしまう不安でいっぱいになってしまう状態でした。しかし，つまずいたり，壁に身体をぶつけたりするときに，「大丈夫です」「何もありません」と私から心配される前に宣言して，痛みをなかったことにしようとします。

　3学期に入り，Aは前にあったガソリン車がなくなっていると言います。私は事実としてないのか，Aにガソリンのようなエネルギーが欠けているためにそのように感じるのかが自信が持てなくなり，答えあぐねていると（後で実際に無くなっていたことに気付いた），「あったもん，絶対あったもん。僕には記憶があるもん」と強く言います。部屋中を探し，いつまではあって，いつに無くなったかを確認していくなど諦めませんでした。

　父母の激しい喧嘩も父親の別居も非常にインパクトの大きい家族の出来事でしたが，Aは私に話すことはありませんでした。学校での出来事をかなり話すようになってきたことを思えば，私に話してくれてもよさそうに思います。しかし，少し前の時期にはイライラした不穏な状態や，忘れ去られてしまうことを心配するテーマが出ていることから，Aが浮かび上がる感情を完全に知らんふりしていないことは明らかです。「絶対にあったもん」と人は覚えていなくても，自分だけが強く覚えている記憶があるということを実感しており，主観を疑わない強さが出てきていることも重要です。父母のことは話せないのではなく，話さないでおくと自分が固く決意していたのかもしれません。

　昔のAなら，相手を傷つける不安や自分が否定される不安から，何も感じていないと曖昧にしたかもしれませんが，いまや自分の存在をしっかり感じつつあります。前章の最後で述べていたような少しの気持ちの高まりにより極端にやりすぎてしまう恐れも少しずつ変化しています。学校での勉強のペースをAに合わせ，何を学んでいけば良いかがわかりやすくなったことも大きく影響したと思います。このように自分の主観をはっきり持つことで，次の年の受験という高い

ハードルに自分のペースで少しずつ頑張っていくということができるようになっています。

> この節のポイント
> ・他の人から否定され自分を失わせられる不安にAは打ち勝てるようになると，自分の主観や記憶を大切に保持できるようになる。それと併行して，高いハードルに対しても自分のペースで歩んでいけることを学び始めた。

## 第6節　別れの感情に知らんふりせず向き合うこと：歴史を持つ自分になる

・中学校3年生から終結まで

　Aは私が何を知っていて，何を知りたいと思っているかを意識するようになり，雨が降りそうだから自転車用具を中に持ってきたことやトイレに行っていたから待合にいなかったことなどを私が質問する前に説明します。7月の#207では，机の下で私に見えないようにミニカーで遊ばせているときに，私が「相手をしてもらえない，独りぼっちがどういう気持ちかを松本先生は感じる必要があるんだろうね」と伝えると，Aは「独りぼっちの気持ちわかるよ」「寂しいっていうのもわかるよ」と話します。この段階で残り8カ月，休みを考慮に入れると月2回ずつとしても15回ぐらいしか会えません。Aとの6年以上継続している心理療法は終わりを迎えつつあることにA自身も私も向き合わなければならない時期が来ていました。

　夏休み直前の#209では，6年前から部屋に飾っている絵に気付き，「僕，いつから来てるんでしたっけ？小学校3年生でしたっけ」と話します。坂をつくりミニカーを滑らせる中で「さっきと同じように走らないですね」と言うので，私が「ここもいつも同じではない時もあったね。車がなくなったり，ゴミが落ちてたり」と言うと，「それで僕が怒ったんでしたね」と思い出しながら，「怒ったのは嫌なんですよ。今でも覚えています。なんでだったんでしょう」と話します。終了時間になると，「早く終わって仕事に戻りたいんじゃないですか」「それだったら，なんで僕ここに来てるのかって話ですよ」と大切にされることを強く求める気持ちを表現しました。

　その後も修学旅行や入試の話などから中学が終わるのが早いと感じること，昔に戻りたいこと，戻れないけど記憶は残ることなどを自分から話していきます。

Aの話し方はどこかコミカルで深刻さは薄く見えます。しかし，知らんふりせず，ゆっくりお別れの気持ちに触れ始めていました。高等養護学校の入学試験の直後の#215では，ソフトボールの授業で突き指をして作業の試験時間が足らず，他の人がやっている音が聞こえた焦りを話します。私がその手では大変だっただろうねと伝えると，「言わなきゃよかった」「やりたいからしたんだ」と強く言い，傷ついていることよりも，ソフトボールをできた明るい気持ちを共有して欲しいようでした（少しの意図の違う発言が自分を完全に否定されたように感じる面は残っています）。今はソフトボールは見学のため独りぼっちで寂しいと話し，Aは窓の外に向かっておどけた踊りを見せます。私は「Aは外には大丈夫で元気な姿を見せないといけないと感じているんだろうね」と伝えると，Aは「なんでわかったんですか？」と言い，「もう7年ぐらい来てるんですよね。それだけ一緒にいるんですもんね」としみじみと話し，「小さかったですよね。半分ぐらいでしたか？」「こんなに大きくなりました」と自分の体を私に見せる仕草をします。「よく続きましたよね」「続けたくても終わってしまうものもありますもんね」「それなのにもうすぐ終わりなんですよね」と話すと，Aの悲しみが痛烈に伝わり，私も泣きそうになりました。退室時にAは壁に肩をぶつけ，以前のように大丈夫とごまかすことなく「痛かったよ」と言いました。

　11月に合格がわかったAは嬉しそうに私に報告し，私がAの受験を覚えていたかを確認します。その後，作品箱の中の以前の作品を見返して，鳥のように見える紙飛行機を見つけると「羽ばたいていくんですよね」と言うなど，過去を振り返り，戻ってこられない別れについての寂しさを嚙みしめていきました。特に以前からずっと使っていたミニカーはよく手に取られ，それらをAと私に見立て，すれ違ってしまう寂しさ，後を追いたい気持ちなどを表現します。

　最終回の#223では，10分以上前に待合に来ており，部屋に入ると「いよいよですね」とため息をつき，下を向き，涙を流しそうな雰囲気です。泣かずに顔を上げると，部屋の外を見て，曇り空を眺めながら「雨が降りそうですよね」「どんよりしてますね」と言うので，私が「Aの気持ちもどんよりかな」と言うと，「そうだよね。どんよりだよ」と言って，ミニカーを5台机の上に置きます。並べている際に，「先生，大丈夫ですか？眠いんですか？」と私のことを心配します。そして，ミニカー4台が離れ，1台だけを残して，「一人ですね」と言う。私が「この車は松本先生なのかも」と言うと，Aは笑い，「先生は一人じゃないですよ。ここに他の人もいますもんね」と他の職員の存在に言及します。「行ってきます」

と4台のミニカーはそれぞれ別の方向に進め，もう一度残っていた1台のミニカーの元に戻しては，再び別々の方向に進ませる。私は「離れ離れになっても，戻ってくる場所を忘れなければ，戻ってきたいときに戻ってこれるってことだね」と伝えると，「そうですよね。ここって覚えておけばいいんですよね」と言います。そして，Aは「ひよこってニワトリになるんですよね。アヒルになるんでしたっけ？」と私に質問します。私は「Aが知らんふりすることについてよく話してきたよね。知っているんだけど，自信がないときに知らんふりするっていう」と言うと，「そうでしたね。知っているんですよ」「アヒルは白鳥になるんでしたっけ？」と聞きます。私は「大きくなったらどうなるのか，全く変わってしまうのかって考えてるんだろうね」と言うと，Aは涙ぐみながらうなずき，鳥型の恐竜を手にして「こんな凶暴にはならないですよね」と聞きます。その後も虎と豚など全く違う動物に変わってしまうことがあるのかを質問します。私は「松本先生とAが会えなくなると，先生の姿はAの前に見せなくなるんだけど，そうなると全く変わってしまいそうかな」と言うと，「いや，そんなことはない。なくなるなんてことはないんじゃないですか」と言います。私は「そうだね。Aの心の中にも松本先生が残るし，松本先生の心の中にもAが残るっていうことだよね」と伝えます。時間になり，Aはハンコを自分の手に跡が残るほどギュッと押しつけ，部屋をじっと見ます。私は「忘れないようにちゃんと心に残そうとしてるんだね」と声をかけます。帰り際にAはカバンから手紙を出し，「7年間ありがとうございました」と私に渡します。「いつ渡そうかと思って」と照れた様子でしたが，渡せたことにほっとしているようでした。Aは自分から歩いて外に出ていきますが，何度も振り返り，下を向いて，涙がこぼれているように見えました。

　手紙には7年間の感謝の気持ちと共に，最初は話せなかったけど，今ではたくさん話せるようになったこと，話をすることが楽しいと思えたこと，でも今日で終わりなのでとても寂しいことが書かれていました。

　前の2章で書いた通り，Aは自分の意志を持つことが自分と相手の心を壊してしまうような不安を持っており，受身的になっていると考えられました。中学生になってからは，自分が何かを知っている存在，できることがある存在であることにも気付き始め，誇らしさを持つこともありましたが，思春期の衝動の高まりも重なって，自分が危険な存在になりそうな不安を持つと，知らんふりして小さい子どものままでいようとすることがありました。

その点から考えると，Aの最終回のミニカーの遊びを通して表現された内容は感動的です。別れの寂しさに涙をこぼしそうだったのはAだけではなく，私も寂しさ，悲しさでいっぱいになっていたのですが，そのような私を見て大丈夫か心配します。そこには別れることが両者をだめにしてしまうと感じられる危機があり，これが成長や自立を危険に感じさせる犯人だと考えられます。その後の4台と1台に離れるという遊びはAの4人家族と私が別れることを表現したようですが，一人残される存在は孤独に陥るのではなく，他の人とのつながりがあると言います。目の前の相手が自分だけとつながっているわけではなく，知らない他の人とつながっていて，そこで支えられているということは嫉妬を伴うような認識でもありますが，健康な人間関係を成り立たせる，人間として不可欠な認識です。それがあるから自分の思いをぶつけ過ぎても取り返しがつかないことはないし，その人と離れたとしてもお互いに大丈夫だと思えるのです。その後の4台が再び1台の元に戻ってきて，またそれぞれの方向へ羽ばたいていく遊びは，心の中に戻ってこれる場所があることで生じる自由や創造性を表現していると考えられます。私たちも自立に際して，全く孤独になってしまうわけではなく，大切な親や恩師や友達との経験を心の中に残しながら，そこから離れていくという経験をしてきたことでしょう。

　その後のひよことニワトリの話もAがその後も抱えていくだろう不安をよく表しています。前章でも触れたようにAには時間が経って，人の見た目が変わると同じものとは思えなくなってしまうという時間的連続性の難しさがありました。中学生から高校生，高校生からその後などは，通う学校や呼ばれ方という客観的な変化に伴い，誰しも自分の大きな変化を感じるでしょう。別人になるような感覚ではあっても，それまでの自分が全くなくなるわけではありません。しかし，自閉スペクトラム症を抱え，自己感の乏しさがある人にとっては大変な脅威です。Aにとっても恐怖だったと思いますが，以前の自分とのつながりなどを思い起こすこと，心の中に誰かを残せることによって，何とか取り組めると感じたようです。思えば中学時代のAとの心理療法は，過去のセッション（特に怒って物を投げた＃77など）を振り返ることや，いつから心理療法に来ているのかなどを思い出すことに何度も取り組みました。私とAとの歴史を確認し，実感する作業をしてきたわけです。4台のミニカーが戻ってくる場所を覚えておくという遊びも，戻ってくるのは場所というよりも，心の中に残る記憶，歴史だと考えられます。私たちが自分をまぎれもなく自分だと感じるためには，自分しか持っ

ていない感覚である主観と，それが過去の自分とつながりがあるという歴史性が重なりあう必要があるのだと思います。

### この節のポイント

- お別れの悲しみを知らんふりしないことで，Aと私が一緒に過ごしてきた期間を振り返ることができ，何をしていたかという志向性の気付きと重なることで自分自身の歴史を実感することができた。それが戻ってこれる心の場所となり，Aの自立への不安を軽減していった。

## 第7節　まとめとその後のA

　母親はAが高等養護学校に受かった後も一人で電車に乗って通学ができるかを心配していましたが，Aが高等養護学校に進学したいと明確に宣言したようでした。母親がインフルエンザの時にAが家事をしてくれたこと，力仕事などを率先してやってくれることなどAの成長を感じ，自分がAを頼りにし始めていると話しました。ここには自分の気持ちや意志を伝えることのできないAはもはやいませんでした。Aは入学祝いに欲しいものを自分でipadで検索し要求しました。高校進学後には，友達ができ，時間がかかりながらもメールのやり取りをして，初めて大人に伴われない外出として夏祭りに行きました。自分の進路選択についても自分の意見を持ち，母親は冷や冷やしながらも嬉しさを感じているようでした。最後の手紙にあったようにAがここまで話せるようになったこと，それを楽しむようになったことは，面接初期のAを考えれば驚くべきことです。心理療法には自分を感じ，他者とコミュニケーションを取りたいという動機を促進する力があることがわかります。

　一方で，Aと私の心理療法は6年半，200回以上にわたりました。これは決して少ない期間・回数ではありませんし，これを維持するために私（と職場）とAと家族が費やした労力を軽視することはできません。本当にこの方法でなければいけなかったのかは考えておく必要があるでしょう。現時点での私は，Aが自分を発見し，自分と相手が心ある（志向性のある）存在であることに気付き，不安ではありながらも自分に知らんふりせずに自分の人生を歩んでいくにあたって，心理療法よりも適切な方法はなかったと考えています。なぜなら，あなたはこういう人間なのよ，ちゃんと自分に気付きなさいよ，人は簡単に壊れないよな

どとアドバイスをしても，それが得られるとは思えないからです。自閉スペクトラム症を抱える人は自分の気持ちを言葉で話すことができるようになったとしても，定型発達の人がするようなぱっと感情を理解する直感的心理化が苦手であることがわかっています（別府・野村，2005）。自分に知らんふりしやすい特性があるため，この感情が間違いなく自分のものだと感じられる機会を十分に提供される必要があるのです。

　中学生のAと私の心理療法は，お互いがお互いのことを記憶し，それについて話し合うことが良くありました。Aが「自分は知らんふりしている」と気付いたこと自体が大きな達成だったと思います。知らんふりのテーマは経験を共有した2人でないとなかなか話し合うことは難しいと思います。出会って間もない相手や知らんふりしているわけではない相手に「知らんふりしてるでしょ」と言ってしまえば深く傷つけてしまうからです。自分の不快な感情を知らんふりしていることに誰かの力を借りながらも自分で気付いていかなければならないのです。一人の人が自分の人生を生きることにお手軽な対処方法はありません。心理療法は痛みを感じないようにするのではなく，痛みにもちこたえ，そこから自分が生きているリアリティを体験していくことを援助する方法であり，その情緒的な体験の積み重ねこそ自分が立ち現れてくるのです。

> この節のポイント
> ・Aはその後も自分の進路を自分で決断するようになっている。6年半200回以上にわたる多大な労力がAと家族に必要とされたが，自分を失っている子どもが自分を取り戻していくには必要なものだったと考えられる。そこで得られたものはAにとっても，母親にとっても不安でしかなかった開始当初に比べれば計り知れないものだろう。

# 第13章
# 子どもの障害受容って簡単にできるの？

## 第1節　子どもの障害受容と親の苦悩

　自分の子どもに障害があるとわかったとき，親には障害受容が必要といわれます。子どもの障害特性を正確に理解することが，子どもを否定せず受け止められると同時に，それに合わせた療育などを行うために不可欠だからです。しかし，障害受容とは，医師から診断名を告げられて，特性についての本を読めば完成というように一直線には進みません。自閉スペクトラム症が発達障害と呼ばれていたように，発達の経過の中でさまざまな困難が形を変えて現れるため，ある年齢の時に受け入れたと思っていても，次の年には新しい困難が生じて理解できなくなることがあるのです。障害受容は階段を上るように一歩ずつ受容できていくという段階モデルがイメージされやすいのですが，実際の障害受容はらせん型モデルだと考えられています（中田，2009）。親には障害を肯定する感情と否定する感情のどちらもが存在し，悲しみが落ち着いては再燃することの繰り返しの中で，少しずつ障害受容が進むという考えです。それが「らせん型」なのは，また同じところに戻ってきてしまったなと思ったときに，水平軸から見たら同じところのようでも，垂直軸から見たら1段ずつ上にあがっているという含みがあります。
　これはとても辛いプロセスです。特に自閉スペクトラム症は，身体・運動的な問題が目立たない場合が多く，1歳過ぎぐらいまでは何の問題ないと感じる期間があるだけに，自分の育て方が悪かったのではないか，泣いているのを放っておき過ぎたからではないかなどと親が自分を責めやすい特徴があります。成長することはないのか，普通になることはないのかなどの不安から絶望的な気持ちになる親も少なくありません。ここに家族などの周囲のサポートだけでなく，専門家のサポートも必要だといわれます。私は子どもが障害と診断されたら，セラピストとの面接を5回ぐらい無料で提供される制度があっても良いのではないかと思いますが，現在の日本ではそれだけの重要性が認識されていないようです。
　障害受容とは，子どもに障害があるから期待しても無理なのだと諦めることではありません。どのような障害であっても子どもは成長する可能性があるよう

に，自閉スペクトラム症を抱える子どもも成長していきます。その子どもの状態に合った取り組みをしていくことで，子どもと家族の生活の質が向上していくように目指すことが重要になります。このように子どもと親が前向きに取り組めるようになっていくことも障害受容の大切な側面です。しかし，そこに大きな苦悩が生じることもあります。人は何かに挑戦しようとすれば，現時点ではできないという辛い現実に直面することがあります。そこから自分の必要なことを見つけ，少しずつ努力できればいいですが，何も望まない方が辛い現実を見ないで済んだのにと感じてしまうことも多いのです。

　第1部で紹介したインタビューの中でも，子どもを受身性から脱却させようとするときに，子どもだけではこんなにもできなかったのかという悲嘆や，何もさせてこなかった後悔などを体験したことが話されました。そこでは子どもが受身的なままの方ができなさに直面しないで済む，つまり子どもの受身性が親の苦悩を覆い隠している可能性が考えられました。逆に，子どもが自分でできるようにさせようと決意した場合でも，これは必要な指導なのか，嫌なことを強制しているだけなのではないかという不安が生じることがわかっています。さらに，それが上手くいったとしても，子どもの人生すべてを背負うかのような責任感を自分だけが担っていると体験し，押しつぶされそうになっている親もいました。ある母親は自分が過剰に考えを押し付けるせいで子どもが受身的になったと，父親から非難されたことで深く落ち込んだことを話してくれました。とても悲しく，辛いことです。

> この節のポイント
>
> ・子どもが自閉スペクトラム症と診断された場合に大切とされる障害受容は，階段のように直線的に進むのではなく，悲しみなどが高まっては落ち着いてを繰り返す中で「らせん」のように進むと考えられる。子どもに新しいことができるようにさせようとする際に親に生じる苦悩もあり，それが子どもの成長を望まない方が良いと感じさせてしまうこともある。

## 第2節　親の人生という文脈で障害受容を考える

　母親が自分の夫から理解をしてもらえないという話は相談の中でよく話されることです。障害受容は，一人の親が単独で歩んでいくプロセスではなく，配偶者

と共に，そして親自身の親などと共に進んでいくことになります。母親は障害について理解できたけれども，父親はどうしても「甘え」と考えてしまい，厳しくしつければできると対応されることに母親が悩むこともあります。また，夫婦は協力して療育に取り組むつもりになっていても，祖父母が近所の人に知られることが嫌だという理由で止めるために，療育に申し込めないこともあると思います。

　さらに，忘れてはならないのは，子どもの障害がまっさらな白紙に急に現れてくるわけではなく，それまでの親の人生という文脈の中に現れるということです。私たちは子どもを出産したら，その直後から完全に親としての生活だけが始まるのではなく，これまでの生活上でとってきた役割の上に子どもの親という役割が加わるのです。その人生の文脈によって子育ての意味も全く変わってきます。母親が仕事をしていたとして，そろそろ辞めたいと思っていた時に妊娠した子どもと，ちょうど仕事が軌道に乗り始めて自分が理想とする仕事がやれると思った時に妊娠した子どもでは意味合いが全く変わります。

　私が相談を受けていた母親は，仕事を長く続けていた後だったので40歳直前に子どもを産みました。仕事上では管理職として部下を統括する立場にあったのが，急に子育て1年生となり，自分よりもはるかに若い母親と並んで子どもを育てていくことになりました。その母親は部下は思い通りに動いたのに，子どもが自分の思い通りに動かないことに困惑し，管理職として弱みを見せなかったように，子育てのほころびを見せないよう子どもを厳しくしつけました。子どもが爪を噛むことから始まり，口の内部を噛む，皮膚を掻きむしるなどの行動が出てきて，ようやく私のところに相談にきました。今まで他者に言えなかった子育てが上手くいかない弱音を私に対して話し続ける中で，子どもに幸せになってほしいと願っていた気持ちを思い出し，親として子どものやりたいことを尊重できるようになっていきました。

　出産・育児に取り組む際の状況だけでなく，親となる人が自分の親からどのように育てられたかも障害受容に大きく影響します。自分にできないことがあると，できるようになるまで何十回でも繰り返し練習をするように親から求められてきた人が親になったとします。その子どもに障害があったとしたら，その親は自分が育てられたように，子どもに何度でも頑張らせようとするかもしれませんし，逆に自分が辛かったからという理由で全く練習をさせないでおくかもしれません。どちらにしても極端なことを求めてしまう可能性があります。子どもの頃に両親を困らせないようにずっと良い子でいなければならないと思っていた人が

親になった時に，子どもが衝動的で自分のやりたいことを我慢できなかったとしたら，自分がしてきた我慢がなぜ子どもにはできないのだと嫌悪感が強まるでしょう。

このように親の人生という文脈によって，子どもの障害をどう体験するかは大きく変わってくるわけですから，障害受容は一律にこうなると単純に言うことはできません。ここからAの両親の面接過程を見ていく中で，障害受容と親自身の人生の重なりを見ていきたいと思います。

この節のポイント
・親に子どもの障害がどのように体験されるかは，親自身の人生の文脈によって意味合いが変わってくる。特に妊娠・出産・子育てをしていく時点での職業的な役割や，自分自身が子どもの頃に親にどう育てられたかなどは障害受容に大きな影響を及ぼす。

## 第3節　Aの両親面接のその後：障害受容が強める夫婦の不和

小学校の高学年になって父親の存在感が出てきたAの家族でしたが，父母同席の面接がお互いの考えを理解し合うのではなく，否定し合う場となってしまったことで，母親との面接のみになっていました（第11章を参照）。その後，Aが小学校6年生の2学期頃より中学校での支援の方針を話し合うという名目で再び父母同席の面接を設定することができました。

Aは小学校の頃までは，国語と算数を特別支援学級で受け，それ以外の授業は交流学級で受けていましたが，母親は中学校では特別支援学級で受ける科目を増やした方が良いと考えていました。父親は私との面接を通して特別支援学級という制度やAの障害特性などについて関心を持ち始めていましたが，母親ほどには知識がないため，同席面接の場でも私に率直に質問してきました。自分も学校の勉強ができなかった方だが，工業高校を出て就職もできているため，Aも「普通のクラス」の中で授業を受けていくことは難しいのかという内容が中心でした。これは父親が自分なりの意見や考えを持とうとする姿勢と評価できますが，母親からすれば周回遅れに見える上に，支援を受ける科目を増やすという母親の意見に反対している，ひいては小学校での支援も良く思っていなかったのだと体験され，同席面接は敵対的な色彩を帯びていきました。面接を何回か重ねるにつれて，

父親も 5 教科については特別支援学級にて授業を受ける方針に了承したのですが，母親は父親が内心不満に思っているに違いないと感じます。父親も敵対的な雰囲気と自分に障害や特別支援教育の知識がない居心地の悪さから余裕をなくしていました。ついに母親が「私がこれまで A にしてきたことを認めてくれてないの？」と父親に質問すると，父親はイライラした様子で「認めるも何もそっちが勝手にやってきた」と答えました。私は慌てて，父親がこれまで情報が少なくどう考えていいのかわからなかったこと，父親も母親が抱え込み過ぎて辛い思いをさせて悪かったと思っていると私には話してくれていたことを伝えます。父親はそれを否定することなく黙っていましたが，母親はこれまでの子育てを否定されたと感じ，泣き続けました。ここから父母同席の面接を母親は拒否しました。

母親は父親が自分を認めていないことはわかったので，父親とこれ以上話すことはないと言います。私は父親は本当は認めていると思うと伝えていきますが，父親の本心はあの発言にあると考えられてしまいました。母親は「先生は私だけの味方ではないということがわかりました」と，むしろ私への信頼も失いかけます。A の中学校入学と同時に，母親は仕事を始め，働きながら家事を完璧にこなすことで父親に認められ，同じ条件になるから子育てなどに父親が入ってきてくれるはずと期待しているようでした。

私はこのような流れを止められなかったことを深く後悔しましたし，自分の力のなさを嘆き，家族に申し訳ないと感じていました。A の障害特性などを知るタイミングが父母で異なっていただけで，悪意のある考えを持っている人など誰もいないのです。父親が同席面接で話したことも特別支援学校以外の進路がなくなる不安であり，これは障害を抱える子どもを持つ親の誰もが悩むことです。後にわかることですが，母親自身も父親と同じように中学校進学と同時に特別支援学校以外の進路を失ってよいのか不安がありました。母親と父親はこのような点で同じ心配を共有していたわけですが，協力関係を結べませんでした。全く同じでなければ，相手を否定したことになるという状況でした。これは第 11 章でも述べたように，母親自身の両親が喧嘩が絶えなかったことから協力し合う夫婦像がイメージしにくかったことの影響も強いと思います（165 ページ）。母親は片方の考えが他方と違うならば，喧嘩になるしかないと学んできたのかもしれません。

障害は同年齢の子どもができることができない状況になるため，誰かがその責任を負わないといけないかのような雰囲気を生じさせるのでしょう。A の母親

はそれが自分のせいだと感じていますし，父親も母親が悪いと考えているに違いないと思っていました。父親自身の両親の話はほとんど聞けていないので，父親の両親イメージはわかりません。ただ，父親自身は余裕がなくなると思春期のAの心の状態に似たような状態になり（183ページ），母親の認めてくれないのかという質問に対する返答も本心からというよりも火種が近くに差し出されたからカッと燃えてしまっただけのように私には思えました。しかし，一度口に出してしまった言葉は，時に本心よりも力を持ってしまうことがあるものです。このようにAの父母の不和は，Aの障害を親としてどう受容するかという課題によって深刻さを増しました。

#### この節のポイント

- Aの中学校進学を前にして，普通高校進学などの進路がなくなる不安と，Aの勉強には支援が欠かせないことから生じるニーズの間で障害受容の葛藤が生じていたが，両親が少しでも違う考えを持っているということが，お互いを責めているという意味として体験され，深刻な不和になった。

## 第4節　親自身が育ってきた経験の影響：Aの母親

　母親は中学1年生から特別支援学校の進路のみに絞る決断ができなかったため，内申点を出すために他の子どもと同じテストと提出物をさせることにしました。Aが理解できないと思う一方で，答えを写すだけの提出物の作成も許容できず，テスト1週間前になると帰宅後から22時ぐらいまで母親が横について勉強をさせることになります。Aが積極的に勉強しないことに母親は腹を立てますが，父親は勉強に反対していると思っていたため，父親に教えてくれるよう頼むことには抵抗がありました。母親は，自身の母親やきょうだいに相談すると，優しい夫なのだから上手く頼ればいいのにと言われ，自分が悪いと思われていると感じていると話しました。

　ある回で母親は知り合いに紹介された放課後デイサービスの見学に行ったと話します。しかし，そこで母親のAへの対応こそが悪いこと，Aの妹が男性スタッフを警戒しているのも母親が父親を悪く思うせいだと言われたことを涙ながらに語りました。私はその話を聞きながら，気付くと泣いていました。デイサービス担当者への怒り，頑張っても母親のせいとされる悲しみ，出口の見えない閉塞感

が，ありありと私に伝わってきました。

　これまでの私の面接のスタンスは，Ａの普段の生活の悩みや進路の悩みを聞き，親の思いを聞き，必要な情報提供を行うというものでしたが，それに限界がきていました。母親は誰かに助けを求めてはひどく拒絶された傷つきのために人に助けを求めることを控えようとする上に，相手が自分を責めていると感じやすくなっていると私にも見えてきました。できれば私が母親のセラピストとして力になりたいとも思いましたが，私はＡのセラピストであり，家族全体の話を聞きながら，母親の思いを十分に受け止めることは困難でした。そこで母親自身が心理療法を受けられるように母親の気持ちを焦点にする面接をして，課題の共有を図ることにしました。

　私はＡの話を中心にしながらも，母親が私からも責められている，否定されているように感じるのではないかということを積極的に話題にしました。すると，母親は子どもの頃からいつも完璧にやらないといけないと感じていたと話しました。父親との口論の中で，「じゃあ，どうしたらいいの？土下座したらいいの？なんでいつもそんな上から言うの」と言われたことを話しました。上から言っているつもりはなかったのですが，仕事をしていても同じような指摘をされることがあるので，気付かぬうちにそうなっているのかもしれないと言います。母親は自分が何事も完璧にやろうと思ってしまうのは，本当は褒められたいという気持ちからであること，誰かに助けてほしい気持ちがあるけど「あなたが悪い」と言われそうで，とても言えないことなどを話すようになりました。そのテーマについて母親自身の心理療法を受けてみてはと私が提案すると，母親は自分が自分らしくいれる場所などなかったからありがたいと歓迎します。

　私は実際に心理療法機関のパンフレットを渡しましたが，母親が申し込むことはありませんでした。ただ，私の提案自体が自分をもっと大切に思っていいのだと感じられるきっかけになったようでした。Ａが中学1年生の年度末にあった学校の懇談には，父母で行くことができ，高等養護学校への進学を決め，学校での授業もＡのペースに合わせ，学力よりも生活力の向上を目指す方針になりました。その直前に父親も私との面接に再来され，進路について質問します。私は男の子にとって父親はモデルとして重要なので，父親がどう仕事を決めたかなどをＡと話し合う機会を持つよう提案しました。

Ａの母親が，子どもの頃から何でも完璧にできる良い子でなければならないと感じてきたことなど母親自身の育ってきた経験が話されるようになりました。そこでは，褒められたいと思っていながらも，隙を見せないために自分以外が間違っているという態度になってしまい，周囲からは鼻につくと思われてしまうことが明らかになってきました。周囲は母親ならできると思ってアドバイスしているのかもしれませんが，母親には自分への非難と感じられるのでした。父親ともめた後に自分が仕事を始めるなど，母親は非難され落ち込んだ後にでも奮起して頑張ってしまう面があります。しかし，それが周囲から認められることにつながらない悪循環がありました。これが母親が幼少期から繰り返していたパターンなのでしょう。

　Ａの母親にとっての障害受容は，このような幼少期から結婚生活に至るまでの完璧を求め，依存したい時でも助けを求めずできる人でいなければならないと感じる文脈の中で行うことになっていたのです。障害受容の際に喚起されるのは，子どもの障害だけではなく，自身の失敗や挫折の経験，認められなかった経験，助けを求めても助けてもらえなかった経験，自分が否定された経験など，できれば思い出したくないような経験でもあることがわかります。私はＡの母親が心の病気，異常だから心理療法を勧めたわけではありません。私は母親の話を聞いて，気付いたら泣いていたように，この状況は誰にとっても耐え難いほどの苦しさだと思いました。

> **この節のポイント**
> ・Ａの母親が子どもの頃から完璧でなければならないと思ってきたことで，周囲からできると思われ，高い課題を与えられ続け，自分は誰からも褒められないと感じるために，誰にも頼らず頑張るという悪循環が，子どもの障害受容をより悲痛なものにした。

## 第５節　まとめ：Ａの母親の障害受容のらせん

　進路の方針が決まった後で，母親はＡが幼稚園時に診断を受けた際に，母親がこの子を認めてあげないと大変なことになると医師から言われたことを思い出し，障害を受け入れたと思っていたけど，自分が一番受け入れられていなかったのだと話しました。母親は自分のせいでＡが障害を持ったと思っていて，自分が頑張れば追

いつくと思っていたこと，Aが成長しない部分を目の当たりにしては自分の努力が無駄になったと感じていたことを告白しました。私は「母親次第で全てが決まるとしたら，Aは自分で何も決められない子どもということにもなってしまいます。Aは少しずつ自分の意見を持てるようになってきていると思いますよ」と伝えました。

　Aが中学2年生の9月に父親が家を出ていきました。しかし，父親は別居しても，以前のように存在感がなくなってしまうことはなく，子どもとの関わりを決してやめようとしませんでした。母親もそれを拒絶せず，むしろ尊重していて，子どもと父親の関係には口を出しませんでした。父親の元にAが電車で訪問するという経験が，Aの高等養護学校進学に必要な単独の移動の経験を積むきっかけになりました。中学校卒業とほぼ同時に父親と母親の離婚が成立しました。しかし，Aは自分が必要とする内容ごとに母親と父親のどちらとも関わるようになっていきました。

　Aが高校入学し，Aと私との心理療法が終結した後も，母親とは1年に限り，フォローアップの面接をしていました。Aの高校生活が多忙になり，母親が手助けしなければならないことが減るにつれて，母親には時間に余裕がでてきます。母親は仕事やプライベートなどで自分のやりたいことを望む気持ちを持ちますが，そうすると罪悪感が生じることに悩まされました。そして，私との面接の中で，Aの障害を自分のせいと思っていて，その罰として子どものために自分を犠牲にし続けておかないといけないと思い続けていたこと，自分が好きなように生きたら誰も認めてくれないという思いがあることに気付きました。

　母親は何度か子どもを受け入れられていないと感じたことを話してくれましたが，これは母親がずっと障害受容ができていなかったということを意味しているわけではありません。まさに「らせん」のように，Aの発達の経過の中で何度も同じ感情に戻ってきたのだと考えられます。特に母親が「自分のせいだ」と感じることは根深く，父親との不仲や自分の生活を優先することへの罪悪感などさまざまな感情を強めていたことでしょう。

　第11章で述べたように，Aの事例は母子の密着を引きはがし，母子を支える健康な父性をこの家族に位置付けることに失敗したかのように見えます。ただ，別居，離婚をした後の方が父親と母親がお互いを尊重しているように見えることも事実です。喧嘩，別居，離婚と辛いことばかりが夫婦に起こっていたと推測しますが，父親も母親も家族のことを大切にし続けようと努力する人たちでした。

それがAの成長を見守り，手助けをする上で良い距離感を手に入れることにつながったのだと思います。Aも自分がゴミなのではないかという辛い気持ちを持つことが現実を見据え，必要な課題に取り組み続けることを可能にしたように，Aの両親にとっても好ましくない感情を喚起させられる体験が重要な変化をもたらしたように見えます。ここに取り組まなければ，母親は子どもを保護し続けなければ良い母親ではないと感じ続けたかもしれませんし，父親は何も言わないのが一番良いと思い続けていたかもしれません。

障害受容という言葉により，このような辛さを自分で対処できなければならないと感じてしまう親がいないことを強く願っています。私はこのようなプロセスを乗り越えるためにはどの親も心理療法を受けることがあってよいと思います。診断後5回ぐらい無料の面接を提供できるようになるべきと考えるのはこのためです。子どもの心理療法を求めれば，必然的に親の面接もついてくる場合が多いわけですから，この点でも子どもの心理療法が役に立つことがあるといえます。Aの母親のように，強く完璧でなければならないという態度こそが，人からのサポートを遠ざけてしまうことがあるのですから。

> **この節のポイント**
> ・Aの母親は「子どもを受け入れること」ができていないと何度も感じたと話したが，これは障害受容ができていなかったのではなくらせん型で進んでいったのだと考えられる。障害受容はできて当然ではなく，心理療法などのサポートの中で，親自身の人生の文脈も含めて取り扱われるべきだろう。

# 第14章

# 家出・放浪をした青年期男性の心理療法：
# 他者からの操作か社会性の発達か？

## 第1節　青年期の注意点と学生相談室での面接の特徴

　ここまで自閉スペクトラム症を抱える子どもの小学生から中学生までの時期の事例を見てきました。受身性の問題，自己感の問題が幼児期から学童期を経て，思春期に至るまでどのように展開するか示すことができたと思います。しかし，第3章でも述べた通り，青年期は緊張病やうつの好発期であり，精神科受診を必要とするような深刻な問題を抱えやすいため，青年期の自閉スペクトラム症の心性の理解が不可欠です。私は受身性という視点を持つことにより，青年期に急に問題が出てくるわけではなく，それ以前に問題の芽となるような状態を発見できるのではないかと予想しています。この章ではその第一歩として，家出から丸2日放浪した青年の事例を紹介し，受身性という観点で検討してみたいと思います。
　この事例は大学の中にある学生向けの心理支援を行う機関である学生相談室にて面接を行っています。大学の教員や事務職員や親から学生が紹介されることもありますが，大半は学生自ら来談します。大学に入学できることや，自分で相談を求められるという点で，それなりの力のある青年しかいないと思われるかもしれません。しかし，昨今の少子化や受験方法の多様化により，コミュニケーションの問題が大きい自閉スペクトラム症を抱える学生も大学に入学することが増えています。特に求められたことを素直にできる受身的な傾向の強い青年は大学に進学しやすくなっています。しかし，大学は担任などがいない場合が多く，自分で授業を選んで受講するため，人に合わせるだけの対処でやっていけなくなります。そのため，入学後に何らかの不調をきたす場合があり，学生相談の中で自閉スペクトラム症を抱える青年と面接する機会が増えているのです。
　学生相談という性質上，さまざまな制限もあります。最も大きなものは親が同席しないため，幼少期の情報がほとんど得られないことです。すでに自閉スペクトラム症という診断を受け，かつ青年自身がその診断を理解していなければ，セラピストに診断は伝わりません。その生活の様子などを報告してくれる存在が青年自身しかいないため，青年が語らないことは知ることができません。そのため，

心理療法としては上級編ということもできるかもしれません。

　ここで報告する青年も，母親から電話があったことで，情報の一部は補われたものの，十分な情報が得られたとはいえません。さまざまな制約はありますが，この青年は心理療法を通して次第に自分の気持ちを上手く伝えられるようになったという特徴があるため，そこから得られる知見は，上手く表現できない多くの青年の心を理解することに役立つと考えられます。

| この節のポイント |

- 青年期は緊張症やうつなどの精神疾患の後発期であるが，受身性の問題に注目することで自閉スペクトラム症を抱える青年の心性の理解が増すことを事例を通して示す。この事例は大学の学生相談の事例であり，親との面接を行っていないため生育歴や普段の生活の状況がわかりにくいという特徴がある。

## 第2節　初回面接：この青年の受身的な特徴

　男子大学生のPは1年生の5月に私が勤務していた大学の学生相談室に自分から来談しました。当時Pは18歳で，家族は父親（教師），母親（主婦），妹（高校生）の4人家族でしたが，面接初期にはPから家族がどのような人かわかるような内容の話はほとんど出てきませんでした。

・初回の面接

　Pはとても緊張した様子で目つきも鋭く，たまに目や頬がチックの様にぴくぴく動きます。「あの‥変な感じがするというか，もう限界ということになって，誰かに言おうと思って来て」と戸惑いながら話し始めます。私はPに破裂寸前の風船のような危うさを感じ，緊張が走りました。Pは現況を話してくれるのですが，その話は右往左往する上に，急に顔を上げたり，別の方向を見たり，突発的な身体の動きが入るたびに中断するため，余計に断片的になり理解しにくくなります。私が質問を挟むとその内容に戻ることができ，話の筋道は通りやすくなることから，他者の言動を被害妄想的に受け取るなどの幻覚・妄想状態にはないと私には感じられ，少しほっとします。

　Pは授業中5分ぐらいしか集中が続かないこと，電車に乗っていても全然関係ないことを考えてしまうことなどを話していきます。「自分が嫌になって，頭が

悪いと思って頭を叩くときがあります」と自傷的な傾向があることも話しました。昔から忘れやすく集中しにくいと周りから言われてきたそうですが，関係ないことが浮かぶと自分で意識したのは高校生の頃だったようです。スクールカウンセラーに相談に行き，そのような時は楽しいことで紛らわすよう助言され，ゲームをし始めたらゲーム中毒になったと言います。来談したきっかけは心理系の授業でトラウマを抱えている人は面接を受けた方が良いと聞いたからと言い，「いじめ」がトラウマと話すものの，その詳細なエピソードは出てきませんでした。緊張の高さ，突発的な行動，話のまとまらなさから，私は投薬も役に立つのではないかと考え，Ｐが眠れていないと話した時に，心療内科，精神科の受診を提案しました。Ｐは薬の副作用が心配なため抵抗を示し，「自分が普通じゃない，変だと思ったら行く」と話しました。

　この段階では，Ｐの年齢で発症しやすく，100人に1人が罹患する統合失調症の可能性がまず考えられます。緊張感の強さ，眠れなさ，集中力の低下，話のまとまりのなさは統合失調症を疑う情報です。しかし，意志の疎通の難しさはあってもプレコックス感[注34]ほどではなく，私の質問で話が混乱するというよりも，まとまっていくという特徴がありました。統合失調症の陽性症状が盛んなときには妄想が体験される場合が多く，セラピストの言葉も悪意のある言葉として感じやすいため，話はどんどんまとまらないものになっていく傾向にあります。よくある妄想は，周囲から悪口を言われている，陥れられている，毒を入れられているなどですが，Ｐはそのような体験を語ることはありませんでした。それよりも，Ｐは誰かが自分に対して悪意を抱いていると考えられるほど，他者の心について関心を向けられていないように考えられます。それらの点から，私はＰが自閉スペクトラム症の特性を持ち，新しい環境への極端な苦手さから適応の困難に至った可能性を考えました。

　高校のカウンセラーの助言によりゲーム中毒になることや，授業で学生相談の話が出るとすぐに来談することなどは，自分の意志や感情といった志向性を持つことが困難なＰが他者から示された方向性に必死でしがみつこうとする受身的な傾向と考えられます。ただ，病院を断るなど完全に相手の意見に合わせてしま

---

注34）統合失調症者と会ったときにこちらに生じる特有の感覚を指します。言葉では何とも表現しがたく，表情の硬さ，冷たさ，態度のぎこちなさ，奇妙なほどの唐突さから生じると考えられます。

うわけではなく，Ｐなりに決断する力もあるようです。

　Ｐは大学生だから勉強しなければならないという目標は認識しているようですが，それをどの程度するべきかわかっているのかは疑問でした。私たちは周りの友達との比較をすることができるから，この程度やっておけば十分なのだろうと感覚的に理解することができます。子どもに対して「よそはよそ，うちはうち」と注意した経験のある親も多いかと思いますが，他の子どもと比較することが安心にもつながるからこそ，私たちはつい比べてしまうのです。しかし，Ｐは他の人との比較もできずに，ただ自分が悪いと頭を叩いていました。Ａとの心理療法の経験を参考にするならば，現状をしっかり認識し，周囲と自分との比較による傷つきを体験するけれども，なんとか生き残りながら，自分の足で少しずつ歩んでいけるという体験をしていくことが必要になってくると考えられます。

　私はＰに週に１回 45 分の面接の継続を勧めると，Ｐは前向きにとはいえないまでも同意しました。ここでは私は心理療法よりも学生生活など環境への適応を優先した面接を行う必要があると考え，３回のアセスメント面接などは提供しませんでした。

> **この節のポイント**
> ・初回面接に来たＰは緊張感の強さ，眠れなさ，集中力の低下，話のまとまりのなさから統合失調症を疑うほどの状態だったが，妄想の訴えはなかった。そのため他者の心を理解することが困難な自閉スペクトラム症と考え，現状の把握とやるべきことの整理を目指して面接を継続した。

## 第３節　なぜ家に帰ってこれなくなったのか？：放浪について

　次回の面接でＰは，そわそわしながら「落ち着いています」と言い，全ての問題を「自分の意志が弱いせい」で片付けようとします。私が「自分を責めてるようですね」と指摘すると，「人を傷つけたら謝らないといけません」と言いますが，自分が傷つけたことをしたというよりも，社会的な常識を言ってみたという様子でした。Ｐは唐突に「眠い」と言ったかと思うと，すぐに「寝れてはいます」と訂正します。私が「寝れてないと言うと病院を提案されると心配しているのではないですか」と聞くと，「え？病院？」と自分は病院と口にしていないのに話題に上った意味がわからないようでした。話は自責感と関連する高校生の頃の喧嘩

に移りますが，Pは喧嘩の理由がわからず，「もうしません」とだけ言って話題を終えました。私は「Pが自分で少しずつ変わろうとしていることがとても重要だと思う」とPの意志を認める発言をしますが，Pは「はい」と言った後，落ち着かなくなり，「沈黙になるんで今日は」と終了3分前に退室しました。

次週に母親からPが前日に大学に行くと家を出たまま帰宅していないことが報告されます（別の担当者が応対）。母親はPのカバンから相談室の予約票を見つけ，ワラをもすがるような様子で電話をしてきたのでした。3日前にほとんど一睡もできないと言うので近所の心療内科を受診して睡眠薬を処方されたそうです。Pは幼少時より空気の読めないところがあり，唐突にパニックになったり，人を怒らせたりしたこと，鉄道が好きで時間を忘れるほど見ていたこと，小学生時に相談機関でアスペルガー障害の傾向を指摘されたことが報告されました。ただ，中学生・高校生の時は定められた課題をこなし，子どもが多い地域でなかったことも幸いして周りの友達の理解を得られ，顕著な問題はなかったと言います。母親は思いつく限り探したとのことでしたので，警察にも相談することになりました。

次の日にPが新幹線の停まる大きな駅で見つかったという連絡が母親から入ります。母親は大学入学後しばらくPのレポートを一緒に書くなど課題を手取り足取り手伝っていましたが，それに頼り切っているPに対して数日前に大学生なのだから自分で考えて課題をするようにと，就職などをどう考えているのかを一気に詰め寄ったそうです。その後にPが「疲れた」「頭が痛い」「何かに支配されている」と言い出し，母親は自分の対応の変化のせいだと後悔していました。

家出・放浪後は予約していた面接に15分遅れで来談し，放浪を「リモートコントロールされていた感じ」と話します。被害妄想のようにも聞こえますが，その詳細は思い出せず，ぼーと歩き回っているうちに時間が経過していたようで，自分の意志ではないという意味のようでした。

母親の電話により，幼少期から社会性の障害や鉄道へのこだわりなどが見られ，アスペルガー障害の傾向を指摘されていたことが判明し，私が自閉スペクトラム症と想定していたことは妥当だったようでした。予想外の状況にパニックを起こしやすい子だったようですが，学校の生徒数が少なく，周囲のサポートもあったため，問題が深刻化せず，診断を受けて特別支援教育を受けるまでに至らなかったと考えられます。推測に過ぎませんが，周囲から助けてもらいやすかったのは，P自身もそれを受け入れられる受身的な傾向があったからでしょう。大学にも入

学していることから，やるべきことが明確な場合は力を発揮できる傾向があるようです。母親はきめ細かく支援してきましたが，はっきり診断を受けていないこともあり，大学生のPを支援するのは変なのではないかという思いが高まったと考えられます。

　Pの家出と放浪は，大学という学生数の激増とやるべき課題の増加による負担と，助ける手を引かれプレッシャーを与えられる家庭状況から逃避したいという衝動的な行動だったようです。自由を求める家出が青年の自立を後押しすることはありますが，Pの場合は「リモートコントロール」によるものであり，自分の意志は乏しいものでした。放浪中にPが好きな電車を見られる場所にいたことから，意識的に選んだようにも見えますが，Pはまるで磁石のような引力によって引き寄せられただけと感じているようです。Pには志向性そのものも乏しい水準の自己感の問題があったことが，家出・放浪を通して明らかになったといえます。

> **この節のポイント**
> ・進学による生活の変化と，母親の支援の唐突な撤退による対処困難感の高まりが，Aの家出・放浪を引き起こしたと考えられる。母親の電話による生育歴の補足により，この段階のPは志向性そのものが乏しい水準の自己感の問題を伴う自閉スペクトラム症と考えられた。

## 第4節　自分は何かに操作されていると感じる青年とどう会うか？

・大学1年生の夏休みまで

　母親の強い希望もあり面接は継続することになりましたが，Pはぼんやりした様子でいることが大半でした。何かを思い出したようにはっと顔を上げたかと思うと急に頭を抱え悩み込み，話す内容も途切れがちでした。私から話し過ぎてしまうことで，Pを方向付けて受身性を助長しないように注意する必要がありました。私はPに今困っていること確認して，それを紙に書き出して，Pに見せながら共有していきました。Pが挙げたのは，①勉強に集中できない，②別のことを考えてしまう，③リモートコントロールされてしまう，の3点でした。私は「これらに取り組もうとしているんですね」とPの意志を認めるような発言を心がけました。しかし，その後の予約していた時間に来談しなくなり，3週間後に私か

ら手紙を書くと，次の週に本人から電話があり，予約を取りましたが，連絡なくキャンセルとなりました。

　次の週に再来したＰですが，積極的に話すことはなく，私が試験やレポートに関する質問をしても，「わかりません」と言うだけで，焦りもなく他人事のようでした。その後は休むことなく来談しますが，5～20分程度遅れてきます。「自分でコントロールできるようになってきました」と言う反面，目に力はなく，ぼんやりしたまま時間が経つこともしばしばでした。息抜きや趣味など好きなことを聞いても寝ること以外に無いと話します。Ｐは「テストたくさんあります」「大変です」とは言うものの，何がどれだけ大変かは把握していませんでした。私はＰの気持ちなどに焦点を当てず，曜日ごとのテストの内容の確認など現実的な対応を優先しました。私が勉強が必要そうな科目とすぐできそうな科目を仕分けしようとしますが，Ｐは「（テストは）全部，頑張らないといけない」と科目ごとに考えることができない様子でした。テスト前に母親から狼狽した様子で電話が入ります。Ｐがイライラして「わかってる」などと言って両親に反抗するが，プリントなどが散乱した様子に母親も腹立ち「大学を続けたいのか」と聞いてしまったと後悔した様子でした。

　一年生前期は1／3ほど単位を落とし，1カ月半の夏休みに入り，面接も休みとなります。休み中に母親から2度の電話があり，後期の不安について話します。夏休み中に発達障害を専門とする病院に行きますが，同席だったため診断を聞けなかったそうです。医師はＰに自分としっかり向き合って何がしたいかを考えるようにと伝え，母親には慌てず受け入れるように言いました。その後，Ｐは両親が何でも先に支持することや叱り方について不満を言い，両親もそれを認めＰに謝ったそうです。母親は本人が大学を続けたいかわからず口を出していましたが，それがいけなかったと後悔を話しましたが，そうせざるを得なかった無力感がにじんでいました。

　ここで私や母親は，Ｐに必要な指導か嫌なことの強制かという葛藤や，強い対応は相手を変えてしまうが弱すぎると何も起こらないといった心を変えてしまうことをめぐるジレンマという，この本でも何度も出てきた受身的な子どもと対応する支援者側の不安を体験しています（例えば147ページ）。自分でやって欲しいと願っても何も変わらず，苛立ちだけが募り，それを本人に突き付けても，Ｐの反応のように何も返ってこないか，さらにしんどくさせてしまうという結果に

陥るために，支援する側は後悔と無力感でいっぱいになるのです。

　ここでは第10章で解説したような「考えの単線化」という受身性に配慮したシンプルなアプローチが重要です。奥にある不安などにこちらは思いを馳せながらも，相手にはその時に注意を向けているものに集中できるよう尊重するような関りです。例えば，2回目の面接でPが「眠い」と言った後，すぐに「寝れてはいます」と発言したことの奥には，Pの中にある病院への抵抗感が潜在していた可能性がありますが，それを指摘することはPの混乱を助長するだけでした。本人が見えていないものへの言及は不要なのです。

　Pは自分の置かれた現状をあまり理解できていないまま，「頑張らなければならない」というプレッシャーだけを感じており，危険な空回り状態でした。私は現実的に取り組むべきことを明確にしながら，Pがやろうとしていることを「〇〇しようと思っているんですね」などと保証するようにします。対面して言葉で質問したり，提案したりすればPの受身性を助長してしまうと考え，紙に図示することでPの方から注意を向けていると感じられることを期待しました。しかし，このような対応は侵襲的にはならないメリットがある反面，相手に与えるインパクトが乏しいというデメリットがあります。Pが約1カ月来談しなかったのも，抱えている問題を解決し，希望の萌芽を感じさせる力が私との面接に感じにくかったのでしょう。

　1カ月の中断時に，私は電話という相手の生活に強引に入り込む方法を取らず，手紙という自分のペースで開封して読むかを決められる方法を選びました。それが私の存在を想起させるきっかけとなり，面接は再開しました。しかし，Pは勉強などをやりたくないとも言わず，好きなこともなく，私はPを理解するのに何の手ごたえも持てないまま夏休みとなりました。

#### この節のポイント

- Pは自分の現状を把握できないままに焦りだけを感じる空回り状態であったが，私や母親は必要な指導か嫌なことの強制かの葛藤で身動きが取りにくくなっていた。受身性に配慮した考えの単線化の技法を用い，紙に書くような配慮をしたが，これはPにはインパクトが薄すぎたのかキャンセルも頻発した。

## 第5節　自分の受身性に気付き,「バーチャル」と名付ける

・大学1年生の後期から年度末まで

　新学期に来談したPは目に力があり,表情も明るくなり,前置きなく「現実が見えるようになってきました」と話します。その後の面接には遅刻せず来談するようになり,まず単位をしっかり取れるようになりたいと希望するため,私は前期はそれがなぜ難しかったかを振り返ることを提案します。そこでPが挙げた内容自体は前期に困っていることとして挙げたこととほぼ変わりませんでしたが,具体的に話せるようになっていました。私は紙に書いてまとめていき,Pは自分の目標や熱中できることを見つけていきたいと話しました。Pは私がまとめた紙のコピーを欲しがり,以前と違い自分で取り組む前向きな姿勢が強く見られます。しかし,P自身では「他の人と自分が違う」「(最近)悪くなっているように思う」と話すので,良い変化と悪い変化を具体的に挙げさせると,良くなった方が多いことに気付き,私は「Pが自分が見えるようになって,やりたいことを意識できるようになってきた分,できないと感じた時の嫌な気持ちは強くなったのかもしれませんね」と伝えると,Pは強く納得しました。

　次の#14では,最近良くなってると思うと話した後で,言いにくそうに「あの,先生,バーチャルってわかります？」と言い,「これが自分の悩みの中心で,わかってもらえないと感じていたことなんです」とこれまでになく積極的に話します。「バーチャル」とは,他の人には見えないが,ずっと自分の周りにはいて,体につきまとうため,机に座って何もしてないのに1時間ぐらい経っていることがあるそうです。以前の放浪もそれに指示されたと言います。言いたくないことを言わされることや,自分が話してる途中で「やめろ」と話が止められたりするとも話しました。「そのせいでいつも人生を曲げられてきたように感じる」と怒りと絶望を見せます。私はこの話を聞いて,他者の言葉から影響を受けやすく,志向性が乏しいという特徴がPには主観的にこう体験されているのだろうとイメージできました。少し心配な内容ですが,私はPと不思議と通じ合えたと感じたのです。私は面接で「バーチャル」から自分を取り戻そうと提案すると,Pはとても前向きに応じます。私は「バーチャル」は私にだけ話すこと,万が一バーチャルに負けたと見えたら病院に連れていくことを確認しました。

　実際にこのセッションが転機となり,それ以降の面接には時間前に来談し,嬉しそうに「バーチャル」の説明をします。今まで勉強が進まない時もバーチャル

のせいだったのに親にやる気の問題と勝手に意味付けられるので言えず，辛かったと話します。高校３年生頃から存在を意識し始めますが，小学４年生ぐらいに急に始まった自分へのいじめも，「バーチャル」がいじめっ子に入り込んだと考えました。「バーチャル」は悪質で，若い女の人の顔をＰの頭に浮かべてくるが，周囲からは青春とか思春期とか言われてしまうことが嫌と話します。私は「バーチャル」がもともとはＰの一部であることは意識させず，辛さや傷つきに焦点を当てて，Ｐが自分のものだと取り戻そうとするまで寄り添おうと考えました。Ｐは私にわかってもらえて本当によかった，これまでは他の人が自分を普通の人と同じように強引に変えようとしていると感じてきたと言います。次第に「バーチャル」は女性の画像を頭に残す，股間を触ってくるといった性的な内容に焦点化されていきます。この頃にはＰは表情も柔らかくなり，テストの日程も内容も明確に把握するなど現実的な適応も改善され，「前はテストどころじゃなかったですからね」と振り返ります。１年生の後期はかなり良い成績で単位を全て取ることができ，２カ月近い春休みとなりました。

　自分の考えを持てない状態だったＰが夏休みの病院受診で「自分が何をしたいか考えるように」と医師から助言されたことは重要な転機だったようです。自分がやろうとする前に指示されることに強い不快感を持てるだけの自分の考えが出てきています。さらに，目標を持とうとすることで，自分の志向性の向く先まで考えて良いのだと思えるようになってきました。私が受身性に配慮した我慢強いアプローチにより，Ｐがやろうと思っていることを確認してきたことが，時間はかかりながらも芽吹いてきたともいえるのでしょう。紙に書くやり方もＰが最初はどう思っているのかわかりませんでしたが，好意的に受け取られていたようです。私たちも家とか車とか高額なものを買う大きな判断の際に，その場で決断せず，一度その場から離れてから決断をするように，受身的な状態にある人が何か変化を起こそうとする際には，いつか判断してくれれば良いというぐらいの気持ちで何度か提示することが良いのでしょう。

　しかし，後期の初回には，Ｐは自分としては悪くなっていると感じていました。自分に目を向けることが可能になったことで否定的な内容も見えるようになったのでしょう。藤川ら（1987）は大学入学後に精神病的な破綻をきたしたアスペルガー障害の男性の事例を報告し，自分を客観的に観察する能力が回復したことによって，自分の将来に悲観的になって自殺企図が生じたと考えています。第12

章で，Ａの現実への関心の高まりが自分はゴミだと感じることにつながっていたのも同様です（180ページ）。自分の状態への気付き，志向性への気付きは危機的な心境に至らせる可能性があるため，その気付きを維持することが難しいのでしょう。

　面接を通して自分のできなさへの気付きとその悲嘆に耐えることができたＰは，「バーチャル」の話を通して，自分の体験を意味付け，私と共有していこうとしました。私がこのＰの表現で通じ合えたのは，自閉スペクトラム症の受身性について考えてきたおかげだったと思います。Ｐからすれば，自分の困難が説明不可能なものではなく，誰かに理解されるものなのだという感覚は，今後それらに対処できる希望になったと思います。しかし，人は悲しい状態であり続けるときよりも，わずかな希望を持った後に挫折をするときの方が深刻な絶望に至ります。私はＰの「バーチャル」の話が，他の誰かから「幻覚」「妄想」などと切り捨てられ，誰かにわかってもらえるという希望がくじけることを危惧して，他の場では話さないように提案しました。Ｐはそれを守り，積極的に面接で私と「バーチャル」の話を通して，自分の抱えている困難について話すようになっています。ここにきて，面接がＡの大学への適応を支えるためのものから，Ａ自身の心を発見する心理療法へと移行してきたといえるでしょう。

> **この節のポイント**
> ・夏休みという刺激過多な大学生活からの解放と医師からの助言などを通して，Ｐの志向性への気付きは劇的に回復した。私が受身性に配慮した対応を続けていたことで，Ｐが話した「バーチャル」という表現も共有でき，面接は自己探求的な心理療法へと移行した。

## 第６節　精神疾患に関する再検討：統合失調症？緊張病？

　「バーチャル」の話を統合失調症による幻覚・妄想と考える必要はなかったのかを検討しておくことは大切なことだと思います。自閉スペクトラム症を持ちながら，青年になって統合失調症を発症する人もいるのですが，その２つの診断は別々のものだとする考え方が一般的です。つまり，自閉スペクトラム症が原因で統合失調症を発症するのではなく，自閉スペクトラム症を抱える人がたまたま統合失調症も発症したと考えるのです。

統合失調症の診断基準としては，幻覚・妄想が1カ月以上に渡って持続していることが条件となっており，一過的な幻覚・妄想があるだけでは診断されません。石坂（1994）や吉川（2005）は統合失調症との異同を検討する中で，自閉スペクトラム症の幻覚・妄想は一時的，断片的，状況依存的であると論じています。ストレスがかかる状況では幻覚・妄想を訴えますが，その状況から離してしまえば嘘のように落ち着くことがあるのです。また，広沢（2013）は自閉スペクトラム症を抱える人は周囲からの一方向的な情報の流入を妄想のように体験しているのであって，周囲の思惑を勝手に読んで自分なりの世界を構築する統合失調症の妄想とは異なると指摘しています。Pの思春期と言われるのが嫌いなどの発言に見られるように，Pにとっては自分自身が受け入れていないものを他者から一方的に自分のものだとされる体験が「バーチャル」を構成しています。このような点を考慮すれば，Pの「バーチャル」や放浪時の声は確かに一時的な幻覚・妄想といえそうですが，統合失調症の幻覚・妄想とは異なると考えられます。

　Pが机に座って気付いたら1時間過ぎていることや，話そうとしても話せなくなるなどの報告はどのように考えられるでしょうか。自分がやろうとしていたはずのことをスムーズに最後までやり遂げることが難しいともいえます。何もせずに1時間過ぎているとしたら，相当ぼんやりしている時間が長いのでしょう。これは第3章で述べたような緊張病の可能性を考えさせられます。Pの状態はWingらの緊張病（45ページ）の基準と重なる部分が多く，少なくとも半年間は継続していたことから，「自閉症の緊張病」（Hareら，2004）と見なすことができそうです。そのためPの変化するプロセスは，「自閉症の緊張病」からの回復するためのヒントを含んだ貴重なものと考えられます。

　「バーチャル」の内容についても検討してみたいと思います。当初は身体にまとわりつき自分が思うように動けなくさせるものでしたが，性的な感情を喚起するものになり，やる気を低下させるものになるなど，その時々でさまざまな内容に変化します。思うように動けないなどは，自閉スペクトラム症の特性の一つとされる実行機能の障害として考えられそうです。Pの「バーチャル」は，自閉スペクトラム症の障害特性に関する体験が異物感をもたらしていることをPなりに意味付けようとしたものと理解しても良いでしょう。自分にある障害特性，自分にある受身性に気付いていき，自分のものとして主体的に受け止めていくということがPの心理療法の主要なテーマになってきています。

> **この節のポイント**
> ・Ａの「バーチャル」の話は，内容が一過的で断片的であり，統合失調症の幻覚・妄想というよりも，本人が障害特性に対して異物感を体験するようになったことの表現として理解できる。また，思い通りに動けない，気付けば時間が過ぎるなどは，「自閉症の緊張病」と考えられる。

## 第７節　思い通りにいかなさを抱えながら社会に出ることを目指す

・大学２年生の前期から11月まで

　２年生になったＰは「バーチャル」は変わらず辛いが，ずっと考えるのも嫌なので，就職も見越して何をしていきたいかを考えたいと言います。聞きにくそうに私の仕事に関心を示し，自分が小学校で大変だったから特別支援学級の先生になりたかったと話します。臨床心理士は大学院進学が必要と伝えるとがっかりしました。次の面接では話しあぐねた様子で，それを私が指摘すると「バーチャル」に言おうとしていなかったことまで言わされた，思い付きで臨床心理士になりたいと言って私に迷惑をかけたと心配しました。

　Ｐは授業の予習復習をきっちりできるようになりますが，それは自分がアルバイトやクラブをしていないからだと意味付け，他者に比べて何か足りないと感じていました。レポートもテストも順調に終わると，私が学生の頃に遊んだか，休みの日に何をしていたか，海外経験やアルバイト経験はあるかなど，自分がこれから経験する可能性があることを私に尋ねます。私は飲食店で働いていたなど私自身の経験もある程度伝えていきました。夏休み直前の面接では，アルバイトを始めたいと言い，「何をしたい？」と私が聞くと，「レストランですかね」と答えるが，すぐに「あっ，いや。レストランは難しいんで，軽作業とか清掃とかがあればと思います」と私と同じことをしたい気持ちと，自分ができることとの間で揺れ動いているようでした。ほぼすべての単位を「優」で取得し，１カ月半の夏休みに入ります。

　夏休み明けに来談したＰは大人の男性の雰囲気になっています。休みの間，軽作業のアルバイトを週５日のペースで続けたこと，１週間ぐらいで辞めたいと思ったが，自分のために思い踏み止まったことを報告しました。＃46でためらいながら私が結婚しているかを聞いたＰは，「自分のような子どもが生まれたら迷惑をかける」からと結婚・出産は考えられないと話します。次の回には，やる気の

低下,「バーチャル」による邪魔の増悪を話し,実際に気落ちしています。私が「先週話した将来,結婚の話がしんどかった？」と聞くと,待っていたという感じで同意し,「よくわからないことだったんで」と言い,鍵を鍵穴に挿したら壊れる心配などずっと気になっていたことを話しました。さらに次回に,「バーチャル」について「先生と僕の理解が違う気がする」と確認し,今まで謎だった「バーチャル」は「若い女性全般」ではないかと考えようになったと言います。ある本に女性はみんな男性の気を引いてその気にさせると書かれていたと言うため,「するとPだけでなく男性なら誰でもあるということですね」と私が言うと,Pは同意するものの,一度気になると抜けなくなるのは自分だけなのかなと話します。Pは,アルバイトで稼いだお金を好きな旅行などで使うことを思いつきますが,すぐに取り消します。ただ,日帰りの旅行を実行した後には,勉強にもやりがいを感じると話しました。

　この時期には,Pは大学の勉強にしっかり取り組み,かなり優秀な成績を取るまでに至っています。「バーチャル」はなくならないけど,気にせずに頑張りたいという決断はとても前向きなものです。それに伴って,Pがやりたいことを妨げる緊張病的な要素の「バーチャル」は見られなくなっています。

　少しずつ積極的になってきたPは,臨床心理士になりたいと話したことで私に迷惑をかける,鍵を差すと壊れるなどを心配するようになり,再び受身的な状態に戻りそうになります。これは『**突き刺さないための受身**』の状態であるようで(91ページ),第12章で積極的になっていたAが相手を壊してしまう不安を持ったことと似ています。AもPも,他者が傷つきやすく,もろい対象だというイメージがあり,自分が能動的になろうとすると相手が壊れてしまうような不安が高まるようでした。自分も相手も満足するということを思い描くのが難しいようです。アルバイトで得た給料で好きなことをしたいと思っても,自分の意志通り動くことは良くないことと感じるのはこのような心性のためでしょう。

　この積極性の高まりと不安とのぶつかり合いの中で,Pは私への好奇心の方が勝り,私の経験を知ろうと質問を続けました。父親のように教師になりたい,私のように臨床心理士になりたい,私がアルバイトしていたように飲食店で働きたいといった気持ちが生じています。特に職業に関連した社会的な自立のイメージには,誰か他の人をモデルにする必要性を感じているようでした。そこにPの意志なく人に合わせようとしているなら受身的な決断です。社会的自立への不安

から，Ｐが私や父親になることで自分が何も選択や決定をしないで済む（投影同一化の一種です）と考えていたならば，私は自分のことを教えない方が良かったでしょう。心理療法の中でセラピストの自己開示は慎重にすべきと考えられるのは，このような心配のためです。

しかし，そもそもＰの問題は，自分と誰かを比べることができないことにありました。そのため自分がどの程度できてればいいのかの目安がわからず，いつまでも安心できず，度を越えた完璧主義が動けなくなることにつながっていたと考えられます。私への質問は，私という一人の具体的な人間と自分とを比べられることであり，自分を社会の中に位置付けていく試みに感じられたため，私は自分の経験についてＰに伝えることにしました。すると，Ｐは自分から「バーチャル」の理解が私と違うかもしれないと気付きます。それは自分だけが特殊という孤独な気付きではなく，私とは違うけど本の著者や他の男性と共有する部分もあるかもしれないという思いを含んでいました。面接初期の「自分は変だ」という漠然とした他者との違いではなく，「気になると抜けにくい」ところだけが他者と違うと限定的になっていきました。このような他の人からの影響の受けやすさは受身的ともいえますが，吸収力として肯定的に見なすこともできそうです。これが第６章で述べた『社会的自立のための受身』です。そこには自分を失わないまま，他の人の情報を自分の中に取り込めていけるだけの自己感が維持されているかに注意しておく必要があります。

#### この節のポイント

- 「バーチャル」が気にならなくなり，積極的になると相手を傷つける不安が生じたが，Ｐは就職など社会的な自立に向け準備を進め，参考としての私に影響を受ける『社会的自立のための受身』により，実際にアルバイトなどに取り組んでいった。

## 第８節　セラピストとの別れと自分を客観的に意味付けられること

- 大学２年生の12月から年度末まで

年度末の私の退職を４カ月前に伝えると，Ｐは目を見開いて私を見て，何も話さず固まっていましたが，私の座り直す動作などに吸い寄せられるように同じように動き，一人の人間というより私の鏡像のように振る舞っていました。私が引き継

ぎの提案をすると，意識を取り戻したように，他の人にわかってもらえると思えないと拒絶します。そして，これまで話した内容や最初の頃のキャンセルで私に迷惑をかけてなかったかを心配します。私が「退職をPのせいだと感じるところがありますか？」と聞くと，「先生を傷つけることはしてないと思うけど，先生がどう思っているのか聞きたくなった」と言います。次回には自分から前回の話を続け，「これまで親や先生に依存し過ぎてきたのかもしれない」と気付き，その延長で外からの声に従ったのが放浪の時だったと思い出します。ミスをいつまでも気にしてしまうことや，考えをまとめるのが遅いこと，人に影響・感化されやすいことなどを話し，自分の苦手な部分を正確に把握して話し始めます。また，恋愛の感情が自分にもあると認めますが，それが入ってくると日常が破綻するから，今は遠ざけておきたいと言います。しかし，面接室にスピーカーがあって，これまでの話を人に聞かれていたら，おかしいと思われるのではないかと不安になり，「バーチャル」というあるかもわからないもののせいにせず現実的な話をすればよかったと後悔します。

2週間の冬休み後に予定していた日には現れず，そのまま1カ月来談しませんでした。心配した私がPに手紙を出した日に母親から電話があり，1年間とても落ち着いていたが，急に最近アルバイトを始めて，アルバイト先での振る舞いが間違っていないかを母親に確認することが止まらなくなったと言いました。また，年末にPが自分は統合失調症なのではないかと言い出し，心療内科を受診して，否定されたことを教えてくれました。

その次週に来談したPは，私の手紙に感謝を示し，「いま自分が何をしたいのかよくわからなくなってパニックになっていた」と言い，私の退職後も別の担当者で面接を継続することを希望しました。卒業論文や就職などを自分で決められると思えないと言いますが，「普通はこういうことを友達と話すんですね。これまでそんなこと考えられもしなかった」と気付きました。母親から再び電話があり，Pが自分は発達障害だと思うので専門の病院の受診を希望したと報告します。面接で就職を想定した自己分析をする中で，Pは人の顔を一度見ただけで忘れないなどの記憶力を長所として話す一方で，人の話が全身に入ってくるまで時間がかかり，頭に入っていないため，適当に相槌をうっているだけのように思って辛いことや，人のことばかり意識して，自分のことが考えられなかったことを話しました。

最終の#65では「もっと単位を取っておけばよかった」という後悔を話します。Pは十分すぎるほど単位を取っていたので，私はこの発言を私との間でPがもっといろいろな経験をしておきたかった気持ちの現れだと理解しました。「自分に

はこれだけは変えたいと思うところがある。他の人がどういうことをしていて，自分が何をしないといけないかとかをしっかり考えられるようになりたい。先生とまたどこで出会うかわからないですけど，その時には変わったと言えるようにしたいです」と言います。私から「前はさせられるような経験だった。今はＰが自分から変えようとしてるんですね」と指摘すると，「はい」と言い，何度も「ありがとうございました」と言って退室しました。

　私の退職へのＰの反応は，鏡像のようになり，身体水準で私の身体の延長になろうとしているかのようであり，切り離される自分という存在をぼやかし，別れの衝撃から身を守ろうとする試みのようでした。それまでにＰは入学当初の緊張感と不安に満ちていた状態から急速に回復しただけでなく，勉強，アルバイト，就職活動と社会的に望まれることに次々と取り組めるようになっていました。これは思い返せば少し急すぎる動きだったのかもしれません。Ｐは自転車のように不安定なバランスで成り立っており，前のめりに動いていた方が安定感を持てたのでしょう。その先にセラピストとしての私がいたことも前のめりでいることに影響したと考えられます。第９章でも触れたように自閉スペクトラム症を抱える人は，おっぱい（重要な他者）が自分の口から離れることは口そのものをはじめとする自分の身体を失う体験になります（133 ページ）。Ｐが家出・放浪に至ったときも，その直前にはきめ細かくサポートした母親が助ける手を引っ込めたことがありました。私が離れていくことも，Ｐには自分と私とを隔てる皮膚（私の鏡像のようになること）や部屋の内外を隔てる部屋の壁（自分の話が外に漏れる不安に見られる）を失ったように体験されたようで，ただの別れ以上に自身の身体の一部を失う体験になっていたようです。テスト前なのに唐突にアルバイトを開始したのは，忙しく動いていることで自分の身体のまとまりを感じようとする代理皮膚のような意味があったと考えられます（111 ページを参照）。

　自閉スペクトラム症を抱える青年との面接は，いずれくる別れの衝撃を十分に見積もっておく必要があります。しかし，別れは衝撃や悲しみといった悲惨さだけをもたらすわけではありません。別れを告げられた後のＰは，私との面接で話してきた内容をより広い社会との関係で捉え直していくなど，重要な転機を迎えました。私と別れるからこそ，私以外の人はどう考えるのかを意識したのでしょう。Ｐはあれほど存在を大切にしてきた「バーチャル」を「ありもしないことを話していた」と言いました。人からは妄想として位置付けられるものだと気付い

たために，自分が統合失調症ではないかと疑ったのでしょう。これは苦しいことですが，客観的に自分を見ることができたともいえます。あれだけPを悩ませ，自分の中には存在しないとしたかった性的衝動[注35]も，あってよいことなのだと受け入れられています。

　Pは自身の志向性に気付いているだけでなく，それが第3者や社会という文脈の中でどう位置付けられるかまで考えが及んでいるといえます。そのようにしてPは，自分が他者から影響を受けやすく，自分を失いやすいという受身性に気付き，それを自分の言葉で表現しました。終結間際に語れるようになった自分の特徴は，障害特性についての配慮を依頼する文章としてそのまま就職先などにも伝えても違和感がないほど，一般的に理解できるような言葉で語ることができています。

　この節のポイント
・私との別れが自身の身体を失うほどの衝撃的な体験となった一方で，私との取り組みの歴史を振り返ることにもつながった。それにより私だけでなく他の人にも伝わるような方法で自分の障害特性を把握できるようになった。

## 第9節　まとめ：青年期のリスクと心理療法

　この事例は，高校まではそれなりに適応をしてきた青年が，大学入学という環境の変化，親からの手助けの減少，性的な衝動の高まりに伴い，不安感が対処不能なほどに高まり，自分の身体を自分が動かしているという自己感を失うに至ったと考えられます。家出・放浪という衝撃的な事件が起こりましたが，後から振り返ってみれば，それが本人にも親にも自分の状態を真剣に考えようとするきっかけとなったようでした。Pが診断を受けることなく青年期を迎えたことは，子どもの多くない地域で育ってきたことも影響したでしょうが，Pが求められたことに上手く従うことのできる受身的な傾向があったためだと推測できます。後

---

注35）　そもそも青年期という時期は第二次性徴の性的成熟を中心とした身体の変化を「統合していく心的プロセス」と考えられ（Perret-Catipovic & Ladame, 1998），性的衝動などを自分のものだと感じ，コントロールできるようにしていくことが課題ともいえます。自閉スペクトラム症を抱える青年は，これが困難になることで問題行動が生じる可能性があります。同性のセラピストは，モデルとなることで，性的衝動を受け入れるプロセスを促進させる利点もあります。

に医者が否定したようにPは統合失調症ではなかったのですが，青年期の内的・外的変化により受身性が悪化していくことで，一時的に精神病的な状態になることを教えてくれています。私は医者ではないので診断はできませんが，「自閉症の緊張病」と思われるようなぼんやりして，何も動き出すことができないような状態もあったようです。Pが高校まで何とかやってこれたことを考えると，大学生になってこのような問題が噴出したことでPの両親の落胆や後悔は相当なものだったと推測されます。

　高校の時にも，自分が変なのではという気付きが生じましたが，スクールカウンセラーの助言に従って，ゲームへの熱中で目を逸らすことができたようです。しかし，大学では自分が何かおかしいという気付きに蓋ができませんでした。これは悲痛なプロセスではありましたが，自分がどのような人間なのかを自分に取り戻す上では不可欠だったと思います。心理療法は受身性に配慮したアプローチにより，自分に気付く機会を提供することができました。「バーチャル」という表現を共有できたのも，受身性や自己感の乏しさの理解が不可欠だったと思います。「バーチャル」によって困らせられるというのは受身的であっても，「そう困っていると私に話す」という点では能動的であり，人にわかってもらえるという重要な体験を可能にしたと考えられます。

| この節のポイント |

- 第二次性徴などの性的衝動に加え進学や就職などの環境の大きな変化は，一過的に青年の自己感を失わせ，さまざまな精神疾患のリスクを高める。そのようなリスクに対して，受身性に配慮したアプローチを含む心理療法は，青年が自分を取り戻していくと同時に，それを誰かに適切に伝えることができるようになることに貢献できる。

## おわりに

　この本は，私が2015年に大阪大学大学院に提出した博士論文が元になっています。その内容のままで出版をすると，おそらく多くの人には読みにくくなるけれども，学術的な検討の経緯を残すため改変をしない方が良いのではないかと悩み，どのような形での出版を目指すか右往左往していました。その中で私が今の所属である大学教員となり，同時に慣れている土地から離れることになりました。そこでは，ほとんどの学生が「自閉スペクトラム症の受身性」をもちろん問題視していませんでしたし，この本の第2部で書いたような心理療法のアプローチがあること自体を知りませんでした。そこから私は多くの人に読んでもらう必要があるという思いを強く持ちました。まずは知ってもらいたいと思ったのです。自閉スペクトラム症を抱える人には，「他者が見えない」状態だけではなく，「自分が見えない」状態があり，そのバランスを取ることに困難を抱えていることを。そして，「自分がない」にも自分が隠れているという水準から，自分の志向性すら失っている水準まであることを。そこに寄り添い，その人たちが自分自身について気付いていくことを支える心理療法というアプローチがあることを。

　私が多くの人に読んでいただける形で出版をしたいと決心したのは，「このような問題に悩んでいるのは自分だけではないか」と感じる親や支援者が減ってほしいと思ったからでもあります。私はAくんの事例から，この受身性の問題の着想を得て，研究を進めていこうと思ったのですが，これは特殊な一例に過ぎず，広く調査をする意味がないのではないかという不安がいつも頭をよぎりました。同僚などに相談しても，「そんな子，私はあまり知らない」と言われることもありました。しかし，私が自閉スペクトラム症を抱え，受身的な特徴を持つ子どもの保護者へのインタビューを企画したときに，思った以上に早く協力者が集まったことが，このような不安を払拭してくれました。「私たちのことを多くの人が知れるようにしてください」という声や，「こういう受身的な子どもに特化した親の会ってないんですか？」という声により，私の研究が独りよがりのものではなかったと安心すると同時に，この声を多くの人に届ける使命をゆだねられたと

身が引き締まりました。自閉スペクトラム症が社会性の障害と言われるからには，その子どもが多くの人と同じような一般的な振る舞いをしないということを意味しており，自分だけしか悩んでいない問題なのだと感じやすいのだと思います。そのため，その親は声を挙げにくかったでしょうし，多くの無理解により傷ついていた人がいたことだと思います。プライバシーの関係で，ここに名前を挙げるわけにはいきませんが，研究に協力していただいた多くの皆様には深く感謝しています。

　この本は自閉スペクトラム症，特にその受身性に関する内容を中心にしていますが，私が同僚などに内容を説明しようとすると，「でも，そういう自分がなくって受身的な子どもって最近すごく多いよね」と言われます。その水準は多様でしょうが，このようなあり方の子どもや青年が多くなっていることは事実だと思います。社会風潮や文化的な考察は私の能力を超えていますので避けますが，子育てに「正しさ」や「正解」があるかのような風潮が「正しい子ども」に育てなければならないと親に感じさせていることはあるように思います。インターネットやSNSなどで情報にアクセスしやすくなったことは喜ばしいことですが，自分の子育てが正しくないかもしれない証拠を見つけやすくもなりました。そのため，子どもを育てる大人側が，子どものちょっとした変化の兆候がどのような結果をもたらすのかゆっくり様子を見る余裕を持ちにくくなったといえるでしょう。ある兆候をすぐに正解か失敗か調べないと，怠慢な親だと思われてしまうプレッシャーがあるようです。赤ちゃんの頃は，子どもが自分自身で何かを感じ，自分で考え，自分から望むことがあることに震えるような喜びを親は感じていたと思います。しかし，いつの間にか生きづらい世の中を生き抜くために，子どもに間違いではない生き方をするよう強く望むようになっているのかもしれません。子どもの受身性の問題は親などの大人が希望を持てない現状を映し出したものということもできるのかもしれません。

　この本の表紙のデザインは，この本で扱った子どもたちの心がとても壊れやすく，もろいものだというイメージを反映したものになっています。しかし，子どもたちの側から見れば，私たち大人側の心の方が壊れやすく，もろいものだと感じられていることもあるでしょう。

　Aくんの事例は，自閉スペクトラム症を抱える子どもの感じ方を教えてくれた

と同時に，心というものの力強さを教えてくれました。どれほど「自分」というものが損なわれていたとしても，心が志向性を持ち，主観性と歴史性を持てるようになっていくことは可能なのだと思います。それに伴い，自分も相手も簡単に壊れる「もろい存在」ではないと実感することで，少しの自己主張が相手を致命的なほど変えてしまうわけではないし，成長は全くの白紙になるわけではないとも思うことができます。もちろん，変化は心地よい感情ばかりを引き出したわけではありません。Aくんは自分がゴミのようだと感じることがあると教えてくれましたし，大学生のPくんは自分が統合失調症なのではないかと疑いました。しかし，それが自分が生きている現実をより誠実に見つめ，地に足のついた成長をする原動力となっていました。そのようにして得られた「自分」は，彼らが今後生きていく中でのかけがえのない財産となったと信じています。

　子どもの心理療法は日本では広く行われているものではありません。遊戯療法やプレイセラピーと呼ばれて実践されていたとしても，それらがここで紹介した考え方に基づいて行われていない場合が多いです。私は，自閉スペクトラム症を抱える子どもが自分を取り戻していくためには，この本で紹介したような精神分析的な考え方が不可欠なように思っています。精神分析的な心理療法はいまや無意識を発見するためではなく，その子どもの散り散りになってしまった意識をかき集めるために工夫された技法を発展させています。しかし，考え方の基盤は子どもの意志を尊重すること，子どもの成長は大人から一方的に必要なことを伝えることで達成されるわけではなく，子どもと大人との粘り強い関りのなかで生じるというもので，それほど独特なものではありません。多くの人に実践されていないために，その効果や意味を評価することすらできないのが日本の現状です。これから子どもの心理療法を実践する専門性を有したセラピストが増えてくると同時に，多くの子どもや保護者に心理療法を活用してもらえることを願っています。

　この本を完成させるにあたって研究協力者以外にも多くの方にお力添えいただいています。紙面の都合で一部の方だけになりますが，ここに感謝の意を述べさせていただきます。なにより博士論文を提出するまで指導を続けて下さった大阪大学人間科学研究科の先生方に深く感謝いたします。特に指導教員でもある老松克博教授は，決して妥協することなく，研究がより信頼される水準になるまで根気強く指導していただきました。そのおかげで後悔のない論文を仕上げることが

できたと思っています。また，私が子どもの心理療法の訓練を受けることを可能にしていただいた NPO 法人子どもの心理療法支援会の皆様にも感謝いたします。特に理事長でもある平井正三先生にはＡくんの心理療法のスーパービジョンをはじめとして，さまざまな面での指導をしていただきました。私の考え方にあまりにも強い影響力があるため，この本の内容についてはなるべく相談をしないで執筆をしたつもりですが，それでも先生の考えの物まねの範疇を超えられていないのではないかと危惧しています。金剛出版の中村奈々様にも大変お世話になりました。私が完成原稿を持ち込みながら「やはり親に読めるような内容になっていないからもう一度書き直したい」と言ったときも，「先生が納得するものができるまで，いつまでも待ちますよ」とおっしゃっていただけたことで，なんとか最後まで書き上げられたと思っています。私の以前の職場の同僚である江城望先生にも深く感謝します。原稿を粘り強く読んでいただき，貴重な助言をいただけたことで，内容が整理され，文章の質が一段階上がったように思います。

　最後に私を支えてくれた妻と子どもたちにも感謝します。特に妻には原稿すべてに目を通してもらい，推敲の手伝いをしてもらっただけではなく，保護者の立場から読みやすいかどうかの意見を言ってもらいました。また，仕事が休みのときに，家族と過ごさずに原稿を書きにいくことを許してくれたおかげで，なんとか完成することができました。子どもたちには癒しと新しい気づきを与えてもらい，親であるということはどういうことをなのかを教えてもらいました。本文中にも書いたように，育児としてはだめな父親でも役に立つこともあるということを実感できたように思います。

　このように多くの人に支えられて完成したこの本が少しでも誰かの役に立つことを願っています。

2017 年 10 月
松本拓真

# 引用文献

Ainsworth, M.D.S., Blehar, M.C., Waters, E., & Wall, S. (1978). *Patterns of Attachment：A psychological study of strange situation.* Lawrence Erlbaum Assosiates.

Aitken, K. & Trevarthen, C. (1997). Self-other organization in human psychological development. *Development and psychopathology.* 9, 651-675.

赤木和重．(2007)．言語確認行動を頻発し，指示待ち行動を示した青年期自閉症者における自我の発達．*障害者問題研究*, 34, 267-274.

Alvarez, A. (1992). *Live Company：Psychoanalytic Psychotherapy with Autistic, Borderline, Deprived and Abused Children.* Routledge. 千原雅代・中川純子・平井正三訳．(2002)．こころの再生を求めて ポスト・クライン派による子どもの心理療法．岩崎学術出版社．

Alvarez, A. (2012). *The Thinking Heart：Three levels of psychoanalytic therapy with disturbed children.* Routledge.

Alvarez, A. & Reid, S. (1999). *Autism and Personality：Findings from the Tavistock Autism Workshop.* Routledge. 倉光修監訳．(2006)．*自閉症とパーソナリティ*．創元社．

American Psychiatric Association. (2000). *Diagnostic and Statistical Manual of Mental Disorders Fourth Edition Text Version：Dsm- Ⅳ TR.* American Psychiatric Publishing.

American Psychiatric Association. (2013). *Diagnostic and Statistical Manual of Mental Disorders：Dsm-5.* American Psychiatric Publishing.

Asperger, H. (1994). Die "Autistischen Psychopathen in Kindesalter. *Archiv fur Psychiatrie und Nervenkrankheiten*, 117, 76-136. 詫摩武元訳．(1993)．小児期の自閉的精神病質．*児童青年精神医学とその近接領域*, 34, 180-197, 282-301.

Baron-Cohen, S. (1995). *Mindblindness：An essay on autism and theory of mind.* MIT Press.

別府 哲．(2001)．*自閉症幼児の他者理解*．ナカニシヤ出版．

別府 哲・野村香代．(2005)．高機能自閉症児は健常児と異なる「心の理論」をもつのか：「誤った信念」課題とその言語的理由付けにおける健常児との比較．*発達心理学研究*, 16, 257-264.

Bick, E. (1968). The experience of the skin in early object-relations. International Journal of Psycho-Analysis, 49, 484-486. 古賀靖彦訳．(1993)．早期対象関係における皮膚の体験．松木邦裕監訳，メラニー・クライン・トゥディ②．岩崎学術出版社，45-49.

Bion, W. (1959). Attacks on Linking. International Journal of Psycho-Analysis, 40, 308-315

Bion, W. (1962). Learning From Experience. Heinemann. 福本修訳．(1998)．*精神分析の方法 Ⅰ－セブン・サーヴァンツ*．法政大学出版局．

Bowlby, J. (1951). *Mental care and mental health*, 黒田実郎訳．(1967)．*乳幼児の精神衛生*．岩崎学術出版社．

Bowlby, J. (1969／1982). *Attachment and Loss：Vol. 1 Attachment.* The Hogarth Press.

Castelloe,P., & Dawson,G.（1993）．Subclassification of children with autism and pervasive developmental disorder: A Questionnaire based on Wing's Subgrouping Scheme. *Journal of Autism and Developmental Disorders,* 23, 229-241.

Chevallier, C., Kohls,G., Troiani,V., Brodkin, E., & Schultz,R.（2012）．The social motivation theory of autism. *Trends in Cognitive Science,* 16, 231-239.

Damasio, A.（2010）．*Self comes to the mind：Constructing the conscious brain.* Pantheon book.

Fonagy, P., Steel, M., Steel, H., Moran, G. S. & Higgitt, A. C.（1991）．The Capacity for Understanding Mental States：The Reflective Self in Parent and Child and Its Significance for Security of Attachment. *Infant Mental Health Journal.* 12, 201-218.

Fonagy, P. & Taget, M.（1997）．Attachment and reflective function：Their role in self-organization. *Development and Psychopathology,* 9, 679-700.

Freud, S.（1900）．*Die Traumdeutung.* 新宮一成責任編集.（2007）．フロイト全集第4巻　夢解釈Ⅰ. 岩波書店.

Freud, S.（1910）．*Die zukunftigen Chancen der psychoanalytishen Therapie.* 髙田珠樹訳（2009）．精神分析療法の将来の見通し. フロイト全集　第11巻. 岩波書店.

Freud, S.（1920）．*Jenseits der Lustprinzips.* 須藤訓任訳（2006）．快原則の彼岸. フロイト全集　第17巻. 岩波書店.

Frith, U.（2003）．*Autism：Explaining the enigma*（2nd ed.）．Blackwell. 冨田真紀・清水康夫・鈴木玲子訳.（2009）．*新訂 自閉症の謎を解き明かす.* 東京書籍.

藤川英昭・小林隆児・古賀靖彦・村田豊久.（1987）大学入学後に精神病的破綻をきたし，抑うつ，自殺企図を示した19歳のAsperger症候群の1例.*児童青年精神医学とその近接領域,* 28, 217-225.

藤坂龍司・松井絵理子.（2015）イラストでわかるABA実践マニュアル：発達障害の子のやる気を引き出す行動療法. 合同出版.

Gillberg, C., Steffenburg, S.（1987）．Outcomes and Prognostic Function in Infantile Autism and Similar Conditions. *Journal of Autism and Developmental Disorders,* 17, 273-287.

Grandin, T. & Scariano, M.（1986／1991）．Emergence: Labeled Autistic. Grand Central Publishing. カニングハム久子訳.（1994）．*我，自閉症に生まれて.* 学研.

Gray, C.（2000）*The New Social Story Book.* Future Horizons Inc. 服巻智子監訳.（2005）．ソーシャルストーリブック　書き方と文例. クリエイツかもがわ.

Gray, C.（1994）Comic Strip Conversasions. Future Horizons Inc. 門眞一郎訳.（2005）．コミック会話 自閉症など発達障害のある子どものためのコミュニケーション支援法. 明石書店.

Happé, F.（1995）．The role of age and verbal ability in the theory of mind task performance of subjects with autism. *Child Development,* 66, 843-855.

Hare, D. J., 1 & Malone,C.（2004）．Catatonia and autistic spectrum disorders. *Autism,* 8, 183-195.

Heimann, P.（1950）On Counter-Transference. 松木邦裕監訳（2003）対象関係論の基礎：クライニアン・クラシックス. 新曜堂. 171-190.

東田直樹.（2007）．*自閉症の僕が跳びはねる理由―会話のできない中学生がつづる内なる心.* エスコアール.

平井正三．(2009)．子どもの精神分析的心理療法の経験：タビストック・クリニックの訓練．金剛出版．

平井正三・中田千保・鈴木紀久子．(2009)．象徴化の生成と促進に関する一考察―乳児観察素材をもとに．精神分析研究, 53, 421-432.

広沢正孝．(2013)．「こころの構造」からみた精神病理：広汎性発達障害と統合失調症をめぐって．岩崎学術出版社．

Hobson, P. (1993). Autism and the Development of Mind. Psychology Press. 木下孝司監訳．(2000)．自閉症と心の発達―「心の理論」を越えて．学苑社．

Hobson, P., Chidambi, J., Lee, J., Meyer, J. (2006). Foundation for self-awareness: An exploration through autism. *Monographs of the society for research in child development*, 284, 1-165.

Hobson, P. (2011). On the relations between autism and psychoanalytic thought and practice. *Psychoanalytic psychotherapy*, 25, 229-244.

Houzel, D. (2008). The creation of psychic space, the "nest of babies" fantasy and the emergence of the Oedipus complex. In Barrows, K. (Eds.). *Autism in Childhood and Autistic Features in Adults : Psychoanalytic Perspective*. Karnac.

石坂好樹・村松陽子・門眞一郎．(1994)．青年期の高機能自閉症にみられた幻覚・妄想様状態：その症状の特徴と発生のメカニズムについての1考察．精神医学, 36, 249-256.

Kanner, L. (1943). Autistic disturbances of affective contact, *Nervous Child*, 2, 217-250.

木部則雄．(2006)．子どもの精神分析：クライン派・対象関係論からのアプローチ．岩崎学術出版社．

木下康仁．(1999)．グラウンデッド・セオリー・アプローチ：質的実証研究の再生．弘文堂．

Klein, M. (1930). The importance of symbol-formation in the development of the ego. In *Love, Guilt, and Reparation*. Virago. 村田豊久訳．(1983)．自我の発達における象徴形成の重要性．西園昌久・牛島定信責任編訳．メラニー・クライン著作集7．誠信書房．

Klein, M. (1946). Notes on some Schizoid Mechanisms. *International Journal of Psycho-Analysis*, 27, 99-110.

Klein, M. (1955). The psycho-analytic play technique：its history and significance. 小此木啓吾・岩崎徹也責任編訳．(1985)．精神分析的遊戯技法―その歴史と意義, メラニー・クライン著作集4．誠信書房．

児玉正博．(1997)．指示しすぎる親・教師の病理：なぜそうせずにはいられないのか．児童心理（特集 指示待ちの子), 51, 1024-1029.

羅 世玲．(2004)．重度身体障害者への心理的援助．心理臨床学研究, 22, 476-487.

中田洋二郎．(2009)．発達障害と家族支援：家族にとっての障害とはなにか．学習研究社．

成瀬悟策．(1984)．障害児のための動作法―自閉する心を開く．東京書籍．

ニキリンコ・藤家寛子．(2004)．自閉っ子, こういう風にできてます！．花風社．

太田昌孝．(2009)．自閉症と緊張病（カタトニア）．臨床精神医学, 38, 805-811.

Perret-Catipovic, M., Ladame, F. (1998). *Adolescence and Psychoanalysis : The Story and the History*. Karnac.

Rhode, M. (2000). Assessing Children with Communication Disorders. In Rustin, M., Quagliata, E. (Eds). *Assessment in Child Psychotherapy*. Duckworth, 9-32.

Rhode, M.(2009). Child psychotherapy with children on the autistic spectrum. In Lanyado, M.,& Horne, A. (Eds). *The Handbook of Child and Adolescent Psychotherapy : Psychoanalytic Approaches.* Routledge, 287-299.

Rustin, M. & Quagliata, E. (2000). Assessment in Child Psychotherapy. Duckworth.

佐々木正美・内山登紀夫・村松陽子. (2001). 自閉症の人たちを支援するということ―TEACCHプログラム新世紀へ. 朝日新聞厚生文化事業団.

佐藤和美. (2008). たのしくあそんで感覚統合―手づくりのあそび100. かもがわ出版

Schore, A. (2001). Neurobiology, developmental psychology, and psychoanalysis：Convergent findings on the subject of projective identification. Edward, J. (Eds). Being Alive：*Building on the work of Anne Alvarez.* Routledge, 57-74.

白石正久. (1996). 発達の扉 下：障害児の保育・教育・子育て. かもがわ出版

Solomon, J. & George, C. (1999). The Measurement of Attachment Security in Infancy and Childhood. In Cassidy, J. & Shaver, P. (Eds.) *Handbook of attachment*：*Theory, Research, and Clinical Applications.* Guilford Press, 287-316.

Stern, D. (1985). *The interpersonal world of the infan*：*A view from psychoanalysis and developmental psychology.* Basic books.

Sternberg, J. (2005). *Infant Observation at the Heart of Training.* Karnac.

竹中 均. (2012). 精神分析と自閉症：フロイトからヴィトゲンシュタインへ. 講談社.

Tomasello, M. (1999). *The Cultural Origins of Human Cognition.* Harvard University Press.

Trevarthen, C., Aitken, K., Papoudi, D. & Robarts, J. (1998). *Children with Autism, 2nd Edition*：*Diagnosis and interventions to meet their needs.* Jessica Kingsley publishers. 中野茂・伊藤良子・近藤清美監訳. (2005). 自閉症の子どもたち：間主観性の発達心理学からのアプローチ. ミネルヴァ書房.

Tustin, F. (1972). *Autism and Childhood Psychosis.* 齋藤久美子監修. (2005). 自閉症と小児精神病. 創元社.

鵜飼奈津子. (2010). 子どもの精神分析的心理療法の基本. 誠信書房.

Welsh, M., & Pennington, B. (1988). Assessing frontal lobe functioning in children：Views from developmental psychology. *Developmental Neuropsychology*, 4, 199-230.

Williams, D. (1992). Nobody Nowhere: *The extraordinary autobiography of an autistic.* Crown. 河野万里子訳. (2000). 自閉症だったわたしへ. 新潮社.

Wing, L. (1996). The Autistic Spectrum：A guide for parents and professionals. 久保紘章・佐々木正巳・清水康夫監訳. (1998). 自閉症スペクトル―親と専門家のためのガイドブック. 東京書籍.

Wing, L., & Attwood,A. (1987). Syndromes of Autism and Atypical Development. In Cohen,D. & Donnellan,A. (Eds.). *Handbook of Autism and Pervasive Developmental Disorders.* Wiley. 3-19.

Wing, L., & Gould, J. (1979). Severe impairments of social interaction and associated abnormalities in children: Epidemiology and classification. *Journal of Autism and Developmental Disorders*, 9, 11-29.

Wing, L., & Shah, A. (2000). Catatonia in autistic spectrum disorders. *British journal of psychiatry,* 176, 357-362.

山根隆宏．(2013)．発達障害児・者をもつ親のストレッサー尺度の作成と信頼性・妥当性の検討．*心理学研究*, 83, 556-565.

横山浩之・廣瀬三恵子・奈良千恵子・涌澤圭介・久保田由紀・萩野谷和裕・土屋滋・飯沼一宇．(2009)．知的障害を伴う自閉症児（者）の抑うつ症状としての「指示待ち」と治療的介入．*脳と発達*, 41, 431-43.

吉川領一．(2005)．統合失調症と診断されたアスペルガー症候群の6症例．*臨床精神医学*, 34, 1245-1252.

松本　拓真 (まつもと　たくま)

1982年　神奈川県生まれ
2004年　大阪大学人間科学部卒業
2013年　大阪大学大学院人間科学研究科博士後期課程単位取得退学
博士（人間科学）。児童相談所・クリニック・知的障害児通園施設・教育委員会などで多くの発達障害を抱える子どもの発達相談・心理療法に従事。
NPO法人子どもの心理療法支援会にて専門的な訓練を受け，2014年に「子どもの精神分析的心理療法士」資格を取得。
現在，岐阜大学教育学部助教，NPO法人子どもの心理療法支援会研修部門統括理事。

〈著訳書〉
『精神分析から見た成人の自閉スペクトラム』（共著）2016，誠信書房
『自閉症スペクトラムの臨床』（共訳）2016，岩崎学術出版社
『子どもを理解する〈2～3歳〉』（共訳）2013，岩崎学術出版社
『児童青年心理療法ハンドブック』（共訳）2013，創元社
『子どもの心理療法と調査・研究』（共訳）2012，創元社

# 自閉スペクトラム症を抱える子どもたち
## 受身性研究と心理療法が拓く新たな理解

2017年11月10日　発行
2024年4月30日　2刷

著　者　松本拓真
発行者　立石正信
印刷・製本　デジタルパブリッシングサービス
発行所　株式会社 金剛出版

〒112-0005　東京都文京区水道1-5-16
電話 03-3815-6661　振替 00120-6-34848

ISBN978-4-7724-1586-6　C3011　　　　Printed in Japan ©2017

## 子どもの精神分析的セラピストになること
### 実践と訓練をめぐる情動経験の物語

［監修］＝木部則雄　平井正三
［編著］＝吉沢伸一　松本拓真　小笠原貴史

●A5判　●上製　●280頁　●定価 **3,080**円
● ISBN978-4-7724-1776-1 C3011

本書では，子どもに関わる臨床家が
いかにして精神分析的セラピストになっていくのか？を
実践と訓練の語らいや対話を通して論じていく。

---

## ［新訂増補］
## 子どもの精神分析的心理療法の経験
### タビストック・クリニックの訓練

［著］＝平井正三

●A5判　●並製　●240頁　●定価 **3,520**円
● ISBN978-4-7724-1460-9 C3011

初版では不十分であったわが国での訓練の現状を批判し
何が必要であるかについて，著者の考えを述べた章を追加

---

## 自閉症世界の探求
### 精神分析的研究より

［著］＝ドナルド・メルツァー　ジョン・ブレンマー　シャーリー・ホクスター
リーン・ウェデル　イスカ・ウィッテンバーグ
［監訳］＝平井正三　　［訳］＝賀来博光　西見奈子

●A5判　●上製　●288頁　●定価 **4,180**円
● ISBN978-4-7724-1392-3 C3011

精神分析や自閉症の理解において重要な研究結果となる
メルツァーの自閉症臨床研究の成果。

---

価格は 10％税込です。

## [新版] 症例でたどる子どもの心理療法
### 情緒的通いあいを求めて

［著］＝森さち子

●A5判 ●並製 ●232頁 ●定価 **3,520**円
● ISBN978-4-7724-1914-7 C3011

言葉以前の交流をどのように受けとめながら，転移・逆転移を理解するか。
「子どもへのセラピーのキーポイント」を解説する。

---

## 友だち作りの科学
### 社会性に課題のある思春期・青年期のための SSTガイドブック

［著］＝エリザベス・A・ローガソン
［監訳］＝辻井正次　山田智子

●B5判 ●並製 ●280頁 ●定価 **3,080**円
● ISBN978-4-7724-1554-5 C3011

ソーシャルスキルに課題を抱える子どもと一緒に
友達作りを楽しく実践しよう！
ステップ・バイ・ステップのSSTセルフヘルプガイド。

---

## 自閉スペクトラム症の展開
### 我が国における現状と課題

［著］＝寺山千代子　寺山洋一

●A5判 ●上製 ●224頁 ●定価 **3,080**円
● ISBN978-4-7724-1486-9 C3011

自閉スペクトラム症を持つ子への教育を
保護者や教育関係者の方に向け
いままでの研究，法律，国際環境などの多方面から考察する。

---

価格は10％税込です。

## アタッチメントと親子関係
### ボウルビィの臨床セミナー

［著］＝ジョン・ボウルビィ　［編］＝マルコ・バッチガルッピ
［訳］＝筒井亮太

●A5判　●上製　●198頁　●定価 **4,180**円
● ISBN978-4-7724-1839-3 C3011

ミラノで開催された貴重なセミナーの記録と編者との往復書簡から
「アタッチメント理論」の臨床スキルと
ボウルビィの人物像に迫る。

---

## つなげよう
### 発達障害のある子どもたちとともに私たちができること

［著］＝田中康雄

●四六判　●上製　●280頁　●定価 **3,080**円
● ISBN978-4-7724-1169-1 C3011

発達障害のある子どもたちの生きづらさを
生活障害と読み替え支援者ができることを
長年にわたる臨床経験から提案する臨床試論。

---

## 軽度発達障害
### 繋がりあって生きる

［著］＝田中康雄

●A5判　●上製　●312頁　●定価 **4,180**円
● ISBN978-4-7724-1050-2 C3011

発達の躓きに寄り添い
子どもたちの育ちをともに喜びあう
〈繋がりの児童精神医学〉の「知と情」。

---

価格は 10％税込です。